DIE WANDERUNGEN
DER GOTEN
ZWISCHEN DEM
4. UND 6. JAHRHUNDERT
OSTSEE
Weichsel
Oder
ca. 150 v. Chr.
Hunnen um 372
Hunnen 375
Ostgoten seit ca. 200
(Ermanarichs
Reich 350–375)
Djnestr
Pruth
Donau
Hunnen
400–454
Hunnen
373
Ostgoten
451
Drau
Gepiden
454–567
Sawe
Westgoten
(Tervingen)
376
SCHWARZES MEER
Westgoten 397
Donau
Marcianopolis
446
Westgoten
377
382
Naissus
(Nisch)
447
Adrianopel
378
Konstantinopel
ADRIA
OSTRÖMISCHES REICH
Alarich 395
Thessalonich
Kisil-Irmak
Thermopylen
Athen
Cosentia
(Busento)
410
Rhegium
Korinth
Sparta
395

Hermann Schreiber

AUF DEN SPUREN DER GOTEN

List Verlag München

Umschlagentwurf: Franz Wöllzenmüller

Umschlagbild: Fibel in Adlerform mit Almandineinlage. Aus Calatayud (Prov. Zaragoza). Madrid, Museo Arqueologico. (Foto Hirmer)

Register: Irene Matthes

Vorsatzkarten: Christel Aumann

1.–15. Tausend Februar 1977
16.–25. Tausend April 1977

ISBN 3-471-78912-x

Printed in Germany.
Gesamtherstellung: May & Co, Darmstadt.

INHALT

VORWORT

In den Jahren, die ich damit zubrachte, den Spuren der Hunnen vom Don zur Donau und von der Donau bis zur Marne zu folgen, da glaubte ich tatsächlich manchmal, längst verklungenes Kriegsgeschrei wieder zu hören, das Getümmel der großen Schlacht von Châlons-sur-Marne zu vernehmen, wo Tausende von Toten nun friedlich unter Zuckerrübenfeldern schlummern. In diesen Visionen waren die Hunnen bunt, ja grell, während die Armeen ihrer Verbündeten, der Goten und der Gepiden, wie stumme graue Schatten neben ihnen herzogen.

In Wahrheit aber überstrahlte das böse rote Gestirn eines Attila nur für wenige Jahre das gotische Eigenschicksal. Anfang und Ende jenes fünften Jahrhunderts, das in der Völkerschlacht auf den Katalaunischen Feldern kulminierte, sind von den Goten beherrscht. Ja mit einer gewissen Überspitzung könnte man sogar sagen, der große Hunne, der Ost- und Westgoten gegeneinander hetzte, sei ein Zwischenspiel nach dem Westgotenkönig Alarich, der Rom eroberte, und vor dem Ostgotenkönig Theoderich, der das Römerreich erneuerte.

Auf den Spuren der Goten stapft man zunächst ein wenig mühsam durch jenen nebligen Norden, der schon Goethes Mephisto mit tiefem Abscheu erfüllte. Er ist seither nicht viel freundlicher geworden, aber während er bis vor wenigen Jahrzehnten kaum mehr preisgab als ein paar Fibeln und Lanzen, haben die modernen Methoden archäologischer Feldforschung selbst aus dieser bislang stummen Zone wichtige Aufschlüsse gewinnen können. Tempel und Paläste freilich kann auch die Archäologie des Jahrhundertendes in Skandinavien, Polen und Nordostdeutschland nicht aus dem Boden zaubern, aber da inzwischen auch in Vorderasien die spektakulären Funde rar geworden sind, hat sich das Interesse an der nord- und mitteleuropäischen Vorgeschichte belebt, der Austausch der Ergebnisse ist besser in Fluß gekommen, und die Diskussion der Gelehrten ist so rege wie noch nie zuvor.

Es ist eine andere Art Archäologie, als wir sie aus den Büchern von Woolley, Evans und so vieler anderer kennen und lieben gelernt haben; Götterbilder und Sonnenwagen, vergrabene Schätze und Prunkstücke werden nur noch ganz ausnahmsweise und in vielen Gebieten überhaupt nicht aus dem Boden geholt. Dafür aber sind nun statt der Fürsten und Helden, der Götter und der Priester die Völker selbst in den Mittelpunkt der Forschung gerückt, die Frage, wie sie wohnten, was sie aßen, was sie anbauten und wie sie ihr Vieh versorgten, wie ihre Siedlungen wuchsen und warum sie schrumpften.

Derlei ist schwer abzubilden, denn nichts sieht ärmlicher aus als Dutzende verwischter Katenreste im Lehmboden oder ein vorgeschichtlicher Abfallhaufen, der ja im Lauf der Jahrtausende nur für die Gelehrten an Attraktivität gewonnen hat. Und es ist auch nicht leicht, davon zu berichten, weil der menschliche Vordergrund fehlt, die Story, die Intrige, die Pointe.

Dennoch muß ich damit beginnen, denn einzig auf diesen Gebieten vor- und frühgeschichtlicher Bodenforschung sind nennenswerte Fortschritte in unserem Wissen von den Goten und anderen germanischen Völkern erzielt worden. Der gesamte Bestand antiker Nachrichten und historischer Quellen aus römischen oder griechischen Autoren ist ja schon jenen Gelehrten bekannt gewesen, die sich mit der Inbrunst wilhelminischer Germanenbegeisterung mit der Völkerwanderung und ihrer Vorgeschichte beschäftigten. Von dem Augenblick an, da die Sonne antiker Historiographie die heranziehenden Goten bescheint, da sie am Schwarzen Meer und am Dnjestr auftauchen, fließen die Quellen dann reichlicher – aber es sind Quellen, die schon unseren Vätern und Großvätern bekannt waren. Darum wollte dieses Buch sich nicht mit ihnen begnügen, sondern vor dieser antiken Faktenfülle und neben ihr auch das reportieren, was aus heutiger Sicht zu den Goten zu sagen ist.

Hatte ich bei den rastlosen Hunnen nicht selten das Problem, wie die zahlreichen Lücken der Überlieferung zu füllen seien, so ergab sich für das Gotenbuch im Gegensatz dazu die Schwierigkeit, sehr verschiedenartige und verschiedenwertige Informationen für einen größeren Leserkreis aufzubereiten. Dort, wo ausgesondert werden mußte, habe ich mich auch von der Überlegung leiten lassen, daß der eine oder andere, wenn er lange genug in der Urlaubssonne geschmort hat, vielleicht Lust empfinden möchte, sich tatsächlich auf die Spuren der Goten zu begeben. Sie sind an der Adria leicht zu finden, weil Ravenna sich in alter Pracht vor uns erhebt, und sie sind im einst westgotischen Spanien eine sehr reizvolle Such-Aufgabe für die im Kartenlesen geübteren Autofahrer, die in einem weiten, halbleeren Land und seinen verschwiegensten Winkeln vielleicht mit der gleichen Ergriffenheit vor den westgotischen Kleinkirchen stehen werden, wie dies dem Autor geschah.
Um all diese weiten Wege gehen zu können, Wege durch Länder, aber auch durch Quellenschriften und gelehrte Hilfsbücher, brauchte ich Unterstützung und Hilfe eines großzügigen Verlages und eines freundschaftlich-unermüdlichen Lektorats. Nicht minder wertvoll aber war mir der Rat erprobter Freunde: Dr. Wilhelm Muster, Graz, beriet mich kundig in allem, was das spanische Itinerar betraf, und Klaus D. Meyer, Rosenheim, weihte mich geduldig in die Geheimnisse der Architektur-Photographie ein.

München, im Oktober 1976 Dr. Hermann Schreiber

I. AUFBRUCH

Wenn wir unser Land lieben sollen,
so muß es schön sein.

EDMUND BURKE

DIE DREI SCHIFFE

Es muß ein Frühling gewesen sein – ein Frühling vor mehr als zweitausend Jahren. Ende April wohl war die Ostsee mit Sicherheit eisfrei. Zugleich hatten die Futtervorräte für das Vieh ihren tiefsten Stand erreicht, nach dem langen skandinavischen Winter herrschte in der südschwedischen Landschaft, die wir heute Götaland nennen, die bitterste Not. Was lange schon besprochen war, was einen Winter lang oder länger in den Sippen umraunt die Abende erfüllt hatte, das war unaufschiebbar geworden: Ein Teil des Volkes mußte auswandern, mußte sich neue Wohnsitze suchen.

Es gibt eine Überlieferung, die uns sagt, wie das geschah. Man kann sie glauben oder auch nicht, aber sie hat in ihrer bäuerlichen Härte und schlichten Zweckmäßigkeit etwas Überzeugendes. Danach sollte das Volk in drei große Gruppen geteilt worden sein, in deren jeder, jung und alt, reich und arm, Bauern und Viehzüchter etwa gleichartig gemischt waren. Und dann bestimmte das Los, welche dieser drei gleich tüchtigen und gleich starken Gruppen das Land verlassen mußte, damit die anderen überlebten.

Als das Volk von Götaland diesen schweren Entschluß faßte (wie viele andere Völker zwischen dem Pazifik und dem Atlantik), da war Europa längst nicht mehr der leere Erdteil, in dem ein paar tausend Jäger hinter großen Mammutherden herwanderten und gelegentlich in einer Höhle Unterschlupf suchten, die sie dann mit farbenfrohen Tierbildern bemalten. Zwar waren die Bevölkerungszahlen von dem, was wir heute für Schweden oder andere Ostseeländer nennen könnten, noch weit entfernt, aber der Mensch jener fernen Zeiten brauchte auch ungleich mehr Platz. Er lebte teils vom Ackerbau, dem er auf den geeigneten freien Flächen nachging, um nicht allzuviel roden zu müssen, teils aber auch noch von der Viehzucht, für die ausgedehnte Weideflächen nötig waren. Bei einem so extensiven und großzügigen Leben wird auch ein großes Land schnell zu klein, vor allem, da die Nordgermanen, wie verschiedene Quellen berichten, das Erobern dem Roden vorzogen. Sie schonten ihre Wälder, von denen ja noch einige uns erhalten blieben, und schwangen lieber die Schwerter, um sich neues Siedel- und Weideland zu erkämpfen.

Ehe sie kämpfen konnten, mußten sie Schiffe besteigen und die Ostsee überqueren. Das klingt phantastischer, als es war, denn um sehr viele Menschen kann es sich kaum gehandelt haben. Die Gotensage, wie sie uns bei antiken Schriftstellern überliefert wird, spricht von nur drei Schiffen. Drei, das ist eine der Lieblingszahlen der Legenden und Sagen, und mehr waren es ganz gewiß. Vielleicht handelte es sich um drei Flotten oder um eine Flotte, die dreimal fuhr, bis alle übergesetzt waren. Sehr wichtig ist das nicht.

Wichtig ist nur die Frage nach der geschichtlichen und technischen Möglichkeit solch einer Invasion, denn um etwas anderes hat es sich bei dieser Volksfahrt über die Ostsee nach Süden ja nicht gehandelt.

Die Antwort kann nur lauten: Alles spricht für die Möglichkeit, für die Durchführbarkeit solch eines Unternehmens. Der Grieche Pytheas aus der Hafenstadt Massilia, dem heutigen Marseille, war dreihundert Jahre vor den Ereignissen, die wir hier nachzuzeichnen versuchen, aus der Girondemündung ausgelaufen, hatte England umrundet und in schottischen Hafenorten Seeleute getroffen, die ihm von einem ständigen Schiffsverkehr zwischen England und Skandinavien berichteten. Sie wiesen ihm die Route, berieten ihn, und er gelangte – im vierten vorchristlichen Jahrhundert! – nach Norwegen, wie uns sein in verschiedenen Bruchstükken erhaltener unschätzbarer Bericht über die Verhältnisse in Westskandinavien, über die Polarnacht, über die Gezeiten und vieles andere eindeutig beweist.

Die Schiffahrt in diesen Breiten ist also viel älter als die Völkerwanderung. Die Seetüchtigkeit der skandinavischen Völker ließ diese vor einer Überquerung der Ostsee überhaupt nicht zaudern, war man doch gewöhnt, die ungleich gefährlichere Nordsee zu befahren. Und Holz für den Schiffsbau gab es schließlich auch genug. Darum ist es wohl mehr als Sage, ist es einer der erregenden, über Jahrtausende hinweg Völkerschicksal bewahrenden Berichte, wenn wir bei Jordanes lesen:

»Im Norden, in den salzigen Fluten des Ozeans, liegt eine große Insel: Skandinavien. Sie hat die Form eines Zitronenblattes mit eingedrückten Seiten, langgestreckt und in sich geschlossen. Pomponius Mela berichtet von ihr, daß sie im Kattegatt liegt, in das sich der Ozean ergießt. Ihre Vorderseite liegt der Weichsel gegenüber, die auf den Bergen Sarmatiens entspringt, sich im Angesicht von Skandinavien in drei Mündungen teilt und in den Ozean wirft, Germanien von Skythien scheidend. Im Osten hat diese Insel einen riesigen Binnensee . . . im Westen erstreckt sich ein unermeßliches Meer, das sie auch im Norden – hier unschiffbar – umspült.«

Daß Skandinavien als Insel aufgefaßt wird, darf uns nicht wundern: die langgestreckte Halbinsel sitzt nur zwischen dem Bottnischen Meerbusen und der Finnmark am europäischen Festland auf und mußte, da der Bottnische Meerbusen erst um 900 befahren wurde, den antiken Geographen als eine Insel erscheinen. Richtig aber ist die Mitteilung über das Kattegatt als die ozeanische Seite des südlichen Schweden, richtig ist auch die Beobachtung eines großen Binnensees, einer ganzen Seen-Platte, die zwischen den heutigen Städten Stockholm und Göteborg Schweden ja praktisch teilt.

Nach einigen für die alte Geographie und ihre Gewährsmänner typischen Behauptungen über Wölfe, die auf der zugefrorenen Ostsee blind werden, und einen skandinavischen Winter, in dem niemand, nicht einmal wilde Tiere überleben könnten, fährt der Gotenhistoriker Jordanes fort:

»Nach alten Berichten sind von dieser Insel Skandinavien wie aus einer Werkstätte oder noch besser wie aus einem Mutterschoß der Völker einst die Goten unter ihrem König Berig ausgewandert. Dem Land, in das sie gelangten, gaben sie nach dem Verlassen der Schiffe sogleich einen Namen und nannten es Gotiskandza, so wie es noch heute genannt wird. Von dort drangen sie zu den Sitzen der Rugier vor, die damals an den Ufern des Ozeans wohnten, bekämpften und vertrieben diese und schlugen ihre eigenen Lager auf in der Heimat der Rugier. Auch deren Nachbarn, die Vandalen, besiegten und unterwarfen die Goten. Als die Zahl der Goten immer mehr anwuchs, beschloß der König der Goten mit seinem Volk, daß sie mit allen Kriegern und Familien weiterwandern wollten. Das war, als Filimer, der Sohn des Cadarig, über die Goten herrschte, etwa der fünfte König nach Berig, unter dem sie über das Meer gefahren waren.«

Es ist ein Vorgang, der im Europa der Römerzeit noch neu ist. Rund um das Mittelmeer leben die Völker in Städten und vom Ackerbau, und seit Jahrhunderten haben sie festgefügte staatliche Ordnungen, blicken sie nach Rom, als komme von dort alles Heil und Unheil. Auch die Ostsee ist ein Mittelmeer, aber dort geht es noch recht barbarisch zu: Man wandert und läßt sich nieder, man schafft sich Platz mit dem Schwert, und der Schwächere muß weichen. Nicht einmal die Könige ahnen, daß sie Völkerschicksal vorbereiten, daß sie um Länder kämpfen, die zweitausend Jahre lang umkämpft bleiben werden, daß sie sich an jene Weichselmündung setzen, wo noch Jahrtausende später der größte Krieg ausbrechen wird, den die Menschheit erlebt hat. Ihnen allen, die damals hier nebeneinander siedelten, geht es um viel weniger, geht es um höchst einfache Dinge, um Nahrung und Raum für Mensch und Vieh.

Wir besitzen keinen gotischen Bericht aus jener Zeit, kein Heldenlied, das die Überfahrt gefeiert hätte und in dem die Landnahme, so wie tausend Jahre später die Landnahme und Landverteilung auf Island, in ausführlichen und inhaltsreichen Saga-Erzählungen für alle Zeiten festgehalten wird. Noch sind die Germanen nicht soweit, oder wenn sie es sind, so herrscht doch noch zuviel Unruhe in ihrer Welt und zuviel Bewegung, und niemand hat Zeit, lange Lieder mühsam in Runen zu ritzen.

Es bleibt also uns selbst überlassen, uns diese Fahrt über die Ostsee vorzustellen, die wohl keine Fahrt ins völlig Ungewisse gewesen ist. Händler, diese Späher und Vorboten aller Völker, hatten zweifellos von der Weichselmündung aus auch Skandinavien erreicht, denn die Weichsel war ein uralter Handelsweg zwischen dem Schwarzen Meer und dem östlichen Mittelmeer im Süden und der Ostsee mit ihren Anrainerländern im Norden. Flußmündungen und gar so bedeutende wie das Weichseldelta waren stets seit früheren Zeiten besiedelt als das umliegende Land, denn der Handel schafft Lebens- und Verdienstmöglichkeiten, und der Fischfang war zu jenen Zeiten ein verhältnismäßig müheloser Erwerb, Ergänzung der eigenen Ernährung und Tauschware für die stromaufwärts liegenden Siedlungen.

Das Weichseldelta unbesiedelt vorzufinden, konnten die Goten nicht erwarten, im Gegenteil: sie wußten zweifellos, daß man dort würde leben können, ohne viel zu investieren, ohne zu roden und ohne lange auf Ernten zu warten. Diese erste Landnahme auf dem europäischen Festland war also kalkulierter Raub, denn wo Handel und Seefahrt getrieben worden waren wie bei den Rugiern und ihren Nachbarn im Weichseldelta, da gab es allerlei zu holen, da hatte man es nicht mit den armen Dörfern simpler Ackerbauern oder mit flüchtigen Nomaden zu tun, die ihre Herden vor dem Feind wegtreiben konnten, sondern man setzte sich ins warme Nest.

Aber es wurde eben schnell ein zu kleines Nest, weil neue Goten nachströmten, als sie sahen, daß die Landnahme gelungen war und der kriegerische Vortrupp gesiegt hatte. Die Familien kamen, das Volk nahm sein friedliches Leben auf und vermehrte sich . . .

Aus späteren, der Forschung besser bekannten Zeiten wissen wir, daß dieser an sich typische Vorgang unter Umständen sehr wenig Zeit braucht. Bei den Normannen, die sich in Westfrankreich festsetzten, war der Vortrupp nur ein paar hundert Mann stark, der Nachschub kam außerordentlich schnell, und schon nach einigen Jahren konnten größere Eroberungsaufgaben im Landesinnern in Angriff genommen werden. Ganz ähnlich war es im Fall der Araber, die quer über die Straße von Gibraltar hinweg Südspanien und bald darauf weitere Gebiete Spaniens eroberten. Wenn die Goten jahrzehntelang in diesen ersten, vorläufigen Küstensitzen an der Weichselmündung blieben, so hatte das seinen Grund wohl darin, daß die Ostsee nicht so schnell zu überqueren war wie der Ärmelkanal oder die Straße von Gibraltar und daß sowohl die Normannen als auch die Araber kriegerischer und agiler waren als die Goten. Die Germanen aus Skandinavien erscheinen uns damals als langsam wandernde Stämme, denen das Dasein der Raubkrieger noch nicht in dem Maß selbstverständlich ist wie später den großen Seeräubernationen des Mittelalters, den Arabern und den Wikingern.

Wenn in den gotischen Traditionen, wie sie uns Cassiodor und Jordanes aufgezeichnet haben, von etwa fünf Königen die Rede ist, die im neuen Gotenland südlich der Ostsee aufeinanderfolgten, so kann das einen Zeitraum von vierzig, fünfzig oder von achtzig bis hundert Jahren bedeuten, wobei man gewiß von der Annahme ausgehen darf, daß die in dieser bedrängten Küstenposition immerzu kämpfenden Goten tatkräftige und junge Heerkönige brauchten, was für einen verhältnismäßig schnellen Herrscherwechsel spricht.

Das alles klingt enttäuschend vage und unbestimmt, wenn man diese Nachrichten über die Goten mit dem vergleicht, was wir zum Beispiel aus Rom wissen, aus einer Stadt, deren Geschichte in der gleichen Zeit wir mit den Einzelheiten moderner Boulevardberichterstattung ausschmücken könnten. Und doch ist es ein Glücksfall, daß wir wenigstens so viel wissen, denn das ganze große Gebiet des späteren Deutschland war um Christi Geburt noch recht unwegsam. Während man Wüsten schon lange durchquerte und selbst die Alpen bezwungen hatte, boten ausgedehnte Wälder und Sümpfe noch immer kaum bezwingbare Hindernisse, und das alte Mitteleuropa war von Wäldern und Mooren in einer Weise erfüllt, die man sich heute kaum mehr vorstellen kann.

Wenn wir dennoch feststellen können, daß ein Gelehrter wie

Strabo kurz nach Christi Geburt von den Goten hörte, so hat das seine besonderen Gründe, und der wichtigste von ihnen ist der Bernstein.

Schmuckstücke und Materialien für den Schmuck sind Lieblingskinder der Archäologie. Sie verändern sich auch in Jahrtausenden nicht, sie sind oft so klein, daß sie selbst gründlichen Grabräubern entgehen, und sie sind als leicht transportierbare Händlerware an allen Handelswegen nachzuweisen, so daß sie uns durch die alte Welt führen wie Leuchtzeichen.

Bernstein, dieses leichte und gut zu bearbeitende versteinerte Harz, wird seit der Steinzeit zu Anhängern gestaltet, zu kleinen Gebrauchsgegenständen künstlerischer Formung benützt, wie uns Funde am Kurischen Haff, in Pommern, in der Neumark und an vielen anderen Orten zeigen. Amulette und Tierfiguren waren damals noch ziemlich groß, man hatte offensichtlich noch genug Bernstein, und einmal wurde sogar in einen großen Bernsteinbrocken eine ganze Trinktasse von 7,5 Zentimetern Durchmesser gehöhlt.

Als der Massiliote Pytheas seine Nordlandreise machte, also im vierten vorchristlichen Jahrhundert, war der Bernstein schon so wertvoll, daß er oder doch sein Hauptfundort als heilig galt: die Insel Abalus vor der Odermündung, wo Bernstein in großen Brocken angespült wurde (später führte sie den slawischen Namen Swantewustrow, in dem der Gott Swantewit anklingt). In dieser Gegend fand sich der größte bekanntgewordene Bernsteinbrocken mit beinahe zehn Kilogramm Gewicht.

Oder und Weichsel waren die Wege zum Bernsteinland, und erst, als die Römer mehr Bernstein abzunehmen begannen als die Griechen und andere Ostmittelmeervölker, erst in der Kaiserzeit also begannen neben diesen Strömen die Bernsteinstraßen Bedeutung zu erlangen, deren wichtigste aus Schlesien südlich durch das heutige Österreich bei Wien oder bei Carnuntum nach Aquileja an der Adria verlief. Damit hatte nach kurzem Niedergang des Bernsteinhandels, an dem vielleicht die Vernichtung der erfahrenen etruskischen

Händlersippen die Schuld trug, ein neuer Aufschwung wieder eingesetzt, der wie stets von der Nachfrage her bestimmt war. »In der Kaiserzeit wuchs die Beliebtheit des Bernsteins und führte zu einer außerordentlichen Verbreitung nicht nur im Mutterlande (d. h. in Italien) selbst: auch in den eroberten Gebieten sind zahlreiche Gräberfunde gemacht worden«, sagt Otto Pelka in seinem Bernsteinbuch und setzt hinzu: »Die reichste Ausbeute von künstlerisch beachtlichen Stükken hat wohl der Boden Aquilejas gebracht«, also der südliche Endpunkt der langen Handelsstraße, die ihren Ausgangsraum an der südlichen Ostsee hatte, im Gebiet der Goten, Heruler und Vandalen.

Pytheas hatte auf seiner sensationellen Seereise um 340 vor Christus an der Haffküste noch keine Goten angetroffen, sondern ein Volk, das er Lugi oder Lygier nannte. Erst Plinius ersetzte diese veraltete geographische Information durch die Gutones, wie er die Goten nennt, und Tacitus spricht von Gothones oder Gotones:

»Die nördlich der Lugier wohnenden Goten werden von Königen beherrscht, zwar schon etwas straffer als die anderen Germanenstämme, doch immerhin noch so, daß ihr Freiheitsgefühl nicht beeinträchtigt wird. Unmittelbar an der Ostsee entlang siedeln die Rugier und Lemovier. Charakteristisch für diese drei Stämme ist der runde Schild und das kurze Schwert, dazu der Gehorsam gegenüber Königen.«

Nach dieser Stelle scheint es denkbar, daß die Goten die Lugier nicht vernichtet, sondern landeinwärts, also nach Süden, abgedrängt hatten. Die aus der Gotensage bekannte Tatsache, daß sich der Auszug aus Südschweden und die Landnahme an der Weichsel unter Königen vollzog, wird durch Cornelius Tacitus bestätigt. In den *Annalen* wird der große Historiker noch deutlicher und nennt zumindest einen gotischen Anführer.

»Bei den Goten lebte ein adeliger Jüngling namens Catualda, der schon längst vor der Gewaltherrschaft Marbods (Markomannen-König um Christi Geburt) das Weite gesucht hatte und jetzt bei dessen gefahrvoller Lage einen Racheakt wagte. Mit starker Gefolgschaft fiel er ins Markomannenland ein, brachte die Großen durch Bestechungen auf seine Seite und erstürmte den Königshof sowie die in der Nähe gelegene Burg. Was die Sueben seit alten Zeiten erbeutet hatten, gab es dort, sowie aus unseren Provinzen Marketender und Kaufleute, die nach der vertraglichen Absicherung des Germanenhandels aus ihrer Heimat in diese Gebiete gelangt waren. In ihrer Sucht, ihr Vermögen zu vermehren, hatten sie schließlich ihr (römisches) Vaterland völlig vergessen und waren in Feindesland geblieben.«

Auch diese Mitteilung ist hochinteressant, weil sie uns zeigt, daß der transkontinentale Handel ungeachtet kriegerischer Wirren funktionierte, ja daß trotz der schweren Kämpfe, in die Marbod die Römer verstrickte, die Haupthandelsrouten zwischen Mittelmeer und Ostsee weiter begangen wurden und die römischen Kaufleute unter den Germanen an der südlichen Ostseeküste heimisch geworden waren, also nicht behelligt wurden. Die Goten sind offensichtlich in ein Hauptgebiet uralten und intensiven Handelsverkehrs gelangt, und das gewiß nicht zufällig. Sie hatten sich kämpfend einen Platz mitten im Wohlstandsland am Weichseldelta erobert, den es nun zu verteidigen galt, denn in den Weiten des alten Europa waren solche Brennpunkte des Warenaustausches und des immer neu zuströmenden Reichtums noch nicht häufig.

Daß die Goten in solch ein Gebiet gerieten und nicht in irgendeine stille Waldzone, erklärt uns auch die verhältnismäßig prompte Information über ihr Auftauchen im Lugier-Gebiet und die Tatsache, daß die antiken Geographen die Goten ziemlich übereinstimmend mit Namen bezeichnen, die man jedenfalls als dem gleichen Germanenvolk zugehörig erkennen kann, wie immer sie nun geschrieben werden. Angesichts des Namens-Wirrwarrs in der alten Geographie, ja in der Erdkunde überhaupt, ist das ein sehr bemerkenswerter Umstand, den uns Plinius in seiner berühmten Naturgeschichte wenigstens teilweise erklärt:

»Noch heute (d. h. um 70 n. Chr.) lebt jener römische Ritter,

der zur Untersuchung des Sachverhalts von Julianus ins Samland gesandt wurde, als dieser für ein Gladiatorenspiel Kaiser Neros die Ausstattung anzuschaffen hatte. Dieser Ritter hat damals die Handelsniederlassungen an der Ostsee durchwandert und eine solche Menge Bernstein mitgebracht, daß die Netze und die Schutzwehren des Podiums (in der Arena) sowie die Barrieren gegen die wilden Tiere mit Bernstein verknotet und verziert waren. Auch die Totenbahren und der Festapparat des einen Tages strotzten von Bernstein. Das größte von ihm mitgebrachte Stück wog dreizehn Pfund . . . Die Germanen bringen den Bernstein hauptsächlich nach Pannonien (d. h. ins östl. Niederösterreich und Ungarn, also der Raum der Bernsteinstraße an die Adria). Von dort haben ihn zunächst die Veneter geholt und haben ihn dann ringsum am Adriatischen Meer verbreitet . . . Der Codanusbusen bis zum Cimbrischen Vorgebirge (d. h. bis Kap Skagen) ist voll von Inseln, unter denen Skatinavia am berühmtesten ist und von noch unerforschter Größe . . .«
Man versteht, wie dieser eine und gewiß nicht einzige Vorstoß zustande kam. Die phantastischen Wünsche und Ideen Neros nötigten seine Umgebung, sich immer wieder Neues auszudenken, um dem kranken Geist des Herrschers gerecht zu werden. Soviel Bernstein, wie man für die Ausschmükkung einer Arena brauchte, konnte der Handel gewiß noch nicht heranschaffen und wenn, dann zu unerschwinglichen Preisen. Also reiste ein Offizier mit Trägern selbst an die Ostsee, ins Bernsteinland, und da die Händler ja gerne über die Gegenden, in denen sie ihr Vermögen machten, Stillschweigen bewahrten oder gar abschreckende Gerüchte in Umlauf setzten, erhielt die Hauptstadt durch diesen Zufall nun genauere Kunde und Informationen aus erster Hand, die dem fleißigen Plinius nicht entgehen konnten.
Das zweite Zeugnis über unmittelbare Kontakte zwischen der Weichselmündung und Italien ist beinahe ein Halbjahrtausend jünger und wird von Mommsen in die Zeit zwischen 523 und 525 datiert. Da es ebenfalls ein Dokument zum Bernsteinhandel ist, ergibt sich die erstaunliche Tatsache, daß

selbst im unruhigen und noch kaum erschlossenen Mitteleuropa der Spätantike, quer durch Wandervölker und Grenzkämpfe hindurch, eine alte Handelsroute unvergessen geblieben war: die Bernsteinstraße von der Ostsee zur Adria. König Theoderichs Geheimsekretär Cassiodor war nicht nur ein gelehrter Mann, sondern dachte auch – was damals noch recht selten war – an die Gelehrten, die nach ihm kommen würden. In seinem langen Leben zwischen den Jahren 490 und 583 bewies er seine große Weisheit unter anderem dadurch, daß er an die aktive erste Lebenshälfte eine kontemplativ-schöpferische zweite anschloß: Er zog sich nach 540 in das Kloster Vivarium in Kalabrien zurück, das er Jahre zuvor selbst gegründet hatte, und widmete sich dort, ohne die Mönchsgelübde abzulegen, wissenschaftlichen Arbeiten. Mit seiner Gotengeschichte werden wir noch oft zu tun bekommen; hier ist es seine Sammlung der wichtigsten Briefe, die er für seinen Herrn und Kaiser verfaßte und deren einer an die Aestier gerichtet ist, also an die Flußmündungs-Menschen oder Delta-Bewohner, an jene Menschen, die am Endpunkt der Weichsel-Handelsstraße an der Ostsee lebten.

»Nach Ankunft eurer Gesandten hierselbst«, schreibt Cassiodor aus Ravenna, »haben wir erkannt, daß ihr ein lebhaftes Streben bezeugt habt, unsere Bekanntschaft zu machen, damit ihr, die ihr am Gestade des Ozeans wohnt, mit unserer Wohlgeneigtheit Verbindungen habt. Euer Wunsch, es möchte eine Kunde von uns auch zu euch gelangen, denen wir keine Botschaften zugehen lassen konnten, war uns angenehm und erfreulich . . . Einen Weg durch so viele Völkerschaften hindurch erstmalig zu betreten, ist etwas, was nicht leichtfertig unternommen worden sein kann. Deshalb begrüßen wir euch aufs herzlichste und teilen mit, daß die von euch durch eure Boten übersandten Bernsteinstücke dankbaren Sinnes entgegengenommen worden sind. Wie auch der Bericht eurer Gesandten besagte, spült die herunterkommende Welle des Ozeans diese sehr leichte Masse bei euch ans Land (gemeint ist: der zurückweichende, einem

Mittelmeerbewohner unbekannte Ebbstrom läßt Bernsteinbrocken am Strand zurück).
Woher sie aber stammt, diese Masse, ist euch, wie sie sagten, unbekannt; vielmehr empfangt ihr sie, begünstigt vor allen anderen Menschen, da die Natur eurer Länder sie euch darbringt. Nach dem Bericht des Cornelius (Tacitus) soll sie auf weiter abgelegenen Inseln des Ozeans aus dem Harz eines Baumes stammen . . . und dann langsam in der Sonnenwärme erhärten.«
Diese hier gekürzte kuriose Darstellung, mit der ein kaiserlicher Sekretär aus Ravenna den Ostsee-Anrainern etwas über Bernstein erzählen will, zeigt uns, daß Cassiodor seine Briefe offensichtlich schon im Entwurf als Zeitdokumente verstand; sie enthalten sehr oft Dinge, die dem Adressaten sehr gut bekannt sein mußten, die dadurch aber für die Nachwelt festgehalten wurden. Hier freilich gibt Cassiodor eine besondere Erklärung ab:
»Wir glaubten, euch dies so genau schildern zu sollen, damit ihr nicht etwa annehmt, unserer Kenntnis sei verborgen geblieben, was ihr als ein Geheimnis (das des Bernsteins) zu besitzen meint. Sucht uns also auf den Wegen, die eure Liebe erschlossen hat, des öfteren auf, da die erworbene Freundschaft reicher Könige stets nützlich ist, die immer auf eine größere Gegengabe bedacht sind, wenn sie durch ein kleines Geschenk erfreut wurden. Einiges lassen wir euch auch mündlich durch eure Gesandten ausrichten, durch die wir euch bestellen, was zu vernehmen euch angenehm sein muß.«
Ist unser erster Bericht von der Ostsee ein Zufall, geboren aus den Launen des Kaisers Nero und erhalten geblieben durch die schöpferische Sammelleidenschaft des Plinius, so haben wir in diesem offiziellen Schreiben aus Ravenna ein Dokument der Wirtschaftsgeschichte vor uns. Um Christi Geburt etwa hatte sich nach zwei Jahrtausenden, in denen der Nordsee-Bernstein dominierte, das reichere Bernsteinland, nämlich die Haffküste der Ostsee, ins Blickfeld der mittelmeerischen Händler geschoben.

1 *Die untere Weichsel, Schauplatz der ersten Landnahme der Goten auf dem europäischen Festland.*

2 *Bronzezeitliche Schiffssetzung bei Fröjel, Insel Gotland.* ▷

3 *Kanne und Henkeleimer aus Bronze sowie silberner Randbeschlag eines Trinkhornes aus dem Fürstengrab von Lübsow/Pommern, 1. Jh. n. Chr. (Museum f. Vor- und Frühgeschichte der Staatl. Museen Preuß. Kulturbesitz, Berlin-West).*

Unter Kaiser Heliogabalus (218–222) ging die Bernsteinausfuhr nach dem Römerreich so plötzlich zurück, daß man weniger auf einen Geschmackswandel in Rom als auf eine Änderung der Verhältnisse an der Straße selbst, vor allem wohl in ihrem mittleren und nördlichen Teil schließen muß.
Das Zeugnis des Plinius stammt aus der Zeit, in die nach allgemeiner Annahme die erste Gotenwanderung von Skandinavien an die Weichselmündung zu setzen ist. Die frühesten Annahmen liegen bei 100 vor Christus, die spätesten bei 100 nach Christi Geburt. Das Zeugnis des Cassiodor entstammt der Zeit, in der wir den absoluten Höhepunkt der Gotengeschichte erblicken dürfen: Das auf wenigen Schiffen ausgewanderte und vermutlich von der bittersten Not bedrängte Gotenvolk hat sich mit Theoderich dem Großen zur ersten Macht des Abendlandes aufgeschwungen und hat mit dieser überragenden Gestalt spätantiker Geschichte bewiesen, daß die Goten keine Barbaren mehr sind, sondern würdige Erben der altmittelmeerischen Kultur.
Aber auch innerhalb dieses Zeitraums von einem Halbjahrtausend kann uns der Bernstein wie eine Art Leitfossil Auskunft über die Goten geben, wenn wir aus den Münzfunden – oder eben ihrem Fehlen – feststellen müssen, daß um das Jahr 200 nach Christus der Handel zwischen der Ostsee und den Mittelmeerländern zum Erliegen gekommen ist. Viele Tausende römischer, griechischer, byzantinischer und später arabischer Münzen haben sich im ganzen Ostseeraum gefunden. Da sie allesamt zu datieren sind, geben sie mit einzigartiger Präzision Auskunft über den Handel früher Zeiten, über den wir andere Zeugnisse nicht besitzen, und zeichnen uns das erstaunliche Bild einer engen Verbindung zwischen Ostsee, Adria, Schwarzem Meer und Ostmittelmeer, einer Handelsbrücke also durch Gebiete, von denen die wilhelminische Geschichtsschreibung behaupten wird, erst die Deutschen hätten sie zivilisiert.

Zwischen 196, dem letzten Jahr normaler Münzfund-Dichte, und 220, der Reichskrise unter Kaiser Heliogabalus, hat sich in dem relativ ruhigen Raum zwischen Weichsel, Karpaten und Schwarzem Meer eine neue Kraft mit beträchtlicher kriegerischer Dynamik gezeigt. Sie wirkt zunächst wie ein Gegendruck gegen die Römer, die ihren Einfluß über die Donau hinweg auf Böhmen auszudehnen versuchen. Sie spielt vielleicht eine Rolle bei der Abwanderung der (später Alamannen genannten) germanischen Stämme aus dem Raum nördlich der Sudeten und des Erzgebirges nach Westen. Und sie ist vermutlich auch an der Unruhe beteiligt, die zwischen 214 und 218 die Daker erfaßt und Kaiser Caracalla nicht wenig Sorgen bereitet. Diese nicht mit Sicherheit zu identifizierende Kraft waren aller Wahrscheinlichkeit nach die Goten, denn sie erreichen zwischen 220 und 230 eine neue Heimat, ein abermals neues Gastland: das südliche Rußland am Nordrand des Schwarzen Meeres.

Ein rastloses Volk, diese Goten, aber immerhin ein Volk, das zwei- oder dreihundert Jahre braucht, um die Strecke von Südschweden bis zum Schwarzen Meer zurückzulegen, und das natürlich kein Volk auf dem Wege ist, wie Josef Ponten später von den Wolgadeutschen gesagt hat, sondern ein Volk, das Seßhaftigkeit sucht und diesen weiten Weg in drei oder vier Etappen zurückgelegt zu haben scheint.

Die erste war gewiß die Ostseeküste selbst, anderswo konnten sie ja nicht landen; sie mußten kämpfen, sie mußten siegen, und als sie gesiegt hatten, blieben sie auch: Andernfalls hätten sie ja immerfort weiterkämpfen oder zurückkehren müssen.

Die zweite Etappe dürfen wir in etwas weiter landeinwärts liegenden Sitzen erblicken, eher am rechten als am linken Weichsel-Ufer. Hier hatten sie, nahe dem Strom, nahe dem Meer und offen für Nachzügler und Verbindungen mit der alten Heimat, eine erste Phase der Konsolidierung und des Abwartens. Vielleicht ging es hier auch um ein Wiedererstarken der Goten nach harten Kämpfen gegen Nachbarn, die sie von der Küste selbst oder aus den Bernstein-Handelszentren abgedrängt hatten.

Zwischen 150 und 200 nach Christus erfaßte die Goten dann

neue Unruhe. Ein großer und sehr langsamer Prozeß des Abbröckelns und Abwanderns scheint eingesetzt zu haben, der erst geringe, später dann aber stärkere Unruhe in den Weichselraum brachte. Die Zeugnisse für diesen Vorgang sind vorwiegend archäologischer Natur und leider nicht eindeutig, denn gerade der Handel, der Gegenstände aller Art von Volk zu Volk gelangen ließ, und die Wanderungen, die zum Nebeneinander verschiedener Völker auch auf den Friedhöfen führten, verwischen die in anderen Fundgebieten oft so eindeutige Aussage der Grabbeigaben und der Bodenfunde. Polnische Forscher waren es vor allem, die sich seit dem Zweiten Weltkrieg mit dem beschäftigten, was in frühgeschichtlichen Friedhöfen zwischen Warschau und Sandomierz ans Licht kam. Verwandtschaften unter diesen Funden, gemeinsame Züge, Übereinstimmungen der Charakteristika gestatteten zwar die Bildung großer, vager Gruppen: Die sogenannte Przeworsker Kultur der jüngeren vorrömischen Eisenzeit im südlichen Polen ist nach Bestattungen, Grabbeigaben, Keramik und anderen Kennzeichen erfaßbar – aber die polnischen Forscher sehen sie als urslawisch an, die meisten deutschen Forscher als germanisch (wobei wiederum keine Einmütigkeit herrscht, ob die Vandalen, die Goten oder die Silingen am meisten Anteil an ihr haben).
Noch enger scheinen die Beziehungen der sogenannten Masowischen Fundgruppe zu den Goten zu sein. Selbst der besonders skeptische Rolf Hachmann schreibt: »Es kann ferner als außerordentlich wahrscheinlich – praktisch als sicher – gelten, daß die festländischen Goten mit der Masowischen Gruppe identisch sind . . . Verbreitungskarten der Masowischen Gruppe, der Besiedlung von Vaestergötland (Südschweden) sowie (der Insel) Gotland . . . zeigen eine Vermehrung der Siedlungsstellen und eine Vergrößerung des besiedelten Raums in Skandinavien und eine Verlagerung des Siedlungsraumes, verbunden mit einer Verdichtung der Siedlungen, in Masowien und Masuren. Kulturell bestehen zwischen allen diesen genannten Gebieten in wechselndem Umfange Übereinstimmungen – daneben auch zahlreiche

Unterschiede . . . Die Masowische Gruppe hat zweifellos *engere* Kulturverbindungen nach dem Südwesten und Süden, das heißt in den Bereich der übrigen Gruppen der Przeworsker Kultur, als nach dem Norden.«

Mit der Vermehrung der Siedlungsstellen hat es folgende Bewandtnis: Vermehrt sich ein Volk, oder erhält es Zuwanderung, so vermehren sich auch die Hinweise auf einstige Siedlungen. Wachsen die Goten in Südschweden bevölkerungsmäßig so stark an, daß praktisch eine Zellteilung nötig wird, so muß sich dies in den Siedlungsstellen zeigen, aber auch in einem Zuwachs an solchen Siedlungsresten im Zielgebiet der Wanderung.

Und da auch wandernde Völker an ihren Traditionen festhalten, müssen die Funde längs des ganzen Wanderweges doch einige Übereinstimmungen aufweisen, untermischt mit den fremden Elementen der neugewonnenen Gebiete, der unterworfenen oder aufgenommenen Vorbevölkerung. Kompliziert, gewiß, aber auch reizvoll, und eben weil die Forscher hier sehr genau und sehr fleißig sein müssen, möchte man meinen, daß sie sich ihr Ziel doch sehr hoch gesteckt haben. Um Vermehrungen von Siedlungsstellen feststellen zu können, muß man eine sehr große Zahl von ihnen kennen, ja muß man eigentlich sicher sein, die zu vergleichenden Territorien vollständig durchforscht zu haben. Und da muß man sich natürlich fragen, ob all die Herren, die so vertrauensvoll auf Gotland, in Südschweden, in Masuren, Masowien und an der Weichsel in harter und weicher Erde graben, jemals das Wort unseres Johann Gottfried Herder aus Mohrungen in Ostpreußen gelesen haben, in dem er ebenso schön wie ernsthaft sagt: »Nicht auf dem Boden deiner Erde wandelst du, armer Mensch, sondern auf einem Dach deines Hauses, das durch viele Überschwemmungen erst zu dem werden konnte, was es dir jetzt ist.«

Um 1830, mitten in der Zarenzeit also, hielt ein Bürger von Simferopol auf der Halbinsel Krim mit seinem Kutschwagen neben einem Ochsenkarren an, auf dem sich seltsam flache Steine auftürmten, Platten, auf denen Bilder oder doch Reliefs zu erkennen waren. Gegen ein paar Kopeken ließ ihm der Fahrer zwei besonders schöne Platten, deren eine einen Reiter darstellte, während die andere ein paar Zeilen in griechischer Schrift trug.
Wenig später erzählte dieser Bürger, ein gebildeter Mann, den die Geschichte der Gouvernementshauptstadt interessierte, dem Archäologen Blaramberg von seiner Zufallserwerbung. Blaramberg war der Direktor der Museen von Kertsch und von Odessa. Da Simferopol noch wenige Jahrzehnte zuvor Ak-Metschet geheißen hatte und von den Russen erst in blutigen Kämpfen gegen die Tataren erobert worden war, hatte Blaramberg sich für die Ruinen bei der wiederholt niedergebrannten und wieder aufgebauten Stadt noch nicht interessiert. Als er die beiden Relieftafeln sah, machte er sich jedoch zu einer Probegrabung in den Ruinen bei Simferopol auf und fand neben weiteren Inschriften in griechischer Sprache noch die Bruchstücke eines Marmorreliefs, das einen Mann und einen Jüngling darstellte. Wer der Mann war, glaubte Blaramberg zu wissen, denn dieser Kopf fand sich auf nicht wenigen Münzen – es war der Skythenkönig Skiluros, den jeder Numismatiker von wertvollen Bronzemünzen aus Olbia her kennt. Skiluros herrschte um 150 vor Christus über weite Gebiete am Nordrand des Schwarzen Meeres mit der Halbinsel Krim und der Dnjepr-Mündung, und der Jüngling, der neben ihm auf der Marmortafel zu sehen ist, könnte Palakos sein, einer der vielen Söhne dieses Königs und zugleich sein tapferster Feldherr. Er wird Nachfolger des Skiluros in der Königsmacht, er wird den schweren Kampf gegen Mithridates, König des pontischen Reiches, zu kämpfen haben.

Skiluros und Palakos herrschen an jenem Schwarzen Meer, das die Goten als ihr Ziel noch gar nicht kennen. Skythenstädte und altgriechische Hafenorte erwehren sich der Römer und ihrer Bundesgenossen. Rund um das Schwarze Meer sind die Völker der Alten Welt noch unter sich, und doch sind die Goten, die mit ihrer ungestümen Kraft all dies niederreißen werden, bereits an der Südküste der Ostsee an Land gegangen.
Vor ihnen liegt, nur in vielen Wanderungen und Kämpfen zu bezwingen, jene unendliche Ebene, die sich zwischen der Ostsee und dem Kaukasus auftut und die später, viel später, von den staunenden arabischen Reisenden der *skythische Landozean* genannt werden wird: Land, so weit wie ein Weltmeer, unendliches Land, in dem es keine Hindernisse gibt, eine Ebene ohne Ende, ohne Gebirge, in der die großen stillen Ströme Rußlands den Weg weisen: nach Norden zum Finnischen Meerbusen und zur Ostsee, nach Süden zum Schwarzen Meer und zur Kaspischen See. Die Wasserscheide, ein flacher Rücken, bemerkt man kaum, sie liegt bei Smolensk.
Während die Goten von der Küste abwandern, die Weichsel überschreiten, in Masowien und Masuren haltmachen und endlich weiterziehen, durch den Landozean in den fernen Süden, während dieser langen Spanne von fünf oder sechs Generationen befestigen die Skythen an der Schwarzmeerküste ihre Städte.

Sowjetische Archäologen haben diese Mauern gefunden, ausgegraben und gemessen. Sie bestehen aus unbehauenen, großen Steinen, wären also sogenannte Zyklopenmauern, hielte nicht ein Lehmmörtel sie zusammen. Der freilich ist im Lauf der Jahrtausende abgebröckelt. Die Steine liegen frei, allem preisgegeben, und wer den neuen Herren auf der Krim, den Russen, ein paar Rubelchen gibt, der darf sich so viele von den großen alten Steinen holen, wie er nur braucht. Ein Gutteil der Petrow-Vorstadt von Simferopol ist aus Skythensteinen gebaut, aus den Mauern der letzten skythischen

Hauptstadt, die den Namen Neapolis führte wie die lachende Hafenstadt am Fuß des Vesuvs.
Skiluros und sein Sohn Palakos hatten um die erste alte Festungsmauer von Neapolis einen weiteren Verteidigungsgürtel ziehen lassen, gegen Römer und Verbündete zunächst; aber er tat bald auch gute Dienste gegen sarmatische Völker, die aus der unendlichen Ebene von Osten her heranbrandeten. Die ersten Ankömmlinge hatte Palakos gut brauchen können, sie hatten ihm als Hilfstruppen gegen Mithridates gedient; bald aber wurden die Sarmaten selbst zu einer Gefahr für die Skythenstädte auf der Krim.
Blicken wir auf die Landkarte, so gewinnen wir den Eindruck, als könne kein Herrscher hoffen, hier, auf dem vorgeschobenen Posten der Mittelmeerkultur, an ihrem Eckpfeiler gleichsam, aussichtsreichen Widerstand zu leisten. In Anatolien und auf dem Balkan schützen Gebirge das Römerreich und die Bastionen seiner Verbündeten. Südlich des Dnjestr und an die Karpaten angelehnt, können die Daker den römischen Balkan verteidigen, und der Kaukasus wie die unwegsamen Wüsteneien des anatolischen Hochlands sind dank ihrer menschenfeindlichen Ödnis überhaupt unbezwingliche Schutzgürtel, die dem Kaiser in Rom viele Soldaten ersetzen. Die Skythen aber, die es geschafft haben, ein paar alte Griechenstädte zu erobern, die ahnen noch nicht, daß sie einen Zweifrontenkampf kämpfen, gegen Süden zu mit dem immer noch mächtigen Rom, gegen Osten mit räuberischen Sarmaten. Sobald sich die dritte Front auftut, sobald der Feind auch aus dem Norden kommt, aus dem vermeintlich ruhigen und friedlichen Land der Flüsse, wird es um die Skythen geschehen sein.
Woher die Goten die Kraft nehmen, auf breiter Front einen so weiten Weg zurückzulegen, weiß man noch nicht. Aus den Sippen, die angeblich noch auf drei Schiffen Platz fanden und sich dann zwischen die Ostsee-Anrainer zwängten, ist in Masowien ein Volk geworden. Aus den Stämmen, die unschlüssig und unsicher kleine Schritte tun, ja Schrittchen, von der Küste zur Weichsel, über die Weichsel weg und dann

ins nahe Masowien, aus diesen Stämmen hat irgendein König einen Kampfverband geschmiedet, hat Verbündete hinzugewonnen und eine Richtung gewiesen, die mit erstaunlicher Sicherheit eingehalten wird. Denn wir finden zwischen den Friedhöfen des Weichsellandes und dem Schwarzen Meer keine Rastplätze der Goten mehr, kein Zeugnis für längeres Verweilen. Nun ziehen sie tatsächlich südwärts, und sie erliegen nicht der Versuchung, auf den fruchtbaren Ebenen am Dnjepr zu bleiben, wo Raum ist und Frieden. Sie haben die endlosen Pripjet-Sümpfe durchquert, das ausgedehnte Sumpfgebiet zwischen Bug und Dnjepr, das ihnen arg zu schaffen machte. Aber sie mußten Späher gehabt haben, sie mußten gewußt haben, wohin sie sich wenden sollten, denn sie vollführen nun, da sie die Sümpfe durchquert haben, eine Schwenkung und lassen sich vom Dnjepr, dem großen Schicksalsfluß Rußlands, nach Süden führen, dem Meer entgegen.
Ein Halbjahrtausend später werden Verwandte von ihnen, die skandinavischen Waräger, am Dnjepr herrschen und das Reich Ruriks und seiner Brüder begründen. Aber es wird nicht das erste Reich auf russischem Boden sein, denn die Goten kennen schon lange das Königtum. Sie haben eine Verfassung, die auch der Belastung durch Unordnung und lange Märsche gewachsen ist und die sich elastisch genug erwiesen hat für die Fremde, für ungewohnte Verhältnisse. Unter ihren Königen ziehen Goten und Verbündete im weiten und noch ziemlich leeren europäischen Rußland dem Schwarzen Meer entgegen, als müsse das Heil im Süden liegen, als biete das fruchtbare Schwarzerd-Gebiet der heutigen Ukraine nicht vielfältige Frucht und damit Nahrung in Fülle für Mensch und Tier.
Vielleicht wollen sie mehr. Vielleicht sind sie nicht nur ein ›Volk ohne Raum‹, sondern auch ein Volk, das erobern, erbeuten und in eroberten Wohnungen leben will. Am Händlerreichtum des Bernsteinlandes hatten sie ein wenig partizipiert, vermutlich nur die Fürsten, und auch diese nur so lange, als man eben an der Weichsel ungeschoren blieb. Nun

aber sind sie zu zahlreich. In breiter Front wälzen sich die Germanenstämme durch die russische Ebene nach Süden, getrieben von Hoffnungen und Erwartungen, unruhig und gierig, weil die Luft immer milder wird und die Nähe reicher Städte sich ankündigt.

Denkt man an Xenophon oder auch nur an die hieroglyphenbedeckten Tempelwände, die uns von der Reise der Pharaonin Hatschepsut berichten, an die ausführlichen Schilderungen, die wir von den Feldzügen des Alexander besitzen, und die immerhin noch ausreichenden Mitteilungen über selbst kurze und erfolglose Expeditionen wie die des Aelius Gallus nach Hadramaut, so hadern wir ein wenig mit dem Schicksal, das gerade unsere Vorväter oder doch Stammesverwandten so stumm durch die Länder ziehen ließ. Gewiß, von Makedonien nach Indien, das ist für das vierte vorchristliche Jahrhundert eine Weltreise, ja beinahe eine Reise durch zwei Welten gewesen, und die Goten folgten von der Weichsel zum Dnjepr nur lange bekannten Handelswegen durch eine Ebene, in der ihnen weder der Alte vom Berge auflauerte noch ein Inderkönig mit einem Elefantenheer. Aber ein Ereignis, ja eine geschichtliche Sensation bleibt diese unerwartete und schwer zu ergründende Wendung eines ganzen Stammesverbandes doch, denn damit vollzogen die Germanen erst eigentlich den Übergang aus ihrer Heimat an der Ostsee in den Kulturraum des Mittelmeeres. Dieser Aufbruch der vielen Verbündeten und ihr Zug durch Osteuropa bis hinunter in pontisch-griechische Bereiche bringt die Völker in Bewegung, beendet die Pax Romana, die lange Friedenszeit unter der römischen Oberhoheit zumindest für den Nordosten des Reiches: er muß als der Beginn der Völkerwanderung angesehen werden. Erst hundertfünfzig Jahre später, als alles bereits in Bewegung ist und die Grenzen Roms an vielen Stellen überrannt, erst auf dem Höhepunkt der Völkerwanderung kommen die Hunnen hinzu. Dennoch können manche Historiker nicht von dem alten Kernsatz lassen, daß es die Hunnen gewesen seien, die erst die Völker in Bewegung brachten: noch 1975 mußte man

diesen schon verrosteten Irrtum in einer Rezension von Walter Pauli lesen.
Den Xenophon der großen Germanenwanderung hat es also nicht gegeben, aber ein sonst unbekannter Geschichtsschreiber namens Ablabius (im Vulgärlatein auch Ablavius) verfaßte immerhin ein Werk über die Goten, aus dem sich Fragmente erhalten haben, die den Auszug der Goten aus Skandinavien, die Besiedlung des Skythenlandes am Schwarzen Meer und vor allem die Beschreibung der einzelnen Germanenstämme des Gotenverbandes enthalten. Ablabius, der vermutlich selbst nicht gotischer Herkunft war oder nur von einem Elternteil Gotenblut hatte, lebte zu einer uns nicht näher bekannten Zeit zwischen 330 und 490 nach Christus und wird von jenem kaiserlichen Geheimsekretär Cassiodor, den wir schon kennen, eifrig zitiert. Auch diese Cassiodor-Texte kennen wir aber wiederum nur durch Jordanes, einen romanisierten Goten, der uns in einem Kompendium die beiden verlorengegangenen Werke des Ablabius und des Cassiodor höchst unzureichend ersetzt – und den wir dennoch als einen Glücksfall bezeichnen müssen: Der Mann, dessen Flüchtigkeit und Unbildung, dessen parteiische Darstellung und schlechten Stil die Historiker immer wieder rügen, bedeutet für uns trotz allem eine günstige Fügung und ist mit Plinius ein weiterer Beweis dafür, daß die Welt von den großen Geistern oft recht wenig wüßte, wenn sich nicht um jeden von ihnen eine Schar emsiger Dilettanten und Kopisten angesammelt hätte.
Soweit wir es aus dritter Hand beurteilen können, erzählt auch Ablabius den großen Zug vom Frischen Haff bis auf die Krim höchst summarisch. Hätte er gotische Heldenlieder verarbeitet, wie Mommsen annimmt, wäre der Bericht über dieses Großereignis der Gotengeschichte zweifellos mit mehr Einzelheiten versehen worden, denn die Heldenlieder – das wissen wir aus dem reichen Schatz der altisländischen Überlieferung – bewahren durch Vers und Reim Namen, Verhältnisse, Örtlichkeiten und Abläufe oft in verblüffender Vollständigkeit.

Aus einigen wenigen Anhaltspunkten, aber einem großen Allgemeinwissen über die germanischen Völker, kombiniert Ludwig Schmidt folgenden Ablauf, der im wesentlichen unbestritten geblieben ist:
In einem nicht genau bekannten Zeitpunkt des zweiten nachchristlichen Jahrhunderts kam neue Unruhe über die Goten. Verstärkt, vielleicht aber auch nur besonders kriegslustig durch einen jungen, energischen Anführer, sicherten sich die Goten Bundesgenossen dadurch, daß sie selbständige Nachbarstämme unterwarfen, und zwar die Vandalen, die ihre Sitze im (späteren) Kreis Neidenburg, also in Ostpreußen und nicht allzuweit vom Platz der Stadt Königsberg entfernt, hatten, aber auch die Burgunder, die im Weichselknie und im Gebiet der Netze siedelten. »Sie (die Goten) werden dadurch mittelbar die Urheber der großen Völkerbewegungen, die zuerst in dem Markomannenkriege unter Mark Aurel zu Auswirkungen kamen.«
Nicht völlig gesichert, aber sehr wahrscheinlich ist ein ähnlicher Vorstoß der Goten nach Osten, über die Passarge hinweg ins ostpreußische Samland; das würde die bedeutenden Übereinstimmungen im Fundgut aus der Kaiserzeit erklären, die zwischen Samland und Weichselmündung festgestellt wurden.
Damit existiert nun ein Germanenbund, und wenn die Germanen sich einig sind, dann fühlen sie sich zu großen Taten fähig und schwärmen aus. Wer nicht mitschwärmte, das waren die uns schon bekannten Aestier, die Bewohner des eigentlichen Weichseldeltas, die Bernsteinhändler, Bernsteinschnitzer, ein Völkchen besonderer Art, das zweifellos nicht germanisch war und das vielleicht schon zweitausend Jahre lang am Haff lebte, als die Goten aus Skandinavien kamen. Dieses Splittervolk einer baltischen Gruppe mit seiner für Europa beinahe einzigartigen, ja ägyptisch zu nennenden Seßhaftigkeit besaß offenbar eine starke Widerstandskraft auch im Militärischen und war im Delta des großen Flusses vermutlich auch schwer angreifbar, so daß die Goten auf diese unwilligen und fremdstämmigen Bundesgenossen

verzichteten. Erst die Ordensritter werden tausend Jahre später gegen die Aestier vorgehen, die man im Mittelalter dann Pruzzen nennt, und werden die eigensinnigen und an ihrer Unabhängigkeit festhaltenden Heiden recht unsanft in die Arme Christi treiben.
Interessant ist, daß die Pruzzen später dem großen Gotenkönig Ermanarich eine Art Oberhoheit aus der Ferne zugestanden haben und daß sich im Altpruzzischen altgermanische Lehnworte finden, im Gotischen aber Pruzzenworte und -namen, die sie zum Teil bis in die Spätzeit des westgotischen Reiches in Spanien bewahren und gebrauchen.
»Die germanisch beeinflußte Kultur Ostpreußens hat bis ins sechste Jahrhundert bestanden«, schreibt Ludwig Schmidt, nicht ahnend, wie es um Ostpreußen ein paar Jahre nach der Veröffentlichung seines Buches bestellt sein wird. »Ob aber das *Hreidgotaland* verschiedener altnordischer und angelsächsischer Quellen wirklich auf ostpreußische Goten zu beziehen ist, ist fraglich.«
So vorsichtig wie der große Gelehrte brauchen Sachbuchautoren nicht zu sein. Wir können uns sehr gut vorstellen, daß die Hreidgoten tatsächlich jene *Goten im Nest* waren, wie der Name gedeutet wurde, Goten also, die in Ostpreußen blieben und das pontische Abenteuer nicht mitmachten. Und es ist ein durchaus akzeptabler Gedanke, daß sich ein dünnes Gotenfädchen in Neidenburg, wo ja das Gotenzentrum lag, durch die Generationen bis in jenes Jahr 1821 heraufrankte, da der große und uns allen teure Ferdinand Gregorovius in jenem Städtchen geboren wurde.
Viele Goten aber können es nicht gewesen sein, die Bodenfunde lassen, eine beträchtliche Verminderung der Bevölkerung erkennen, es entsteht schon im zweiten Jahrhundert und offensichtlich ohne Feinddruck jenes Vakuum, in das ein paar hundert Jahre später langsam und zaudernd die Slawen einströmen werden, wodurch das Germanenland bis zur Elbe slawisch wird. Diese Ablösung der großen ostmitteleuropäischen Nachbarn, dieses Übereinanderschichten der Funde hat viel Gelehrtenhader verursacht, und

noch heute lesen die Polen anders im Boden als die Deutschen, und die Schulbuchkommissionen haben es schwer genug, bei ihrer dankenswerten Arbeit nicht in Sackgassen zu geraten.

»Die einmal in Fluß geratene Bewegung gelangte aber nicht zum Stillstand«, fährt Ludwig Schmidt fort. »Sie ist nicht in geschlossener Masse, sondern abteilungsweise erfolgt und erstreckte sich auf eine längere Reihe von Jahren, wie sich aus den Funden ergibt . . . Die alte monarchische Ordnung der Goten, von der Tacitus berichtet, verfällt infolgedessen der Auflösung: die Gaufürsten werden selbständig. Nach der gotischen Wandersage war der Führer der ersten Abteilung Filimer, des Gadarig Sohn, den Jordanes-Cassiodor irrig als König bezeichnet und an die alte Herrscherreihe anknüpft.«

Zweifellos löste ein Ereignis wie dieses große und allgemeine Abwandern in die Fremde alte Ordnungen auf, aber völlig verschwunden können sie wohl nicht sein, denn das Königtum ist ja kein räumlicher Begriff, der an gewisse Sitze eines Volkes gebunden gewesen wäre, und wenn auch die Königsmacht auf langer Wanderschaft nicht in jener strengen und straffen Weise wirksam werden konnte, von der Tacitus uns berichtet, so gibt es doch auf dem Weg ins Unbekannte eine ganze Reihe von Aufgaben, die ein gut geführter Stamm besser lösen kann als ein ungeordnet und ohne Führung marschierender Haufen.

Wir brauchen daher die Frage nicht zu diskutieren, ob Filimer, Sohn des Gadarig, nun ein König, ein Heerkönig, ein Gaufürst oder der Kommandant der Vorhut war. Daß sein Vater genannt wurde, scheint darauf hinzudeuten, daß er einem fürstlichen Geschlecht entstammt, das schon in früheren Generationen Macht ausübte. Und daß er sehr bald schwere Entscheidungen wird treffen müssen, beweist der Zwischenfall mit der Brücke, das einzige Detail, das uns die Wandersage der Goten, wie sie Jordanes-Cassiodor nach Ablabius berichten, überliefert hat:

Zunächst machten die Goten und ihre Verbündeten offenbar den Versuch, die Pripjet-Sümpfe im Süden zu umgehen,

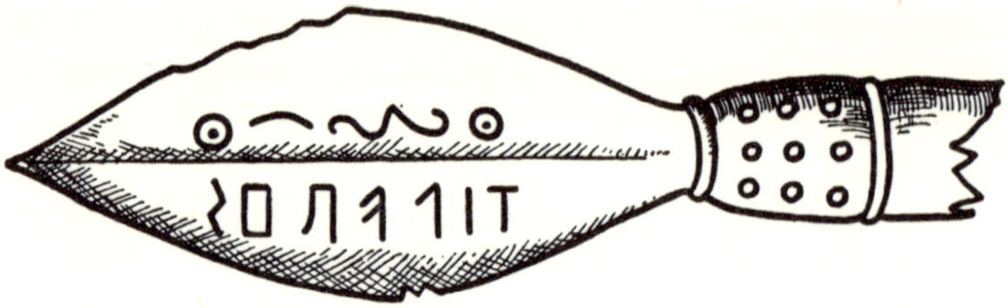

Speerspitze aus dem Fund von Kowel (Ukraine). Die Runeninschrift ist in gotischer Sprache abgefaßt und bedeutet »Der Angreifer«. (Aus: G. de Sède, Le Mystère Gothique. Paris 1976, Editions Robert Laffont.)

hatten vielleicht auch Führer, die den Weg durch das flachwellige, aber trockene Land auf den Dnjepr zu kannten. Der Fund eines mit Runen gekennzeichneten und als germanisch ausgewiesenen Speers bei der kleinen Stadt Kowel ist allerdings der einzige Anhaltspunkt dafür, daß die Goten diesen Weg nahmen. Die Wandersage weiß von großen Sumpfgebieten zu berichten; die Hauptmacht und der linke Flügel hatten also vielleicht in dem Durchlaß in Richtung (auf das heutige) Shitomir nicht Platz gefunden und waren in die Sümpfe geraten.

Am Fluß, bei dem es sich nach der Vermutung von Ludwig Schmidt um den Dnjepr handelt, wurde eine Brücke gebaut. Wo die vereinigten Germanenstämme auf den Dnjepr stießen, ist unbekannt, aber noch heute ist dieser gewaltige Fluß ein Naturereignis in seiner wilden Kraft, in seiner unregulierten Breite, und selbst im Stadtgebiet von Kiew ist der Blick von der Stadtterrasse hinunter in die Auen unvergeßlich, denn der Dnjepr ist eine Welt.

Ihn zu überschreiten muß sehr schwierig gewesen sein, und man kann nur an eine Schiffsbrücke denken, wie sie Cäsar zum Erstaunen der Sueben seinerzeit über den Rhein gebaut hatte und wie die Goten sie vermutlich an der Weichsel schon hatten bauen müssen. Menschen, Pferde, Haustiere vielleicht, sicherlich aber viele, viele Karren mußten den schwankenden Steg überschreiten, und irgendwann, als ein Drittel, die Hälfte oder zwei Drittel der Wandernden am Ostufer angelangt waren und lagerten, gaben erst eine, dann

mehrere Verankerungen nach, lösten sich Flöße, Balken und Schiffe aus dem mühsam zusammengebrachten Pontonverbund und trieben in der reißenden Strömung ab.
So ist der Bericht vom Zusammenbrechen einer Brücke zu verstehen, nach dem ein großer Teil der Goten am diesseitigen, also westlichen, Ufer zurückbleiben und auf diesem weitermarschieren mußte. Da die Goten weder die Zeit noch die technische Erfahrung hatten, eine festgefügte Steinbrücke zu bauen, wie dies Griechen und Römer getan hatten, ist das Zusammenbrechen ein Sichauflösen und die Brücke ein schwimmender Steg gewesen.
Wie immer die Brücke zugrunde ging, es war eine schwere Krise für die Goten, und sie war um so gefährlicher, als sie zweifellos unerwartet kam. Selbst in dem vagen, durch viele Hände gegangenen Bericht des Ablabius spiegelt sich etwas von der Verzweiflung, die mitten im fremden Land über das wandernde Volk gekommen sein muß:
»Da man die Brücke nicht wiederherzustellen verstand, so konnte niemand mehr herüber oder hinüber. Denn diese Gegend ist, wie berichtet wird, von schwankenden, bodenlosen Sümpfen eingeschlossen, so daß sie die Natur sozusagen durch einen doppelten Wall unzugänglich gemacht hat. Noch heute (d. h. im fünften nachchristlichen Jahrhundert) hört man dort nach dem Zeugnis von Reisenden Stimmen von Tieren und kann Anzeichen, daß sich Menschen dort aufhalten, feststellen. Lassen sich diese Erscheinungen auch nur aus weiter Ferne beobachten, so verdienen die Angaben hierüber doch Glauben.«
Wir können an eine scheue Bevölkerung denken, die sich vor den herannahenden Wanderscharen mit ihren Tieren in ihre Wasserlandschaft zurückzog, entweder in die Auen des wilden Dnjepr-Bettes oder in jene Sumpfgebiete, die – wie bis heute zum Beispiel der Spreewald – ja auf eine seltsame und althergebrachte Weise landwirtschaftlich genutzt und von vereinzelten Dörflern bewohnt werden. Zugleich aber mit diesen Tatsachenmitteilungen, für die sich Jordanes verbürgen zu können meint, schwingt aber auch abergläubische

Furcht in dem Bericht, als seien die Stimmen von Mensch und Tier, die man vernahm, die Stimmen von Abgeschiedenen, die den Tod in den großen Sumpfgebieten gefunden hatten und durch ihre Rufe die Neuankömmlinge entweder warnen oder ebenfalls ins Verderben ziehen wollten.

»Der Teil der Goten also, der mit Filimer über den Strom kam und nach Oium gelangte, konnte sich des ersehnten Landes bemächtigen«, fährt der Bericht fort. Oium heißt soviel wie Aue, es ist die altgermanische Bezeichnung für Getreideland. Und um Getreideland ging es ja tatsächlich, holten sich doch die Griechen seit eineinhalb Jahrtausenden ihr Getreide von den Ufern des Schwarzen Meeres. Was in der Argonauten-Sage das Goldene Vlies ist, das ist für die Goten die goldene Aue (ein Name, den bis heute eine getreidereiche Landschaft in Mitteldeutschland führt). Und während die Griechen das Getreide in gefahrvoller Fahrt durch die Dardanellen nach Attika holen mußten, vorbei an Raubburgen wie Troja, setzen sich die Goten mitten hinein in die nahrhafte Pracht der weiten südrussischen Getreidefelder.

Die Goten, oder nur ein Teil? Die Funde längs des Weges lassen erkennen, daß an beiden Dnjepr-Ufern nach Süden gezogen wurde; der Zusammenbruch oder das Auseinanderreißen der Brücke scheint sich also durch die Bodenfunde zu bestätigen. Aber daß nur Filimer im Süden ankam und Oium in Besitz nehmen konnte, ist offensichtlich unrichtig. Auch die Annahme, daß die Goten gleich auf diesem ersten Vorstoß oder gar schon vorher, durch ihre Späher, bis an die Wolga gelangt seien und längs der Wolga nach Süden zogen, hat sich trotz der Autorität von George Vernadsky, der diese Meinung äußert, bis heute nicht erweisen lassen. Nicht die Wolga, die sich ins Kaspische Meer wirft, sondern der Dnjepr, der auf die Krim zuhält und seine Wasser in den Pontus Euxinos gießt, wird zum Wegweiser der Goten und ihrer Verbündeten.

»Bald stießen sie auf das Volk der Spalen, kämpften mit ihnen, besiegten es und konnten nun als Sieger bis an die äußersten Grenzen von Skythien, die an das Schwarze Meer

4 *Bernsteinkette aus der frühen Eisenzeit, Göritzer Kultur, 7.–6. Jh. v. Chr. Fundort: Werblitz, Kr. Soldin/Pommern (Museum f. Vor- und Frühgeschichte der Staatl. Museen Preuß. Kulturbesitz, Berlin-West).*

◁ **5** *Diana von Ephesos. Römische Kopie mit Ergänzungen in Alabaster und Bronze nach der Kultstatue der ephesischen Artemis (Neapel, Nationalmuseum).*

6 *Galla Placidia († 540), Tochter des römischen Kaisers Theodosius I. und Gattin des Westgotenkönigs Athaulf. Goldsolidus aus Rom 425–455 (Sammlung ESR, Auktion Hess-Leu, Luzern 1961).*

7 *Goldfisch aus dem Skythen-Fund von Vettersfelde, Kr. Guben, mit Tierdarstellungen. Um 525–500 v. Chr. (Antikenabteilung der Staatl. Museen Preuß. Kulturbesitz, Berlin-West).* ▷

anstoßen, vordringen. In ihren Gesängen halten die Goten das alles fast mit geschichtlicher Treue fest.«

Das sind Zeilen, die uns aufhorchen lassen, denn sie sind mit Sicherheit Jahrhunderte vor der Aufzeichnung der ersten germanischen Heldenlieder niedergeschrieben worden, und sie haben ebensolchen Zeugniswert hinsichtlich des Vorhandenseins großer gotischer Heldendichtung wie der sensationelle byzantinische Bericht vom Hunnenhof, in dem von Barden die Rede ist, die König Attila hunnische Heldenlieder vortragen.

Der große Aufbruch von der Ostsee nach Süden, der Augenblick, in dem die Goten ihr Schicksal und das anderer Germanenstämme bewußt zu gestalten unternahmen, wurde auch zur Geburtsstunde der germanischen Heldendichtung. »In dieser Bewußtheit des Entschlusses zu neuem, vielseitigem Dasein lag eine stete Mahnung zur Auseinandersetzung mit sich selbst und der Welt«, schreibt Helmut de Boor. »Leben und Lebenswerte, die Behauptung der sittlichen Persönlichkeit wurden zum Problem. Hier sehe ich den geistigen Quellpunkt des germanischen heroischen Gedichtes . . . Die gesellschaftliche Steigerung und sittliche Hebung der Gefolgschaft verlangt den geschichtlichen Anstoß. Sie fand ihn in dem Wanderungserlebnis. Es ist kein Zufall, daß Stoffe und Personen der heroischen Dichtung ausnahmslos der Wanderzeit angehören, und daß die ältesten der gotischen Welt entstammen. Die Goten sind die ältesten uns bekannten Träger heroischer Dichtung, und da sich diese bei aller Vielgestaltigkeit als eine innere ethische Einheit darstellt, betrachten wir die Goten als die eigentlichen Schöpfer des heroischen Liedes.«

Das hört sich an wie Fanfarenklänge, und es wäre zu schön, könnten wir nun hier wenigstens einige wenige gotische Strophen folgen lassen, in denen die Taten Filimers gefeiert werden, der Dnjepr-Übergang, der Spalen-Sieg, die Eroberung der Krim. Aber die Heldenlieder, so sicher sie auch vorhanden waren und bei vielen Gelegenheiten vorgetragen wurden, sind in der Ferne der Zeit verstoben und verhallt. So gut wie alles, was wir von der gotischen Sprache wissen, verdanken wir der Bibelübersetzung des Gotenbischofs Ulfila (vgl. S. 99 ff.), denn außer ihr besitzen wir nur einige wenige gotische Urkunden, Fragmente und Namen. Und die Heldendichtung selbst? Die weht uns aus nordischen Sagas an, aus jenen nordischen Fassungen, in denen sich die frühmittelalterliche germanische Dichtung der Völkerwanderungszeit erhalten hat; so »meint man, in einigen der ältesten nordischen Gedichte (Hunnenschlacht, Wielandslied) noch südgermanisches Sprachgut herauszuhören« (de Boor). Die große Unruhe, welche die Goten durch ihren Zug in den Süden mit entfesselten, hat auch die dichterischen Zeugnisse verschlungen, mit denen die Goten dieses große Wagnis feiern wollten, den Beginn ihrer großen Zeit.

Der breite Fluß, den die Goten nicht mehr überschreiten können, macht aus dem Zug nach Süden eine südöstliche Wanderung. Völker, die das Meer kennen und die Schiffahrt, bemerken so etwas, aber was wollen die Goten tun? Der Fluß wird immer breiter, gewaltige Wassermassen schieben sich neben ihnen durch die Steppe, an ein Übersetzen ist nicht mehr zu denken.
Flußufer und Meeresküsten waren auch im alten Europa stets dichter besiedelt als das Binnenland. Die Möglichkeit des Warentransports auf dem Wasserweg, die einzige bequeme Art, größere Lasten von einem Ort zum andern zu schaffen, war ebenso wichtig wie der Fischfang und die Sicherheit, Trinkwasser für Mensch und Tier zu haben. Denn das Dnjepr-Wasser konnte man unbesorgt trinken, zumindest damals.
Filimer und die am Westufer zurückgebliebenen und parallel mit ihren Brüdern nach Südosten ziehenden Goten müssen ständig gekämpft haben, wenn es auch ungleiche Kämpfe waren, denn sehr volkreich waren die Ufersiedlungen ganz bestimmt noch nicht. Aber im großen Dnjepr-Knie bei Kiew waren Menschen seit der Altsteinzeit seßhaft. Man hat paläolithische Siedlungsreste im heutigen Kiewer Stadtgebiet gefunden, aber auch Zeugnisse aus den späteren Zeiten, und als Vladimir auf Kiewer Boden seine Kirchen baute, tat er dies bereits auf alten Gräberfeldern. Die sogenannte Gründung von Kiew war nichts anderes als eine Vereinigung der hier seit Jahrhunderten bestehenden Siedlungen von Fischern, Flößern, Fergen, aber auch Handwerkern, die als Schmiede, Goldschmiede und Töpfer einen ähnlich bedeutenden Ruf und Zulauf genossen wie die Bernsteinschnitzer von der Weichselmündung – weil der große Fluß ihnen eben die Kundschaft ins Haus lieferte.
Spätestens hier, am Dnjepr-Knie, müssen die Goten erkannt haben, daß sie nach der Durchquerung weiter, verhältnis-

mäßig leerer Gebiete sich nun wieder einer dichter besiedelten Zone von höherer Kultur näherten. Manches am Dnjepr mochte sie an die Weichsel erinnert haben, und das Ostseevolk der Goten witterte auf dem Weg zum Schwarzen Meer gewiß die Möglichkeit einer neuen, reicheren Existenz, bei der man so manche alte Gewohnheit würde beibehalten können. Anderes würde man vorfinden wie einst an der Weichsel – sofern man Sieger blieb über die Ansässigen, über die Völker, die hier Meeresnähe, mühelosen Reichtum und alte Kultur seit Jahrhunderten genossen und darum vielleicht nicht mehr so hart kämpfen würden wie die heranziehenden Goten.

Den ersten stärkeren Widerstand leisteten offenbar die Spalen, ein Volk, von dem man unter diesem Namen herzlich wenig weiß, denn vor der Erwähnung in der gotischen Wandersage findet sich die Bezeichnung *Spalei* lediglich bei dem Polyhistor Plinius. Auf jeden Fall scheint es sich bei den Spalen um ein nomadisches Reitervolk asiatischen oder sarmatischen Ursprungs gehandelt zu haben, das sich in der weiten Steppe östlich des Dnjepr frei bewegen und daher auch seine Kampfkraft gegen die Goten konzentrieren konnte; die vielen kleinen Scharmützel gegen die Uferslawen und andere Kleinsiedlungen läßt eben darum, weil sie nicht das Ausmaß entscheidender Kämpfe erreichten, die gotische Wandersage unerwähnt.

Eine völlig neue Lage ergab sich, als die Goten die Küstenzone erreichten, denn sie war tausend Jahre altes Kulturland, griechisches Kolonialland seit homerischen Zeiten oder noch länger. Von allen Entdeckungen, die griechische Seefahrer gemacht hatten, war die der Schwarzmeerküsten mit ihren Getreidegebieten bei weitem die wichtigste, denn auf der bergigen griechischen Halbinsel gedieh nicht genug, um die schnell wachsenden Städte zu versorgen.

Die erste Fahrt eines Griechenschiffes durch die Dardanellen und quer über das Schwarze Meer an die kaukasische Küste ist darum in einer der schönsten Sagen des Klassischen Altertums für alle Zeiten festgehalten worden, in der von Göttern und Göttinnen gelenkten Fahrt der *Argo,* kommandiert von Iason und gefährdet durch den Widerstand der bösen Mächte, wie sie sich in der Zauberin Medea personifizieren. Aber nicht Kolchis war das eigentliche Ziel der Griechenflotten in den nun folgenden Jahrhunderten, sondern Oium, die goldene Aue der Goten, das Schwarzerd-Gebiet mit seinen reichen Ernten.

Von Milet aus, der blühenden Kunst- und Literaturmetropole der kleinasiatischen Griechen, wurden die Kolonien Sinope, Trapezus, Olbia und Tomi gegründet, von Megara aus Herakleia Pontike und Chersones Taurica – Städte, von denen die meisten, wenn auch nicht genau auf der gleichen Stelle, durch die Zeiten herauf bedeutsam blieben, Städte, deren jede eine große Geschichte hat und ihr eigenes Schicksal zwischen Abendland und Asien, zwischen dem mittelmeerischen Kulturkreis und den wilden Kräften aus den ungeheuren Steppen.

Das Volk, das als erstes in den Genuß des griechischen Kultureinflusses kam, ihn aufnahm und durch ihn seine eigenen hohen Fähigkeiten entdeckte, waren die Skythen. Obwohl es heute festzustehen scheint, daß die Skythen ein iranisches Volk waren und mit den Persern verwandt, galten sie den Griechen als Barbaren und wurden dieses Odium auch nach Jahrhunderten des Zusammenlebens mit den Griechen nicht los. Man rühmt das ausgezeichnete Verhältnis, in dem die griechischen Händler von Olbia zum skythischen Hinterland der Kolonie standen, aber den Athenern und anderen Stadtgriechen galten die Skythen doch immer noch als linkisch und beschränkt, weswegen sie oft zu Aufsehern, Polizisten und Wachsoldaten gemacht wurden. Der skythische Polizist ist eine stehende Figur der altgriechischen satirischen Dichtung, wie der sächselnde Volkspolizist in unseren Tagen.

»In das Land, das nordwärts vom Skythenlande liegt, könne man gar nicht hineinsehen, erzählen sie, auch nicht hineingehen, weil soviel Federn umherflögen. Erde und Luft seien ganz voller Federn, so daß man nichts sehen könne.«

Das ließ sich Herodot erzählen, und man möchte meinen, daß er nie Schnee gesehen habe, denn die vielen Federn sollen doch wohl nichts anderes sein als das Weiß, das während so vieler Monate die schneeigen Weiten Rußlands, des Landes nördlich vom Schwarzen Meer, bedeckt. Herodot, dem wir die ausführlichsten Informationen über die Skythen verdanken, schreibt schon im fünften vorchristlichen Jahrhundert viele, viele Seiten über sie mit unschätzbaren Details, und er nennt uns auch einige Skythenstämme aus jenem Gebiet, in das sechshundert Jahre später die Goten einrücken: »An die Hafenstadt am Borysthenes (Dnjepr) grenzen zunächst die Kallipiden, hellenische (hellenisierte) Skythen. Nordwärts von ihnen wohnt ein anderer Stamm mit ähnlicher Lebensweise, denn beide Stämme bauen Getreide, essen es zum Großteil selbst und schätzen zudem Zwiebeln, Knoblauch, Linsen und Hirse. Nördlich von diesen Stämmen wohnen die Ackerbauskythen, die das Korn nur anbauen, um es auszuführen; sie essen es nicht selbst. Danach folgen die Neurer, und jenseits von diesen, soviel wir wissen, unbewohntes Land. Das sind die Skythenstämme am Hypanis (Bug), westlich vom Borysthenes (Dnjepr).«

Östlich des Dnjepr erstreckte sich das Gebiet der Ackerbauskythen nach Herodots Bericht offenbar noch weiter ins Landesinnere, denn er spricht von elf Tagereisen auf dem Fluß nach Norden und drei Tagereisen nach Osten, so daß man nach heutigen Begriffen auf eine Fläche von etwa 15 000 Quadratkilometern kommt. Östlich dieser Ackerbauzone am unteren Dnjepr und am Ingulez beginnt das Gebiet nomadischer Skythen – jene nogaische Steppe, die noch heute von pferdezüchtenden Halbnomaden bewohnt ist. Auch andere Völker, die rings um die Skythen wohnen und die wir nicht aufzählen, obwohl Herodot von jedem den Namen und ein paar Gewohnheiten kennt, scheinen vorwiegend als Nomaden gelebt zu haben, so daß man annehmen darf, die Skythen seien zum Ackerbau übergegangen, weil die Getreideausfuhren das Land und das Skythenvolk im Lauf der Gene-

rationen reicher machten, als dies durch Kriege hätte erreicht werden können.
Die Unruhe, der Anstoß zum Kampf kamen denn auch nicht von den Georgoi, den skythischen Ackerbauern, sondern von den nomadischen Königsskythen. Skythische Eroberungszüge im sechsten und fünften Jahrhundert stießen bis an die Karpaten und in die Dobrudscha vor; Siebenbürgen wurde erobert und auch die eine oder andere jener Griechenstädte, von denen den Skythen doch nur Gutes gekommen war. Um 500 vor Christus gibt es jedenfalls ein Skythenreich in Südrußland, und wie es der gewaltigen Armee des Darius widerstand, das kann man in aller Ausführlichkeit bei Herodot nachlesen. Manche Skythenforscher, die dieses eigenartige, urkräftige und durch seine originellen Kunstschöpfungen aus dem ganzen sarmatischen Schmelztiegel herausgehobene Volk vielleicht allzusehr lieben, wie Tamara Talbot Rice, lassen die Skythen in Mesopotamien, ja in Indien Kriege führen und Entscheidungen herbeizwingen, die den dort ansässigen Völkern andernfalls nicht erreichbar gewesen wären. Das ist möglich. Zum Glück der Goten jedenfalls hatten die Skythen ihre große Zeit längst hinter sich, als Filimer, nach langer Wanderung, seine ersten Späher gegen die Städte an Bug und Dnjepr, am Asowschen Meer und am Nordhang des Taurus vorschickte, sonst wäre es ihm wohl nicht viel besser ergangen als Darius.

Das Volk, das die Skythen in Bedrängnis brachte, ihre Kraft brach und damit den Goten den Weg bereitete, kam – wie Jahrhunderte vorher die Skythen selbst – ebenfalls aus der Weite der östlichen Steppen. Vielleicht war es auch ein ganzer Verband von Stämmen und Völkern, und man nennt sie die Sarmaten. In zwei Punkten waren sie den Skythen überlegen. Sie hatten eiserne Steigbügel, so daß sie ihre Reiter schwerer ausrüsten und besser bewaffnen konnten; und sie hatten kampferprobte Mädchen, weil keine Sarmatin heiraten durfte, ehe sie einen Feind getötet hatte. Bei den Skythen hießen die Sarmatinnen »Herrinnen der Männer«, und die

Griechen scheinen in ihnen jene Amazonen vorgefunden zu haben, die in den Sagen eine so große Rolle spielen.
Im Jahr 1928 fanden Landarbeiter in dem Dorf Zemo-Achvala, fünfzehn Kilometer von Tiflis entfernt, das Grab eines kriegerischen Sarmatenmädchens. Die Amazone war mit angewinkelten Knien, also in Hockerstellung, beigesetzt, und alle ihre Waffen hatte man ihr ins Grab mitgegeben. Das Grab wurde in das dritte vorchristliche Jahrhundert datiert. »Mit Sicherheit handelt es sich bei diesem ungewöhnlichen Fund um die letzte Ruhestätte einer sarmatischen Kriegerin. Es wäre sogar denkbar, daß sie ihr Leben im Kampf gegen die Skythen verlor.« (Talbot Rice)
Die Goten schlossen also nicht unmittelbar an die Skythen an. Sie hatten offensichtlich selbst an der Ostsee vom Reichtum der Skythenstämme gehört, denn die Handelsstraßen, deren Verlauf uns ja schon Herodot genau schildert, existierten längst, als die Goten an der Weichsel eintrafen, und wo Händler ihren Weg nehmen, da kursieren auch Nachrichten, Gerüchte, Informationen und – handfeste Beweise in Gestalt von Griechenmünzen, Schmuckstücken und Keramik. Wir dürfen annehmen, daß die an der Ostsee durch Neuankömmlinge der eigenen und der Nachbarvölker von Jahr zu Jahr mehr bedrängten Goten vielleicht schon seit Generationen vom Skythenland am Schwarzen Meer sprachen oder träumten. Von Dingen, die nirgends besonderen Reichtum bedeuteten – von Getreide, Honig, Fleisch, Milch, Häuten und Pelzen –, lebten die Skythen so gut, weil es anspruchsvolle Abnehmer in Griechenland gab, hochentwickelte Stadtkulturen mit einer Gesellschaft, die sich diese Güter leisten konnte. »In der eurasischen Steppe scheint jeder bedeutende Skythenstamm seine eigene Glanzzeit gehabt zu haben. Die Kubangruppe war eine der ersten, die in Luxus und Überfluß lebten. Ihre Grabstätten, deren prunkvollste zwischen das frühe siebente und späte sechste Jahrhundert vor Christus datiert werden müssen, bargen herrliche Goldarbeiten, wahre Prachtstücke einer erlesenen Handwerkskunst. In diesem Gebiet gingen die beim Tod eines Fürsten

dargebrachten Pferdeopfer oft in die Hunderte. Obgleich die Skythen hier patriarchalisch regiert wurden, deuten die Grabbeigaben in vielen reichen Gräbern darauf hin, daß es einen Skythenadel gegeben haben muß, dessen Reichtum sich mit dem der Herrscher messen konnte.« (Talbot Rice)
Es gibt sogar eine Möglichkeit unmittelbarer germanisch-skythischer Kontakte in den Jahrhunderten, die der großen Gotenwanderung vorangingen, denn die Skythen waren keine sanften Untertanen. Reich, stolz und kriegerisch, wie sie waren, empörten sie sich immer wieder gegen die Fürsten, obwohl diese vermutlich nicht im Erbgang, sondern durch Wahl in Pazyrik an die Macht kamen. Man weiß von einem dieser rebellischen Skythenstämme, daß er vom Schwarzen Meer bis an den Balkasch-See in Zentralasien zog, und ein anderer scheint die Gegenrichtung eingeschlagen zu haben und längs der alten Handelsstraße durch Rußland und das heutige Polen bis nach Preußen gelangt zu sein, also in die Zone der germanischen Stämme. Ort dieses Zusammentreffens war die Niederlausitz, in die etwa um die gleiche Zeit wie die Skythen germanische Stämme aus dem Nordwesten eingewandert waren, um einer Klimaverschlechterung zu entgehen. Die in Böhmen erstarkenden Kelten, die Germanen und die skythischen Reiter brachten die in der Niederlausitz ansässigen Illyrier in arge Bedrängnis. Wir wissen, daß die Skythen die Lausitzer Burgen Witzen und Niemitzsch angriffen und vermutlich auch einnahmen. Jedenfalls fanden sich vor diesen Befestigungen die charakteristischen dreiflügeligen Pfeilspitzen, wie sie nur von den Skythen verwendet wurden und die uns gestatten, den Weg der Skythen durch Schlesien in die Lausitz nachzuzeichnen.
Das kostbarste Zeugnis von diesem Vorstoß der Skythen in germanische Bereiche ist aber der Fund von Vettersfelde, den im Jahr 1882 angeblich ein pflügender Bauer gemacht haben soll (Jan Filip sagt hingegen: ohne nähere Fundumstände). Es handelt sich um ein Fürstengrab vom Ende des sechsten vorchristlichen Jahrhunderts, dessen wertvollstes Stück ein

mehr als vierzig Zentimeter langer, aus Goldblech getriebener und mit Figurenschmuck versehener Fisch war. Sieben Ösen lassen vermuten, daß dieses prächtige und große Schmuckstück wie ein Totemzeichen vor der Brust getragen werden konnte und vielleicht als Glücksbringer von vielen anderen Kämpfern gesehen werden sollte. Daneben fand sich ein für die Skythen an sich nicht typischer Brustharnisch, dazu ein Schild aus Weißgold, Scheidenbeschläge, Zierscheiben, Schmuckstücke im skythischen Geschmack mit Tierfiguren und Ornamenten. Aber auch die Scheide selbst in kostbarster altjonischer Arbeit ist ein Stück archaischer Griechenkunst und über die Skythen in die Niederlausitz gekommen.

Die Zeche zahlten damals die Illyrier, denn es scheint, daß dieses Volk zwischen Germanen und Skythen völlig aufgerieben wurde; es fanden sich keine Spuren seines Überlebens in der Niederlausitz. Die Sieger aber, die starken Germanenstämme und die kampfeslustigen Skythen, trennten sich wohl vor harten Vernichtungskämpfen und verschoben die Begegnung um ein paar Jahrhunderte . . .

Jedenfalls beweist der Skythenzug durch Schlesien in die Niederlausitz, siebenhundert Jahre vor dem Gotenzug in der Gegenrichtung, daß Entfernungen von Tausenden von Kilometern schon im vorgeschichtlichen Europa immer wieder überbrückt wurden, entweder durch schnelle berittene Verbände wie die Skythen, die Hunnen und die Mongolen, oder aber durch wandernde Völker, die einen Rammbock aus Kriegern vor sich herschoben.

Gegen Ende des zweiten nachchristlichen Jahrhunderts mehren sich im Nordosten des Römischen Reiches und in den ihm vorgelagerten skythischen Stammesgebieten die Anzeichen dafür, daß aus den Weiten des Nordens, den Bug und den Dnjepr herab, eine neue Woge kriegerischer Völker herandrängt. Und da es hier ja keine Leerräume mehr gab, mußte sich der Druck immer weiter auswirken, nach einem

beinahe physikalisch zu nennenden Gesetz, das Römern und Skythen große Unruhe schuf:
»Um diese Zeit ertönten beinahe über das ganze Römerreich hin die Kriegstrompeten, und die wildesten Volksstämme erhoben sich, um die ihnen benachbarten Grenzgebiete zu überrennen. Die Alamannen plünderten gleichzeitig Gallien und Rhätien, die Sarmaten und Quaden Pannonien, während die Picten, Sachsen, Scoten und Atacoten den Briten dauernd Schaden zufügten. Verschiedene Maurenstämme bedrängten unsere afrikanischen Kolonien mit ihren Einfällen, und Thrakien litt unter den plündernden gotischen Raubscharen.« (Ammianus Marcellinus)
Thrakien, das war der östliche Balkan, also die zwischen der unteren Donau und dem Bosporus gelegenen Teile der Halbinsel, und die gotischen Räuber kamen nach altschwedischer Sitte nicht etwa zu Lande, über Dnjestr und Donau hinweg, sondern über das Schwarze Meer, das sie an seiner Nordküste erreicht hatten. Andere gotische Gruppen begannen, die Skythenstädte und die Sitze der Sarmaten zu berennen, und wir sehen aus der Verstärkung der Befestigungsanlagen, daß zumindest die Stadtbevölkerung auf ihrer Hut war und sich rechtzeitig auf die Angreifer eingestellt hatte: Die reichen Handelsstädte blieben noch durch viele Generationen Herr der Lage und konnten, geschützt durch Mauern und zahlreiche Verteidiger, mit den neuen Herren des Umlandes Verträge über Zufuhren, Umschlaghandel und Lieferungen von Fertigwaren aus den städtischen Werkstätten schließen.
Eine dieser Skythenfestungen, die den Sarmaten wie den Goten widerstand und erst den Hunnen zum Opfer fiel, ist die Residenz Neapol oder Neapolis bei Simferopol, die König Skiluros und seine Söhne gegen König Mithridates von Pontos errichtet hatten. Die Ausgrabungen, mit denen der sowjetische Archäologe P. N. Schulz 1945 begann und die seither von anderen Gruppen fortgeführt werden, zeigten die Spuren einer schweren Belagerung Ende des zweiten vorchristlichen Jahrhunderts. Damals gelang es den Angreifern aus dem Chersonnes, einige Häuser der Stadt in Brand zu

stecken, wie graue und schwarze Aschen-Zwischenschichten zwischen der tiefer liegenden und der späteren Verbauung beweisen.

Aus der Stadt erkennt man, daß die Skythen längst gewöhnt waren, nicht nur in Jurten, sondern in gemauerten Häusern mit vielen Räumen zu wohnen, und daß sie eine überlegte Vorratswirtschaft betrieben: Korngruben wurden ebenso gefunden wie häusliche Mühlen und Räume voll Amphoren, dazu Öfen und in den Felsen getriebene Vorratsräume für Töpfe und Krüge.

Das Ende der neuen Königsstadt der Skythen, des skythischen Neapol, kam offensichtlich nicht durch die Goten, was zeigt, daß diese sich mit einem Teil der ansässigen Bevölkerung arrangiert hatten. Neapolis ging vielmehr urplötzlich unter, wie das verlassene wertvolle Hab und Gut der Bewohner beweist, das fortgeworfene Kinderspielzeug, die herumliegenden Gerätschaften. Alles deutet auf überstürzte Flucht hin, auf eine Flucht vielleicht, die erst im Angesicht der Angreifer erfolgte. Die starke Festung des Skiluros wurde im Handstreich genommen, im vierten nachchristlichen Jahrhundert. Der Feind – Hunnen oder Alanen – muß blitzschnell dagewesen sein, ohne Ankündigung, ohne Geplänkel in den Vororten. Das war die Art der Reiterkrieger, die schwere Waffen und Belagerungsgerät nicht mit sich führten und Städte nur auf diese Weise einnehmen konnten: auf ihre schnellen Pferde geduckt und erst aufblickend, als sie mitten drin waren im Herzen der Stadt und als der Schrecken ob dieses plötzlichen Auftauchens den Einwohnern allen Mut zur Verteidigung nahm.

Nach dreihundert Jahren einer gewaltigen und dennoch geheimen Aktivität sind die Goten am Schwarzen Meer angelangt. Nach sieben Generationen, die in eine neue Heimat aufgebrochen waren, ohne sie zu finden, hat die achte die Gestade des Meeres im fernen Süden erreicht, von dem vielleicht die meisten annahmen, es sei das Mittelmeer. Nach einer schier endlosen Wegstrecke durch die russische Tiefebene, über Ströme hinweg und durch die Ödnis ausgedehnter Steppen, ist doch noch jenes Meeresufer gekommen, von dem die Kaufleute und die Späher berichtet haben, das Meer mit den großen, wohlbewehrten Hafenstädten, das Meer, auf dem Schiffe aus dem Römerreich heranschwimmen, das Meer, das die Luft milde macht und die Ernten reich.

Aber dieser *pontos euxeinos,* den Ovid in der Tristezza seiner Verbannung einen *pontos axeinos,* ein ungastliches Meer, genannt hatte, ist an seinen Rändern mit Völkern so dicht besetzt, daß man zweifellos in Rom prächtig gelebt haben mußte, um dieses Meer ungastlich zu finden. Skythen, Sarmaten, Burgunder, Goten und Gepiden sind durchaus anderer Meinung und schaffen sich gewaltsam Platz an jenen Meeresrändern, die ein leichteres Leben verheißen und eine sichere Verbindung dorthin, wo alle Macht und alles Geld ist und wo die Konsumenten sitzen – nach Rom. Ohne die dichtbevölkerten Gebiete der alten Kulturnationen und ihre großen Städte mit dem ewig hungrigen Proletariat wäre all das, was rund um das Schwarze Meer gewonnen wird und zur Ausfuhr bereit liegt, überhaupt nichts wert. Auch unter den Goten muß es ein paar clevere und erfahrene Männer gegeben haben, die sich sagten: Was die Skythen hier zusammenrafften, kam niemals von anderen Skythen, sondern aus einer Welt mit völlig anderen Ansprüchen, mit einem höheren Lebensstandard und mit sozialen Problemen, die man eben nur mit Getreide lösen konnte. Die Lage war sehr ähnlich wie heute: Alle natürlichen Reichtümer des pontischen Raumes stellten keinen absoluten Wert dar, so wenig, wie die Araber mit ihrem Erdöl in der Wüste auch nur eine einzige Pflanze zum Sprießen bringen könnten ohne die Errungenschaften der modernen Bewässerungstechnik. Und darum waren die Goten, als sie endlich am Schwarzen Meer kämpften und da und dort auch Raum für die Niederlassung gefunden hatten, offensichtlich noch nicht zufrieden. Lange Wanderungen machen durstig, und neue Kämpfe machen ungeduldig; diese Ungeduld aber kann man nicht dadurch stillen, daß man pflügt und sät und dann monatelang auf die Ernte wartet.

Aus diesen Überlegungen kann man sich zwei historische Vorgänge erklären, die auf den ersten Blick überraschen. Der eine sind die Raubfahrten gotischer Schiffsbesatzungen im Schwarzmeergebiet, aber auch längs der Küsten des Ostmittelmeeres. Obwohl die Generation, die ans Schwarze Meer gelangte, vermutlich gar keine eigene Erfahrung mit der Hochseeschiffahrt hat, zimmern sie auf der Krim und im Raum der Dnjepr-Mündung Schiffe, bemannen sie und streifen nach der Art der späteren Wikinger Inseln und Küstenlandschaften ab, wie man es in diesen Gegenden nicht mehr erlebte, seit der große Pompeius zweihundertfünfzig Jahre zuvor die Seeräuber von Kilikien und von Nordafrika zu Paaren trieb.

Dieses Verhalten ist bemerkenswert, weil es sich von dem anderer Germanenstämme jener Zeit deutlich unterscheidet: Gepiden und Burgunder, Skiren und andere kleinere Splittergruppen von den Goten geschlagener oder auf der Wanderung dezimierter Stämme lassen sich nämlich aus dem dichtbesiedelten Schwarzmeergebiet nach Westen abdrängen, wenden sich trotz der Geländeschwierigkeiten dem Karpatenbogen zu und beunruhigen die römische Provinz Dacien.

Wegen dieses sehr verschiedenen Verhaltens germanischer Stämme im Angesicht und an den Grenzen des Römischen Reiches muß eine These überprüft werden, die durch Generationen die deutsche Geschichtsschreibung beherrscht hat, aber nicht nur die deutsche; denn die Schweden waren auf ihre gotischen Vorfahren genauso stolz wie die späteren Ostpreußen, Pommern und Lausitzer, die sich einer zumindest vorübergehenden gotischen Landnahme in ihrer Heimat rühmen konnten.

Anders Magnus Strinnholm (1786–1862), ein schwedischer Historiker, der sich sein großes Wissen unter manchen Entbehrungen erworben hat und zeitweise als Buchdrucker, später dann als Korrektor arbeitete, beginnt sein Werk über Staatsverfassung und Sitten der alten Skandinavier mit der unumwundenen Feststellung:

»Während der ersten Jahrhunderte unserer Zeitrechnung hatten alle Nationen des Gothisch-Germanischen Stammes für ihre Waffenthaten ein einziges, großes, gemeinsames Ziel – den Sturz der Römischen Macht.«

Wie stark muß der Glaube an das Germanentum und die Urvernunft seiner Völker sein, wenn ein bis heute berühmtes Geschichtswerk mit einer so völlig falschen Behauptung begonnen werden kann. Denn erstens hatten die Germanen niemals gemeinsame Ziele, bis herauf ins neunzehnte Jahrhundert, als allerdings nur noch die Bayern aus der Reihe tanzten. Und zweitens führten die Germanenstämme den größten Teil ihrer Kriege nicht gegen Rom, sondern gegeneinander. Das gilt auch für die Goten, die schon in ihrer Stammes-Wandersage zugeben, zunächst die Heruler besiegt zu haben, und die nach dem Zeugnis der Geschichte sich Gepiden, Burgunder und zumindest Teile der Bastarnen ebenfalls unterwarfen – ganz zu schweigen von der größten Germanenschlacht aller Zeiten auf den Katalaunischen Feldern bei Châlons-sur-Marne im Jahr 451. Damals standen Franken gegen Franken, Goten gegen Goten, Gepiden gegen Burgunder. Hätte die postulierte germanische Einigkeit tatsächlich bestanden, hätten vor allem die Germanen eine Stufe der Organisation, die eine gemeinsame Großaktion zuließ, schon in jenen ersten nachchristlichen Jahrhunderten erreicht, so wären Gestalten wie Arminius, der Cheruskerfürst, und Marbod, der Markomannenkönig, nicht gegeneinander angetreten, sondern Seite an Seite gegen Rom marschiert. Es hätte keine römische Kaiserzeit mehr gegeben, und für Alarich wäre nicht viel zu erobern übriggeblieben. Eben die Uneinigkeit der Germanen war es, die der Weltkultur noch ein paar Jahrhunderte Antike bescherte und damit die eigentliche Blüte einer Zivilisation, die sich ja bis Augustus noch mit ihrer militärisch-politischen Festigung hatte abmühen müssen.

Ich sehe die bitterbösen Leserbriefe vor mir, auf Schreibmaschinen getippt, die sich offenbar nur zum Ruhm und zum Heil alles Nordischen in Bewegung setzen können, aber es hat gar keinen Sinn zu verkennen, daß die Germanen um Christi Geburt ein unbeschreiblich armes Naturvolk waren. Den beiden anderen Großvölkergruppen, die schließlich mit den Germanen zusammen Europas Völkerfamilien schaffen sollten, den Kelten und den Slawen, hatten sie jedenfalls nicht das Geringste voraus. Die Kelten waren in der geistigen Kultur, aber auch in der technischen Zivilisation den Germanen zweifellos überlegen, die Slawen saßen in den fruchtbareren Gegenden und hatten darum mehr Muße, die Kunst des kleinen Lebens, Handwerk, Fischfang, Handel und Transportwesen, zu entwickeln. Die Germanen setzten dagegen eine ganze Reihe brotloser Tugenden: ihren Stolz, ihr Selbstgefühl, ihr Ehrgefühl und – aus dem allen resultierend – eine begreifliche Unzufriedenheit. Denn während die Slawen mit ihrer Tümpelfischerei und ein bißchen Fernhandel ganz gut lebten und mehr nicht verlangten, fühlten die Germanen von einem uns unbekannten Zeitpunkt an etwas in sich, was man prosaisch Unruhe nennen kann, hochgestochen aber das Charisma künftigen Führertums, das am zutreffendsten jedoch ganz einfach mit Hunger nach Beute zu bezeichnen ist. Denn es waren nie die zufriedenen Habenichtse, die für Bewegung sorgten, sondern jene, bei denen sich zu dem natürlichen Hunger noch allerlei andere Motive gesellten, die man sich angewöhnt hat, als höhere Ziele anzusehen. Wie lange große Völker auf Steinzeitniveau bleiben

8 *Kaiserin Theodora von Byzanz (um 497–548). Mosaik im Chor von S. Vitale, Ravenna. Der Bau der Kirche wurde wahrscheinlich nach 526, dem Todesjahr des Theoderich, begonnen.*

9 *Theoderich d. Gr. (471–526) mit Panzer- und Wehrgehänge, die Rechte zur Ansprache erhoben, in der Linken die Weltkugel haltend, auf der Victoria mit Kreuz und Palmzweig steht. Dreifacher Goldsolidus, Unikum (Thermenmuseum, Rom).*

10 *Rückseite des dreifachen Goldsolidus von Theoderich d. Gr.: Victoria mit Kranz und Palmzweig (Thermenmuseum, Rom).*

11 *Detail der Taufe Christi. Baptisterium der Arianer, Ravenna. Errichtet unter Theoderich Ende des 5. Jh.*

können, wenn materieller Wohlstand und jene höheren Ziele fehlen, beweisen uns am deutlichsten die amerikanischen Indianer, von denen viele Stämme so arm waren, daß sie nicht einmal Töpferwaren besaßen, und die ihre Wanderungen nach der Reifezeit gewisser eßbarer Früchte einrichteten . . .

Die moderne Germanenforschung sieht in diesen Dingen sehr viel klarer als Treitschke und seine Zeitgenossen, bei denen die Begeisterung eines Tacitus und das Hochgefühl der eben erfolgten Reichsgründung von Versailles den Blick für einige unbestreitbare Fakten getrübt haben müssen. Andererseits aber hatten diese tüchtigen Männer auch noch bei weitem nicht jene Tatsachenfülle und Materialien zur Verfügung, wie sie vor allem die Bodenforschung in Skandinavien, Polen und Deutschland dem heutigen Historiker an die Hand gibt.

Eine kleine Gruppe wohlunterrichteter Gelehrter, deren Arbeiten man mehr Verbreitung wünschen würde, behandelt unsere lange Zeit allzu hochverehrten Vorväter als schlichtes Naturvolk und geht ihnen mit Spaten, Sonden und Sieben zu Leibe, soweit dies noch möglich ist. Denn die Germanen verfuhren mit ihren Toten bekanntlich nicht wie die Ägypter, balsamierten sie nicht ein und setzten sie nicht in Grabkammern, sondern huldigten lange Zeit, wenn auch glücklicherweise nicht allzu konsequent, der Feuerbestattung. Die Inkonsequenz, die den Archäologen Gelegenheit gibt, doch das eine oder andere Knöchelchen zu prüfen, liegt einmal darin, daß die Leichname nicht wie heute zu Asche verbrannten, sondern daß vor allem Knochen oft unverbrannt blieben und mit den Resten des Scheiterhaufens in das Grab geschüttet wurden, selbst dann, wenn ein Teil der Asche bereits in eine Urne gefüllt worden war. Inkonsequent war es aber auch, daß selbst bei Völkern, die diese Bestattung in Brandgrubengräbern pflegen, immer wieder unverbrannte Leichname vorkommen und Brandgrubengräber mit unverbrannten Beigaben.

Die Schweden K. E. Sahlstroem, N. G. Gejvall, dazu Moberg, Nylen und von ihnen unabhängig Oxenstierna haben sich in Friedhöfen vor allem des südschwedischen Gebietes von West- und Ostgotland und auf der gleichnamigen Insel um exakte Anhaltspunkte für eine Beurteilung frühgotischen Lebens und Zusammenlebens bemüht, und der Hamburger Historiker Rolf Hachmann hat mit imponierend nüchterner Kombinationsgabe aus diesen Primär-Informationen ein Gesamtbild gotischen Lebens vor der Auswanderung großer Volksteile zu gewinnen versucht. Liest man die Berichte und die aus ihnen folgenden Erwägungen, versucht man, die Sprache der Toten zu verstehen, so gewinnen auch die historischen Aktionen gotischer Stämme neue Farben, ja einen anderen Charakter.

Da ergibt sich aus den Gräbern zum Beispiel eine Kindersterblichkeit, die im Schnitt nahe an 30% lag, in gewissen klimatisch besonders ungünstigen Gegenden jedoch über 50%. Das heißt: Von drei Kindern einer jungen gotischen Familie erreichten angesichts des kargen Lebens nur zwei das achtzehnte Lebensjahr, in besonders unwirtlichen Gegenden von zwei Kindern nur eines, ja in Bankälla von drei Kindern nur eines!

Die durchschnittliche Lebenserwartung der Erwachsenen betrug vierzig Jahre, berechnet aus den Personen, die das achtzehnte Jahr überschritten hatten, also nicht beeinflußt durch die hohe Kindersterblichkeit, die sonst das Bild verzerrt hätte. »Für soziologische Verhältnisse ergibt sich aus allen diesen Überlegungen vor allen Dingen, daß die Familien der vaestergotländischen Bevölkerung in der Zeit um Christi Geburt stets relativ klein gewesen sein müssen. Die aufeinanderfolgenden Generationen überschnitten sich nicht allzu stark. Als die Enkel zur Welt kamen, waren die Großeltern bereits großenteils gestorben. Vielfach starben gewiß auch einzelne oder beide Elternteile, während die Kinder noch klein waren.« (Hachmann)

Die Bevölkerung wuchs also nur langsam, aber die natürlichen Ressourcen erschöpften sich schnell, und die geringe Volkskraft gestattete es nicht, größere Erschließungsarbeiten

durchzuführen. Es gab zwar eine gewisse Binnenkolonisation, also etwa Rodungsaktionen und Wanderungen in weniger besiedelte Gegenden des großen schwedischen Landes. Aber es mag den überwiegend jungen Goten, die mangels engerer Generationenzusammenhänge nicht sehr heimatverwurzelt waren, leichtergefallen sein, das Heil in der Fremde zu suchen, als in ein karges Land immer wieder die besten Kräfte zu investieren. Wie schwer dieses Leben in der Heimat war, zeigt die Deutung der Grabbeigaben. So lassen Werkzeuge in Frauengräbern naturgemäß den Schluß zu, daß die Bestattete mit ihnen etwas zu tun hatte, daß sie mit ihnen gearbeitet hatte, solange sie lebte.
Da die Wissenschaft heute ziemlich sicher ist, daß die Germanen zumindest in Skandinavien schon um 1500 vor Christus seßhaft waren, darf man annehmen, daß die Sitte der Frauenarbeit und der Frauenmitarbeit ebenso alt ist. Das sind Volksgewohnheiten, die sich nicht ändern, solange die Wohnsitze und damit die äußeren Lebensumstände beibehalten werden, auch wenn in Zeiten ohne Grabbeigaben sich wenig Anhaltspunkte für diese Rolle der Frau finden. Die Arbeitsteilung scheint den Männern nur die schwersten und gefährlichsten Arbeiten vorbehalten zu haben, also die Jagd, dazu gewiß Holzfällen und Roden und die Bearbeitung des Holzes als hauptsächliches skandinavisches Baumaterial. Die Frauen und größeren Kinder widmeten sich der Feldarbeit, der Pflege des Viehs, den häuslichen Verrichtungen und vermutlich sogar der Töpferei, wenn auch vielleicht unter der Anleitung oder Oberaufsicht eines Handwerkers. Sehr bemerkenswert erscheint auch, daß die Grabbeigaben keine sonderlichen sozialen Unterschiede erkennen lassen. In keinem der altgotischen Gräber aus Südschweden zeichnet uns eine besonders kostbare Grabbeigabe das Bild fürstlichen Lebens oder auch nur besonderen, sich über die Dorfgemeinschaft erhebenden Reichtums. »Die Bevölkerung scheint aus Kleinbauern mit mäßigem Besitz und bescheidenem Wohlstand bestanden zu haben«, folgert Hachmann. »Deutliche Anzeichen für soziale Schichtungen und Grup-

penbildungen fehlen. Unterschiede im Wohlstand sind jedoch erkennbar und mögen darauf hindeuten, daß natürlich nicht nur Arbeitseifer und Geschicklichkeit nicht überall gleich groß gewesen sind, sondern daß auch Eigentum und Besitz nicht vollständig gleich waren. Unterschiede im Ansehen, die solche Verhältnisse gewiß oft zur Folge hatten, ergaben anscheinend noch keinen unmittelbaren Niederschlag in sozialen Institutionen, da sie wahrscheinlich an die Person gebunden waren und zunächst noch keine Vorrechte ganzer Familien zur Folge hatten.«

Es ist ein Leben mit dem Allernotwendigsten, ein Leben, das sich durch mindestens fünfzehn Jahrhunderte nie zu jener Freiheit oder gar Freizügigkeit erheben konnte, die ein Volk erst gewinnt, wenn es ein wenig über das Nötigste hinaus produziert. Dabei darf man bei den Germanen annehmen, daß sie es versucht haben, sich nicht damit zu begnügen, von der Hand in den Mund zu leben. Denken wir nur an die ingeniösen Einrichtungen etwa der germanischen Grönlandsiedler, die selbst dieser harten Umwelt die Stirn boten, Rinderzucht versuchten, Luftschleusen in die Ställe einbauten, um die Polarkälte abzuhalten, und dergleichen mehr. Der Germane ergab sich nicht, er vegetierte nicht von einem Tag zum andern dahin, und er empfand die erbärmlichen Lebensumstände zweifellos als eine ständige Herausforderung, der er nicht erst um Christi Geburt – zur Zeit der ersten Goten-Auswanderung aus Schweden –, sondern schon mindestens fünfhundert Jahre früher durch die Fahrt über die Ostsee zu entrinnen versuchte. Die Grabfunde in norddeutschen und nordostdeutschen Gebieten unweit der Ostsee deuten nämlich auf Besiedlungen hin, die man frühgermanisch nennen kann. Selbst DDR-Autoren wie Friedrich Schlette, die naturgemäß auf die volksdemokratische Nachbarschaft und deren Forschung Rücksicht nehmen müssen, lassen erkennen, daß sie nicht nur die sogenannte Jastorf-Gruppe der Funde (zwischen Elbe und Oder), sondern auch Teilbereiche der östlich anschließenden Fundgruppen germanischen Stämmen zuschreiben möchten.

Dieses germanische Leben nördlich *und* südlich der Ostsee ließ begreiflicherweise eine gewisse Unsicherheit darüber entstehen, ob die Germanen von Süden nach Norden, also nach Skandinavien, gewandert seien, oder von Norden nach Süden. Daß zwischen den Festlandgermanen außerdem illyrische, keltische und baltische Bevölkerungselemente feststellbar sind, ja als ansässige Bevölkerungen überlagert wurden, hat schlüssige Urteile über die Wanderungsvorgänge und die Stammesbildung zwischen der Bronzezeit und der Eisenzeit bis heute unmöglich gemacht und eben darum mancherlei Wunschdenken freie Bahn gegeben. Auch die marxistische Wissenschaft ist nicht frei von jenem nationalen Hochgefühl, das sich an garantiert slawischen Knochenresten oder Küchenabfällen ebenso zu entzünden vermag wie an einem bärbeißigen Fischergott, und auch die neue deutsche Wissenschaft ist bei allem Bemühen um vorurteilsfreie Genauigkeit eben darum von einem gewissen Mißtrauen gegenüber den Ergebnissen volksdemokratischer Bodenforschung erfüllt. Halten wir uns darum an jene unumstrittene Autorität, der gerade die moderne Archäologie häufiger recht geben mußte, als man lange Zeit vermutet hat, an Cornelius Tacitus. Er sagt mit dem Selbstgefühl eines in angenehmen Breiten wohnenden Römers in seiner *Germania:* »Die Germanen selbst möchte ich für Ureinwohner halten und keinesfalls für Mischlinge infolge von Zuwanderung und gastlicher Aufnahme fremder Stämme. Wer hätte, ganz abgesehen von der gefährlichen Fahrt in das schreckliche, unbekannte Meer, Asien, Afrika oder (gar) Italien verlassen und nach Germanien ziehen sollen, nach dem reizlosen Land mit seinem rauhen Klima; für jeden, dem dieses Land nicht Vaterland ist, ist es traurig zum Leben und zum Betrachten.«

Dieses Vaterland meinte es mit den Seinen tatsächlich nicht sehr gut, denn während der Bronzezeit kam es in Nord- und Mitteleuropa zu einer in ihren Ursachen noch nicht ergründeten Klimaverschlechterung, die wir dank der Fortschritte der Paläobotanik aus Pollenanalysen eindeutig nachweisen

können. Das Leben, das schon vor diesem Wandel nicht sonderlich üppig gewesen war, wurde nun auf manchen Böden völlig unmöglich, weil die Zunahme der Feuchtigkeit und der kalten Regen in vielen Gebieten den Ackerbau ertraglos machten. Geologisch gesprochen waren es die Jungmoränen mit ihren schweren Böden, die bis dahin als besonders günstig und ertragreich bevorzugt worden waren. Sie kamen fortan nur auf Sandinseln für die bisherige Wirtschaftsform in Betracht und wurden im allgemeinen für Viehwirtschaft genützt, soweit die Bevölkerung überhaupt dort blieb.
Ein Gutteil der Goten nämlich gab – wenn auch vermutlich erst nach einem jahre- oder jahrzehntelangen Ringen mit der Natur – den ungleichen Kampf auf und wanderte ab: auf die leichteren Böden der Altmoränen und die vor allem im Westen und Südwesten Schwedens gelegenen Gebiete mit größeren Sandinseln im Boden. Wie der Haithabu-Erforscher Jankuhn nachweisen konnte, kam es damals zu einer beträchtlichen Zunahme der Viehwirtschaft und zu einem Rückgang des Ackerbaus, und man darf annehmen, daß von diesem Augenblick an, in dieser durch die Ungunst des Klimas herbeigeführten Verminderung der Existenzgrundlagen, die ersten größeren Abwanderungen über die Ostsee erfolgten. Jankuhn spricht sogar (in *Archaeologia geographica* 1952) von einem Selektionsvorgang: die Ackerbauer seien abgewandert, also in die Fremde gezogen, während die Viehzüchter den Kampf mit dem nun so unfreundlichen, kühlfeuchten Wetter aufnahmen.
Man könnte den Gedanken hegen, daß irgendein Händler, ein ganz weit aus dem Süden gekommener kühner Armenier oder Grieche, den unglücklichen Goten, die in ihren triefnassen Katen auf die zugrunde gehende Ernte starrten, von der goldenen Aue am Schwarzen Meer erzählt habe, von den endlosen Getreidefeldern Südrußlands, wo unter praller Sonne, in einem günstigen Klima und auf tiefem Schwarzerdboden jener herrliche Weizen gedeihe, von dem die Völker des Ostmittelmeers lebten. Konnte man entmutigten Bauern ein stärker lockendes Ziel vor die Augen stellen?

Es gibt Völkerträume, die durch Jahrhunderte ihre Kraft behalten, man denke nur an die Italienzüge der Deutschen im späteren Mittelalter, an Santiago de Compostela oder an den Südkontinent. Und vielleicht schwebte diesen Goten, als sie ihre Schiffe bestiegen und die Ostsee überquerten, tatsächlich nichts anderes vor als die Kunde von den goldenen Fluren am Schwarzen Meer, vom Getreideozean des Skythenlandes. Jedenfalls könnten wir solch einen Traum, solch eine Überlieferung und solch ein Ziel eher begreifen als die rein politische Zielsetzung, ein Reichsgebilde zu zerstören, das für die eingeregneten Bauern von Vaester- und Oestergotland gewiß kein Begriff war.
»Es wäre allerdings eine mechanistische und bedenklich zum Positivismus neigende Geschichtsauffassung, die aus Veränderung in der Wirtschaftsform, in Klimawandlungen und Erschöpfung des Bodens oder aus anderen gleichwertigen Vorgängen allein alle historischen – also auch die sozialgeschichtlichen – Geschehnisse erklären wollte«, sagt Hachmann vorsichtig in seinem Aufsatz von 1956 und betont, daß auch andere Faktoren beim Entschluß zur Gotenwanderung mitgewirkt haben können. Zugleich aber gibt er zu, daß diese anderen Faktoren, wenn es sie überhaupt gab, sich aus den archäologischen Fundmaterialien nicht erkennen lassen. Hingegen läßt sich deutlich erkennen, daß es den Goten sogleich besserging, als sie wenigstens die Ostsee hinter sich gebracht und auf dem Festland Fuß gefaßt hatten.

Das sehr komplexe Bild der Funde zwischen Baltikum und Emsland kann hier nicht aufgerollt werden, ein paar charakteristische Fakten müssen genügen, weil sich für diese Buddelei in unseren Breiten, bei der nun einmal keine Tempel und keine Marmorgöttinnen zum Vorschein kommen, doch nur ein paar Experten und Liebhaber der Regionalgeschichte interessieren.
Es fällt bei einem Überblick auf, daß die Gräber mit Waffenbeigaben zunehmen und daß diese Kriegergräber offensichtlich nur zu bestimmten Familien gehören. Es liegt nahe an-

zunehmen, daß die neuen Aufgaben der Auswanderung und der gewaltsamen Landnahme in der Fremde eine Aufgabenteilung innerhalb der Gemeinschaft nötig gemacht haben. Diese bereitet dann natürlich den Grund für soziale Schichtungen, denn wenn eine Gruppe von Familien gewöhnt ist, das Schwert zu schwingen, dann übt sie diese Macht unausgesprochen oder unwillkürlich auch gegen die eigenen Landsleute aus – falls sie dies überhaupt nötig hat: Die anderen wissen ja doch, daß es jetzt auch innerhalb der Gemeinschaft Starke und Schwache gibt, das ist das Neue. Sind diese Machtunterschiede auch oft archäologisch nicht greifbar, die veränderten Besitzverhältnisse sind mancherorts gut zu erkennen. Es gibt nun »größere Hofstellen, wie die von Rings auf Gotland, die neben einem sehr ansehnlichen, mehrräumigen Hauptgebäude – Wohnhaus des Großbauern – Nebengebäude aufweist, die teils als Unterkunft für das Vieh, teils gewiß als Wohnraum für das Gesinde dienten. Hier trifft man auf eine Siedlungsweise, die schon ganz der ähnelt, die besonders reichhaltig durch die Siedlungen der Wikinger auf Grönland bekanntgeworden ist, und man stößt in diesen Siedlungen auf eine Sozialordnung, die schon weitgehend der der isländischen Sagazeit gleicht. Hier treten nicht nur besonders bevorrechtete Personengruppen neben dem Bauernstand auf, es erscheinen auch Personen, die wirtschaftlich schwächer waren und auch innerhalb der Gesellschaftsordnung eine untergeordnete Stellung einnahmen. Mit dem Beginn der Völkerwanderungszeit war demnach in Nordeuropa eine soziale Differenzierung vollzogen, von der in der Zeit kurz vor Christi Geburt noch nicht viel zu spüren gewesen war.« (Hachmann)

Was auf der angeblichen Goteninsel Gotland nur als Abglanz festländischer Entwicklungen zu erkennen ist, akzentuiert sich deutlicher an der deutschen Nordseeküste und ihrem Hinterland, wo die ausgewanderten Goten unter günstigeren klimatischen und geographischen Bedingungen zu jenen Erwerbsformen zurückkehren konnten, die ihnen Petrus in Schweden unmöglich gemacht hatte. Die Absicherung dieses neuen, besseren Lebens bedingte aber neue Organisationsformen. In Schweden waren die Goten völlig unbehelligt geblieben; schon Tacitus hatte sich gefragt, wer denn in diese Landschaften zuwandern, sie gar als Heimat erobern sollte. Am Südrand der Ostsee und im heutigen Deutschland war das anders. Hier brauchte niemand übers Meer zu fahren, hier kamen die Feinde von Norden und Osten, ja gelegentlich auch von Südosten und Nordwesten, ganz zu schweigen von jenen, die schon dagewesen waren und denen die Goten ins Haus geschneit waren. Die bislang entbehrliche Kriegerkaste gewann also an Bedeutung, ein tüchtiger Kämpfer konnte für die Gemeinschaft mehr tun als der fleißigste Bauer, und so nehmen denn auf den Friedhöfen, oft etwas abseits liegend, die reich ausgestatteten Kriegergräber zu. Einzelne bergen den vollen Waffenschmuck, die komplette Kriegsrüstung und deuten damit an, daß es sich um eine besonders hochgestellte Persönlichkeit handelte; andere bilden mit drei oder vier ebenfalls waffenstarrenden Gräbern eine erhabene Gruppe, die sich von den Bauernbestattungen deutlich absetzt.

Die Forschung beginnt von Fürstengräbern zu sprechen, insbesondere dann, wenn sie – wie die Gräber von Lübsow in Pommern – neben den Waffen noch reiche Importmaterialien enthalten, also auf dem Handelsweg oder durch Raub zu den Goten gelangte Dinge, wie sie sich ein einfacher Mann gar nicht verschaffen konnte: silberne Becher, Glasbecher und -schalen, Trinkhörner, aber auch Bronzekessel und -becken, Bronzekannen und – in den ebenfalls reich versorgten Frauengräbern – Metallspiegel und Kämme.

Daß auch die Frauen in dieser herausragenden Weise bestattet werden, daß auch ihnen wertvolle und schwer zu erlangende Importe wie zum Beispiel die vorderasiatischen Metallspiegel ins Grab gelegt werden, das deutet darauf hin, daß aus der herausragenden Rolle des einzelnen eine Position seiner Familie geworden ist. Nicht ein vereinzelter Haudegen wird auf diese Weise geehrt, sondern ein Fürst mit den Seinen, die weitreichende Autorität genießen.

Man sieht aus dem, was die Fürstengräber uns zeigen, ziemlich deutlich, daß ein verhältnismäßig geringes Plus an Vermögen, an Macht und Weitblick schon genügt, um eine gewiß in ihrem Besitz noch bäuerliche Familie weit über die anderen hinauszuheben, ihr kulturelle Bedürfnisse einzuimpfen und ihren Appetit nach Kunstwerken, nach einem Anteil an den Schönheiten und Genüssen zu wecken, die es weiter im Süden, in den Städten jenseits der Alpen, in so reichem Maße geben soll. Ein Hauch von diesem fürstlichen Savoir-vivre erfaßt – wie könnte es anders sein – auch die weibliche Jugend. Sie wird sich auf einmal bewußt, daß das, was sie besitzt, sich mit den Silberbechern und den Bronzeschalen durchaus vergleichen läßt, und es ist gewiß kein Zufall, daß man im Ruchmoor bei Dammendorf im Kreis Eckernförde die Leiche eines etwa siebzehnjährigen Mädchens fand, das mit einem Minirock seligen Angedenkens bekleidet war. Bei einer Länge von dreißig Zentimetern endete er weit über dem Knie, maß aber am unteren Saum nicht weniger als 165 Zentimeter, so daß er zweifellos in vielen koketten Falten um die Hüften der jungen Schönheit lag. Sie trug ihn an Schulterbändern, also nicht an einem Rockbund, und über den Schultern hatte sie eine Pelzjacke. Es war also nicht warm in dieser Gegend, in der Zeit, da das Mädchen starb, aber auf das Röckchen zugunsten eines wärmeren Kleidungsstückes zu verzichten, das kam ihr denn doch nicht in den Sinn.

Gewiß ist es auch kein Zufall, daß man für den Hof des Fürsten von Lübsow eine Goldschmiede-Werkstatt nachweisen konnte und daß auch an anderen Fürstensitzen Handwerker Aufträge fanden und die zunächst rein bäuerlichen Siedlungen ein wenig abrundeten, ohne den Vorrang des Schmiedes anzutasten. Im ganzen aber ist die städtische Siedlung noch weit entfernt, sind die Fürsten im Grunde noch reiche Bauern, liegen das Heil und die Hoffnung auf den vollen Glanz des Lebens noch in der Ferne – in den goldenen Getreideböden am Nordrand des Schwarzen Meeres. Südwärts ziehend, suchten sie ganz sicherlich nicht den Vernichtungskampf gegen Rom, nicht die Weltherrschaft anstelle der Römer, sondern viel weniger, das ihnen doch sehr viel mehr war: den besten Boden für den besten Anbau. Das war es, was sie vom Leben wußten und vom Leben erwarten durften.

Wir wissen nun, warum die Goten südwärts zogen. Wir können uns denken, was sie sich von ihrem neuen Leben am Schwarzen Meer erwarteten, und wir sind auch ziemlich sicher, daß sie in jenem zweiten und dritten nachchristlichen Jahrhundert gerade das bestimmt nicht planten, was ihnen mancher ältere Historiker und mancher germanophile Gymnasiallehrer andichtete: mit der gesammelten Kraft aller Germanenstämme das Römische Weltreich zu zerschlagen. Dafür gab es einen Grund, der den Führern der Goten vermutlich bewußt war: die alte Weisheit, daß es klüger ist, eine Kuh, die viel Milch gibt, am Leben zu lassen und lieber noch ein Weilchen auf Fleisch zu verzichten; und es gab den Grund, den vielleicht erst die größten Gotenführer des dritten und vierten Jahrhunderts ahnten: daß die zu solch einem konzentrischen Angriff auf Rom nötige Germanenkraft sich auf friedlichem Wege nicht werde vereinigen lassen, daß man also sehr viel hätte verhandeln, sehr viel hätte versprechen müssen, um solch ein Bündnis zustande zu bringen. Und darum blieb es bestenfalls ein Fürstentraum.
Jordanes, der in seiner teilweise aus Cassiodor bezogenen Gotengeschichte alles tut, um dieses Volk hoffähig zu machen und den Römern als einen akzeptablen Partner darzustellen, berichtet von einem außerordentlichen geistigen Aufschwung des gotischen Lebens nach der Ankunft am Schwarzen Meer, ja genaugenommen nach der Ausdehnung der gotischen Macht auf die heute rumänisch-bulgarischen Gebiete des östlichen Balkans. »Hier lebte unter ihnen (den Goten) Zalmoxes, der, wie verschiedene Geschichtsschreiber berichten, ein außergewöhnlich weiser und gebildeter Mann war. Und schon vor diesem ragten zwei andere Philosophen unter ihnen hervor, Zeuta und Dicineus. Und auch sonst hatten sie hochgebildete Lehrer, die sie unterrichteten. Deshalb waren denn auch die Goten stets vertrauter mit der Wissenschaft als fast alle anderen Barbaren und den Griechen in dieser Beziehung beinahe ebenbürtig.«

Als Jordanes dies hingeschrieben hatte, kam ihm das Wort offenbar selbst allzu gewagt vor, und er versicherte sich eines Zeugen in der Gestalt eines Dio, mit dem aber offenbar nicht der große Dio Cassius gemeint ist, denn dieser verfährt zumindest in den erhaltenen Teilen seiner Achtzig-Kapitel-Historie mit den Goten höchst summarisch und wirft sie meist mit anderen Völkern des pontischen Raumes in einen Topf. Immerhin brachten die Römer den Goten schon bald eine gewisse Beachtung und schließlich sogar Wertschätzung entgegen, und zwar gezwungenermaßen, denn es ist nicht zu verkennen, daß sehr bald nach dem Eintreffen der Goten am Schwarzen Meer die ganze Gegend unruhig wurde, was die Römer militärisch pausenlos beschäftigte. Natürlich handelte es sich nicht um den Großangriff auf Rom, aber um eine ganze Anzahl kriegerischer Vorstöße, die – selbst wenn man die gewaltigen Zahlen des Jordanes nicht glauben will – doch mit Armeen vorgetragen wurden, nicht etwa nur mit ein paar Reiterschwärmen.

Dennoch ist es heute weder notwendig noch überhaupt möglich, diese Operationen im einzelnen aufzuzählen und ihre Ergebnisse zu verfolgen, einmal, weil die Historiker sich, wie erwähnt, über die Volkszugehörigkeit der beteiligten Scharen keineswegs einig sind, zum andern aber, weil schon der nächste Statthalter oder der nächste Kaiser das Blatt wieder wendete, die Landgewinne der Goten zurückeroberte, neue Friedensverträge schloß und so fort.

Was den Goten damals ein gewisses militärisches Übergewicht verschaffte, waren nämlich die immerwährenden Bürgerkriege im Römischen Reich, die Ermordung der Kaiser, die Proklamierung neuer Kaiser und Gegenkaiser durch die Legionen verschiedener Grenzprovinzen und die daraus resultierenden Kämpfe, unter denen die Abwehrkraft des Römerreiches nach außen begreiflicherweise stark litt.

Einer der Kaiser, der seine Erhebung den Goten verdankte, war Decius (249–251), weil sich eine offenbar sehr große Anzahl römischer Deserteure ganz einfach dadurch vor Strafe schützen wollte, daß sie einen der Ihren zum Kaiser ausrief.

Aufgrund solcher friedlichen oder kriegerischen Begegnungen waren die Goten schon sehr genau mit der Entwicklung im Römerreich vertraut geworden, ja gelegentlich sogar eng mit ihr verknüpft, und man kann sicher sein, daß die ursprüngliche Barbarenscheu vor den Legionen längst geschwunden war. Sie verflog vollends, als die Römer sich der Goten und ihrer Verbündeten auf die gleiche Weise zu erwehren suchten wie dreihundert Jahre später der Raubscharen unter den letzten Söhnen Attilas: Da die Zahl der Legionäre nicht ausreichte, verbündeten sich die Römer mit der rauhen und kargen Natur des Balkans, errichteten Sperren an verschiedenen dafür geeigneten Punkten und zernierten die offenbar nicht im gleichen Maß landeskundigen oder blindwütig in ihre Falle stürmenden Goten, Vandalen und Carpen. Von Hunger und Durst, aber auch von ohnmächtiger Wut halbtot, mußten die einen oder anderen Gotenverbände kapitulieren; die größeren Truppenteile aber sprengten diese Hungersperren und brachen mit aufgestauter Gier und Erbitterung gegen das römische Kolonialland im Balkan los:
»Unter Verwüstungen ergossen sich alle (Goten) ungestraft über die Weiten Thrakiens, angefangen von den Landstrichen entlang dem Donauufer bis hin zum Rhodopegebirge und dem Sund, der zwei unermeßliche Meere trennt. Dabei verübten sie durch Raub und Mord, mit Blut, Brand und Vergewaltigungen freier Menschen überall gräßliche Schandtaten. Nur mit Seufzen konnte man damals Auftritte erleben, viel zu scheußlich, als daß man sie anschauen oder darüber berichten könnte: Frauen, halbtot vor Angst, wurden unter Peitschenknall weggetrieben, darunter auch schwangere mit Kindern unter dem Herzen, die vor ihrer Geburt auf diese Weise schon viel Schimpfliches ertragen mußten; dann wieder Kleinkinder, die sich an ihre Mütter klammerten; auch hörte man das Wehklagen von Knaben und Mädchen aus edlem Haus, deren Hände harte Gefangenschaft fesselte. Sodann wurden erwachsene Jungfrauen und ehrbare Gattinnen weggeführt, mit gesenktem Antlitz und Tränen in den Augen über dies äußerste Unglück, und sie wünschten nur,

sogar durch einen martervollen Tod der drohenden Vergewaltigung zuvorzukommen. In ihrer Mitte wurde wohl auch ein eben noch wohlhabender und freier Adeliger gleich einem wilden Tier fortgezerrt und konnte über deine Härte und Blindheit, Fortuna, klagen, die du ihn in einem kurzen Augenblick all seiner Reichtümer und seiner trauten Angehörigen beraubtest und, vertrieben aus dem Haus, das er in Asche und Trümmer sinken sehen mußte, den rohen Siegern überantwortetest, um Glied für Glied zerfleischt zu werden oder unter Schlägen und Foltern als Sklave zu leben.«

Mit Jordanes und dem eben zitierten Ammianus Marcellinus überblicken wir eineinhalb Jahrhunderte gotischer Raubzüge auf dem östlichen Balkan, die sich nach Zielsetzung und Methode weitgehend gleichen. Während aber Jordanes eine heroisierende Gotengeschichte zu geben versucht, schildert der Offizier Ammianus in erster Linie eigene Eindrücke, hat an vielen Operationen selbst teilgenommen und kennt die übrigen aus einem Blickwinkel, den man heute mit einer Generalstabsposition gleichsetzen könnte (353–360 unter dem Magister Militum Ursicinus). Ammianus Marcellinus wußte also, wovon er sprach, und da er in seinem Geschichtswerk, soweit es uns erhaltengeblieben ist, die schärfste Kritik an den eigenen Landsleuten, nämlich gewissen Parteiungen in Rom, und an den Intrigen übt, denen Ursicinus wegen seiner besonderen Tüchtigkeit ausgesetzt war, muß man dem, was der Historiker über die damals barbarischen Völker berichtet, jedenfalls mehr Glauben schenken als den Hymnen, die Jordanes auf die Goten singt.
Da steht nun über die gotischen Kriegsbräuche manches, was sich mit dem Germanenbild, wie es von Schenkendorf bis Walter Bloem die deutsche Phantasie beflügelte, nicht gut vereinen läßt; ja wenn wir lesen, daß ein reicher Landadeliger gleichsam Glied für Glied umgebracht wurde, offensichtlich, weil er sein Schatzversteck nicht preisgeben wollte, so fühlen wir uns nicht an die reinen Helden des Germanenbildes bei Tacitus erinnert, sondern an die Praktiken der karibischen

und anderer Piraten oder an das, was etwa die kaiserlichen Truppen unter Tilly in Magdeburg anrichteten.
Und damit sind wir auch schon bei der düsteren Wahrheit, die immer da ist, auch wenn der eine oder andere Lehrer meint, sie für seine Schüler zurechtfrisieren zu müssen. Im Buch der Bücher des wilhelminischen Gymnasiums, in den homerischen Epen, findet sich das kriegerische Verfahren des griechischen Heldenzeitalters in aller Deutlichkeit: Eroberte Städte werden so zugerichtet, daß in vielen das Leben gar nicht neu beginnt; Strabon wie Herodot geben dafür eine Reihe von Namen an, die uns z. T. schon aus der *Ilias* bekannt sind. Allen Besitz schleppt der Sieger weg oder lädt ihn auf die Schultern der erbeuteten Menschen. Von diesen werden die Männer in der Regel getötet (eine gewisse Ausnahme scheint man nur für die Gefangenen aus offenen Feldschlachten gemacht zu haben, da es den Kampf abkürzte, wenn sich der Feind ergab, und ihn risikoreich verlängert hätte, wenn der Gegner nicht mit Pardon hätte rechnen können). Frauen und Kinder wurden ausnahmslos in die Sklaverei geführt, da die Stadtstaaten einen großen Bedarf an dienendem Personal hatten, an einer rechtlosen Unterschicht, die im öffentlichen wie im privaten Bereich Arbeiten verrichtete. Daß die Frauen durchaus als Sache angesehen wurden, hat Gisela Micknat in einer Spezialuntersuchung nachgewiesen, in der sie sagt:
»Ihr sachlicher Wert zeigt sich vor allem darin, daß man Frauen oder Mädchen unter anderen Geschenken an einen Kampfgenossen weitergeben kann, daß man sie als Preis bei Wettspielen aussetzt (!) oder sie als Lohn für irgendein besonderes Verdienst verspricht. Aus der Beute werden sie erlost, nicht zugeteilt oder erkoren, wie die Ehrengaben; als Kauf- oder als Tauschgut wie die übrige Beute aber werden sie, so scheint es, nicht verwendet; ihr Wert ist manchmal genau festgelegt, er entspricht etwa dem Wert von vier Rindern, während ein eherner Dreifuß zwölf Rinder kostet, er beruht auf ihren körperlichen und geistigen Vorzügen . . .«
Von diesen altgriechischen Kriegsbräuchen abgesehen, hiel-

ten schließlich auch die Römer daran fest, Kriegsgefangene, und zwar Männer wie Frauen, völlig rechtlos zu machen und als Sklaven zu halten; der erste Akt dieser Sklaverei war die Zurschaustellung der menschlichen und materiellen Beute in den Triumphzügen, wie sie erfolgreichen Heerführern nach ihrer Rückkehr in Rom gewährt wurden.
Germanophile Schriftsteller wie Tacitus oder Jordanes mögen also in dem, was Goten und ihre Verbündeten bei Raubzügen an Grausamkeiten verübten, nichts Absonderliches erblickt haben, jedenfalls nichts, was sie zu einer Revision ihrer Einstellung gegenüber den Germanen und deren verschiedenen Stämmen hätte veranlassen können. Die betroffenen Völker aber machten ohnedies keinen Unterschied, ob es nun Skythen, Bastarnen, Sarmaten oder Goten waren, die ihre Landstriche mit Krieg überzogen. Bei den zwischen Bogschan und Rafna im Gebiet des ehemaligen Dacien vergrabenen Münzen handelte es sich um einen Schatz, den seine Besitzer vor einer aus Goten und Carpen gemischten Räubertruppe in Sicherheit bringen wollten. Und da die Münzen eineinhalb Jahrtausende im Boden ruhten, ehe sie gefunden wurden, ist dies offensichtlich auch gelungen; fraglich bleibt nur, ob die Besitzer dieses wohlgehütete Geheimnis überlebten. Jedenfalls hatten sie keine Gelegenheit mehr, an den Ort des Münzverstecks zurückzukehren.

Cassiodor und Jordanes gelingt es zwar nicht ganz, einen geordneten Ablauf dieser Goten-Unternehmungen herzustellen, aber sie zählen zumindest einige der herausragenden Städte auf, die von den Goten heimgesucht wurden, und geben uns damit Anhaltspunkte auch für die räumliche Ausdehnung dieser Raubzüge, deren zeitliche Erstreckung zwischen 196 (Unterbrechung der Bernsteinstraße) und 375 (Hunneneinfall) ja ziemlich genau zu begrenzen ist. Und es liest sich recht unterhaltsam, wie die beiden Autoren der Gotengeschichte, der Gelehrte und humane Beurteiler, aber vielleicht auch der weniger unterrichtete, naiv-gläubige Panegyriker, angesichts so zweifelhafter Taten selbst ein wenig unsicher werden und erleichtert dort verweilen, wo ihre Helden sich ausnahmsweise unschuldigen Vergnügungen hingeben:

»Da Kaiser Gallienus in einem tollen Lasterleben alles gehenließ, wie es wollte, fuhren die Gotenherzöge Respa, Wedug und Therwar auf Schiffen nach Asien (263). Sie setzten über den Hellespont und plünderten viele Städte jener Gegenden aus; dabei legten sie auch das hochberühmte Heiligtum der Diana von Ephesus in Asche.«

Die kleinasiatische Griechenstadt Ephesus war eine der berühmtesten Großstädte des Altertums überhaupt und spielte bereits in vorgriechischer Zeit eine Rolle, aber auch noch unter den Römern und in der Geschichte des frühen Christentums, das hier vermutlich von Paulus selbst begründet wurde. Das Diana-Heiligtum, richtiger Artemision genannt, lag zwei Kilometer außerhalb der Stadt in der Ebene, am Ende einer Prozessionsstraße, die vom Magnesischen Tor bis zum Artemision von einer Säulenhalle überwölbt war. Den Gotenherzögen ging es in Ephesus zweifellos nicht um einen Religionsfrevel, obgleich sie ihn in Kauf nahmen: Sie wollten ganz einfach an die einzigartig reichen Weihegaben, wie sie sich bis heute in berühmten Wallfahrtsorten finden. Ihretwegen war Ephesus schon 678 vor Christus (!) erstmals eingeäschert worden. Was vor allem österreichische Archäologen in jahrzehntelangen Bemühungen in Ephesus wieder ans Licht gebracht haben, ist darum in erster Linie römischen Ursprungs, Reste aus griechischer Zeit sind verhältnismäßig selten.

»Die Goten drangen dann weiter nach Bithynien vor (am Bosporus, auf der asiatischen Seite gelegen) und zerstörten Chalcedon . . . So hatten die Goten in Asien überall, wohin sie kamen, Glück. Sie gewannen große Kriegsbeute und kehrten über den Hellespont wieder zurück. Dabei wurde Troia und Ilium (ein und dieselbe Stadt!), die sich von dem Kriege mit Agamemnon kaum je ganz erholt hatten, neuerdings völlig verwüstet.

Nach Asien mußte Thrakien unter der gleichen gotischen

Barbarei leiden. Sie suchten nämlich die Stadt Anchialos heim (Ruinen nahe beim bulgarischen Pomorie am Golf von Burgas), die am Fuß des Balkangebirges und nahe am Meer liegt, dort hatte sie zwischen dem Meeresbusen und dem Gebirge der Partherkönig Sardanapal gegründet. (Irrtum des Jordanes, weil es zwei Orte dieses Namens gibt.) Hier sollen die Goten viele Tage geblieben sein. Sie freuten sich nämlich an den heißen Bädern, die zwölf Meilen vor der Stadt liegen und an den heißen Quellen erbaut sind und die unter den zahllosen Thermen der ganzen Welt die ausgezeichnetsten und heilkräftigsten sind. Von dort kehrten die Goten in ihre Heimat (d. h. in die Sitze zwischen Dnjepr und Krim) zurück.«

In jenem Ostrumelien, das heute nur noch die Briefmarkensammler kennen, planschten die Goten also in heißen Quellgewässern und wuschen Blut und Sünden von sich in einem winzigen Ort, den immerhin Ovid unsterblich gemacht hat, wenn er in *Tristia,* den Sehnsuchtsgedichten aus der Verbannung am Schwarzen Meer, »den winzigen Platz, der sich Anchialus nennt«, erwähnt (I,10 Vers 36). Aus dieser Etappe darf man schließen, daß es sich um eine ausschließlich auf Schiffen unternommene Expedition gehandelt hatte und daß weiter landeinwärts gelegene Städte diesmal ohne Schaden davonkamen. Ephesus lag damals noch am Meer, von dem es heute sieben Kilometer trennen. Das sind schon recht deutliche Parallelen zu den vierhundert Jahre später beginnenden, beinahe weltweit zu nennenden Raubfahrten der Wikinger.

Und so, wie man sich bei den Wikingern fragen könnte, ob sie in erster Linie als höchst bewegliches Räubervolk einzustufen sind oder als die großen Staatsgründer des Mittelalters mit unkonventionellen Methoden, so ergibt sich aus der Schlußwendung des Jordanes von der Heimat, in welche die Goten zurückkehren, die Frage: Waren die südrussischen Gebiete inzwischen tatsächlich zu einer Gotenheimat geworden? Hatten die nach dem Süden gewanderten Germanenstämme in Südrußland mehr geschaffen als mühsam be-

hauptete, stets umkämpfte Stützpunkte, von denen aus sie ihre Raubzüge unternahmen?
Die Meinungen darüber sind geteilt, vor allem, seit die Sowjetwissenschaft in die Diskussion eingegriffen hat. Denn sie hatte schon Mühe genug, die von der Nestor-Chronik belegte Gründung des ersten russischen Dnjepr-Staates durch Rurik und Genossen zu widerlegen und den Slawen staatsbildende Kräfte zuzuschreiben. Kaum war das einigermaßen gelungen, weil die altrussische Chronik eben doch ein wenig märchenhaft erzählte, da schoben sich die zugewanderten Germanen ins Blickfeld. Seit Christi Geburt tauchten, einige Generationen vor den Goten, erste Germanenstämme am Schwarzen Meer auf und bildeten im Dnjepr-Becken städtische oder stadtähnliche Zentren, die man sich als Schiffer-, Fergen- und Handwerkersiedlungen vorstellen muß. Eine Autorität wie Michael Iwanowitsch Rostovtzeff (1870 in Kiew geboren, 1952 in New Haven gestorben) war der Hauptkämpfer für diese Germanentheorie: Er schreibt den Einwanderern die Initiative für die politische Organisation der neuen städtischen Gemeinwesen zu, das heißt, er gibt wohl zu, daß die Siedlungen schon vor den Germanen bestanden haben, ist aber der Überzeugung, daß sie erst durch die Fremden aus dem Nordwesten den Charakter einer Polis, einer sich selbst regierenden und verwaltenden Stadt erhalten hätten. Damit waren die Slawophilen vom Regen in die Traufe gekommen, denn im ersten nachchristlichen Jahrhundert gab es am Dnjepr kein Volk, das man mit gutem Gewissen als Slawen hätte bezeichnen können, und eine Anzahl auch kleiner Städte konnte natürlich als Vorform größerer politischer Gemeinwesen verstanden werden. Die erste Staatsgründung im Gebiet der sogenannten *alten Rus,* also am Dnjepr, wäre demnach mit einer Verschiebung um ein paar hundert Jahre dennoch eine Leistung der Germanen geblieben.

Größer ist allerdings die Wahrscheinlichkeit, daß es nicht jene frühesten germanischen Einwanderer wie zum Beispiel die Bastarnen waren, die sich um die politische Ordnung Südrußlands verdient machten, sondern erst die Goten, die ganz offensichtlich die stärkste militärische Kraft zwischen Donez und Karpaten waren und aus dieser Kraftüberfülle nach allen Seiten gegen etablierte Ordnungen vorbrachen. Sie fanden zudem sehr alte und gut funktionierende Handelsstädte mit griechischer und graeco-skythischer Tradition vor, die sie zwar nur zum geringsten Teil erobern konnten, die ihre wirtschaftlichen Funktionen aber zweifellos behielten und auch dem gotischen Herrschaftsbereich nützlich wurden: Olbia, die bedeutendste dieser Städte, fiel gegen Ende des dritten Jahrhunderts kampflos an die Goten, was auf einige Jahrzehnte freundnachbarlichen Zusammenlebens zwischen Händlern und Kriegern schließen läßt. Tyras, eine griechische Gründung an der Dnjestr-Mündung, wurde um 270 nach Christus von Goten erobert, während Pantikapeion auf der Krim nur vorübergehend den Goten gehörte. Chersonesos und das skythische Neapol wurden vermutlich überhaupt nicht gotisch, was wohl beweist, daß die Goten in einer Eroberung dieser beiden Zentren keinen nennenswerten Vorteil erblickten. Gerade bei Umschlageplätzen war im Altertum und auch noch im Mittelalter eine gewisse Neutralität ein unleugbarer Vorzug. Die Goten hatten sich in Kleinasien und in anderen Teilen des Römerreiches viele Feinde gemacht und wenig Vertrauen erworben; es war für sie daher günstiger, ihren Handel über die alten griechischen oder skythischen Hafenorte abzuwickeln. Man darf annehmen, daß diese Städte eine Art Hehlerfunktion ausübten, weil die Goten und Carpen ihr Raubgut, vor allem aber begüterte Gefangene, in diesen entmilitarisierten oder doch neutralen Zentren leicht an Mittelsmänner losschlagen konnten, während Beauftragte der geschädigten Städte und Familien ohne Furcht ebenfalls nach Olbia, Chersonesos oder Pantikapeion reisen und dort Rückkaufangebote machen konnten. Die größten Räuber der Völkerwanderungszeit, die Hunnen, hielten es hundert Jahre später ganz genau so, denn alle Raubgüter hätten ihnen ja nichts genützt, wären nicht zah-

lungskräftige Abnehmer in geeigneten Orten, an exterritorialen Tauschpunkten, zur Stelle gewesen.
Damit ist die Frage nach der Rolle dieser alten Städte in der gotischen Machtzone einigermaßen beantwortet, aber Gewißheit über die Existenz eigener gotischer Verwaltungs- und Herrschaftszentren haben wir noch immer nicht. Die zentrale Rolle des großen Flusses Dnjepr legt allerdings die Vermutung nahe, daß die Goten spätestens um die Wende zum vierten Jahrhundert Dnjepr-Orte in einiger Entfernung von der Meeresküste als eigentliche Gotenstädte für nützlich hielten, besaßen sie doch, wie uns die Friedhöfe auf später deutschem Boden beweisen, schon vor der Einwanderung nach Südrußland feste, durch Generationen in gleicher Funktion erwiesene Fürstensitze von überregionaler Bedeutung. Die Historiker, die sich mit den Germanenstämmen und der Völkerwanderung beschäftigt haben, halten sich mit Urteilen zu dieser Frage zurück, vor allem wohl, weil die gotische Herrschaft in Südrußland eine im ganzen wenig beachtete Vorbereitungszeit ist, der die große Epoche der West- und Ostgoten erst folgen wird. Aber Valentin Gitermann, Verfasser einer dreibändigen und durch ihren Dokumentenanhang außerordentlich instruktiven Geschichte Rußlands, traut den Goten eine echte Residenz am Dnjepr zu und scheint auch Anhaltspunkte dafür gefunden zu haben, denn er sagt ohne Umschweife: »Unter ihrem König Hermanarich (350–376) begründeten die (Ost-)Goten in Südrußland ein eigenes Reich, dessen Hauptstadt Danparstadir, also soviel wie Dnjeprstadt, hieß, worunter wir Kiew zu verstehen haben. Schon vor Beginn der Völkerwanderung galt Kiew als der Inbegriff fabelhaften Reichtums. Skandinavisch wurde es Kaenugardr, später Kiangorod, genannt. Im Nibelungenlied kommt die Bezeichnung *daz land ze Chiewen* vor . . .«
Wozu man allerdings sagen muß, daß in der Zeit der Niederschrift des Nibelungenliedes Kiew tatsächlich schon seit Jahrhunderten eine berühmte Residenz war. *Danparstadir* klingt da überzeugender und bereitet den Sowjethistorikern auch entsprechendes Kopfzerbrechen.

Seit dem Jahr 270 beginnen die antiken Geschichtsschreiber von zwei verschiedenen Gotenstämmen zu sprechen und haben damit Dutzenden von Historikern, Germanisten und Linguisten Stoff für viele Dutzende von Büchern gegeben. Wieviel Scharfsinn, wieviel Hitchcock-Schlüsse sind für dieses Problem aufgewendet worden, bis zu dem *common sense*-Ergebnis, daß man, um nicht noch mehr Verwirrung zu stiften, am besten dabei bleibt, von Ostgoten und von Westgoten zu sprechen, obwohl die alten Bezeichnungen mit den Himmelsrichtungen nichts gemein hatten.

Die ersten Unterscheidungsmerkmale lieferten die Gegenden, in denen sich die Goten niedergelassen hatten. Die östlich des Dnjestr in der südrussischen Steppe lebenden Goten wurden Grutungi Austrogoti genannt, weil sie Bewohner sandiger Ebenen waren; die westlich des Dnjestr in den Karpaten und deren Vorland siedelnden Goten erhielten den Namen Terwingen, was soviel bedeutet wie Waldbewohner. Natürlich waren solche Bezeichnungen nur so lange sinnvoll, als die Goten sich tatsächlich in diesen Landstrichen oder in Landschaften aufhielten, die mit diesen Bezeichnungen in Einklang zu bringen waren. Angesichts der geschilderten Unruhe der Goten und ihrer weiten Raubzüge verlor sich der Sinnbezug der wohlklingenden Namen, und sie wurden abgewandelt. Grutungi verschwand, Austrogoti wurde zu Ostrogoten, und da ein König des östlichen Gotenstammes dann – vielleicht zur Unterscheidung von einem gleichnamigen anderen Germanenfürsten – den Beinamen Ostrogotha, also der Ostgote, erhielt, war die neue Bezeichnung für die Steppengoten hoffähig geworden.

Die Terwingen lebten westlich von den anderen Goten, aber verließen schließlich schon vor dem Hunneneinbruch diese Sitze und zogen noch weiter nach Westen. Dennoch scheint nicht die Himmelsrichtung ihren neuen Namen bestimmt zu haben, sondern die gotische Vorsilbe *wesu*, die soviel bedeutet wie gut – vielleicht, um diesen Gotenstamm von den Seeräubern zu unterscheiden, die in der ostmittelmeerischen Kulturwelt inzwischen ja recht unrühmlich bekannt geworden waren. Ein Heiligtum wie das Artemision zu zerstören, das war eine Beleidigung, ja ein Frevel nicht nur gegen ein einziges Volk wie die Griechen oder die Römer, das war der Bruch einer stillschweigenden Übereinkunft gewesen, die diese Weihestätte immerhin neunhundert Jahre lang behütet hatte.

Wie das aber so ist in der Geschichte, stiegen die bösen Goten zu den glanzvollen, den Austro- und Ostrogoten auf und hatten bald die größeren Könige, während die guten Goten die Dummen waren und sich von der Gnade der Römer im Vorfeld des großen Reiches mehr schlecht als recht ernähren ließen. Allerdings hatten zunächst auch die Ostgoten empfindliche Niederlagen hinnehmen und danach Ruhe halten müssen, denn nach der Zeit der Soldatenkaiser kam mit Konstantin dem Großen ein Herrscher auf den Thron (312–337), der das Glück des Tüchtigen hatte und ganz einfach zu groß für noch so energische Räuberstämme war. Plötzlich war es mit den leichten Erfolgen vorbei. Wo waren die Zeiten, da man eine Stadt wie Trapezunt erobern konnte, weil die Besatzung nicht auf den Mauern und hinter den Zinnen stand, sondern in den Bordellen soff? Wo war die Zeit, da man Pityus mühelos einnehmen konnte, da ein tüchtiger Statthalter wie Successianus von ein paar Intriganten abgesetzt worden war? Wie bequem war es gewesen, die reiche Beute und all die gefangenen Frauen auf den Schiffen heim nach der Krim zu schaffen, da die Pontische Flotte der Römer offensichtlich nicht existierte, obwohl sie doch in Cyzicus stationiert sein sollte? Und es widerfuhr den Goten auch nicht ein zweites Mal, daß ein Kaiser wie Florian sie am Bosporus bereits umzingelt hatte, aber aus der tödlichen Umklammerung entließ, um sich gegen einen Gegenkaiser zu wenden.

In der Erstarkungsperiode des Römerreiches gegen Ende des dritten und Anfang des vierten Jahrhunderts hatten die Goten schließlich Verträge nicht nur schließen, sondern auch halten müssen; sie waren zu jener Form von Zusammenarbeit übergegangen, die ein Restchen von ihrer Kriegslust am Leben erhielt: Sie stellten Hilfstruppen, und die Römer hatten sie dafür in ihren an sich ebenfalls eroberten Siedelgebieten bestätigt, das heißt also, ihnen Römerland oder römisches Kolonialland abgetreten, und zwar in einem breiten Streifen vom Banat bis zum Dnjestr. Das Vorfeld Daciens war von Germanen mit sarmatischen Einsprengseln in Besitz genommen; ein breiter Gürtel aus unruhigen Völkern wartete nur noch auf einen schwachen Römerkaiser, um nach Süden vorstoßen zu können, aber statt jenes schwachen Kaisers kam Konstantin der Große . . .

Kaiser Konstantin, wegen seiner Verdienste um das Christentum mit dem Beinamen *der Große* bedacht, kämpfte und regierte mit jener rücksichtslosen Kraft und Entschlossenheit wie die erfolgreichsten seiner Vorgänger und beging dabei eine ganze Reihe größerer oder kleinerer Verbrechen, die seinen frommen Lobrednern bis heute beträchtliche Schwierigkeiten bereiten. Nicht nur einen eigenen Sohn ließ er hinrichten, sondern auch seine zweite Gemahlin und einen Gegenkaiser, der sich im Vertrauen auf Konstantins Zusicherung, ihm das Leben zu schenken, ergeben hatte.
Ein Mann von dieser Härte, der zudem als Feldherr niemals eine Schlacht verloren hatte, mußte die Beziehungen zwischen den Goten und Rom zwangsläufig auf eine völlig neue Basis stellen, weil ja alle Barbarenvölker, in gewissem Sinn sogar die Hunnen, letztlich nur dann zum Zuge kamen, wenn ihnen innere Unruhen auf römischem Gebiet oder schwache Kaiser zeitweise zu einem lokalen Übergewicht verhalfen.
Es waren komplizierte Machtverhältnisse im großen Römerreich, in dem es nicht selten bis zu acht (!) Machthaber und Macht-Anwärter gab, wobei die einen sich Augustus nennen durften, die anderen Cäsar. Konstantins Vater war Augustus der westlichen Reichshälfte gewesen; Konstantin selbst

kämpfte sich mühsam, zäh intrigierend und schließlich hart zuschlagend über alle Mitbewerber hinweg, bis ihm nur noch Licinius als der Herrscher der Osthälfte gegenüberstand. Nach ersten kriegerischen Begegnungen 314 kam es 324 zur Entscheidungsschlacht zwischen diesen beiden, in der die Goten auf seiten des Licinius mitkämpften, wenn auch vermutlich nur mit einem zahlenmäßig relativ geringen Kontingent, das sie aufgrund ihrer Verpflichtung, sich an der Verteidigung der ihnen zugestandenen Gebiete zu beteiligen, gestellt hatten. Die Voraussicht, daß Konstantin der größere und gefährlichere Goten-Gegner sei und daran gehindert werden müsse, die Macht im ganzen Reich zu erhalten, ist aus diesem Umstand wohl nicht abzuleiten. Eher könnte man in einer 322/23 erfolgten Begegnung zwischen Konstantin und den Goten eine Ursache für ihre Parteinahme zugunsten des Licinius erblicken. Dieser hatte nämlich, offenbar, weil er gegen Konstantin jeden Mann brauchte, die Grenzwachen gegen die Goten eingezogen, und dies reichte schon zu, um gotische Raubscharen abermals zu ermutigen. Unter einem Herzog, der Rausimod genannt wird und über westgotische Stämme gebot, kam es zu einem tieferen Einbruch der Goten auf dem Balkan, wobei seltsamerweise zumindest die Grenzbevölkerung mit den Goten gemeinsame Sache machte. Vielleicht handelte es sich um größere germanische Siedlergruppen südlich der Donau, die ihre Stammesverwandten als Befreier begrüßten, weswegen Konstantin im April 323 eine scharfe Verordnung erlassen mußte, die jeden, der mit den eindringenden Goten zusammenarbeiten, ihnen Vorschub oder Hilfe leisten würde, mit dem grauenhaften Tod des Lebendigverbranntwerdens bedrohte.

Trotz der bevorstehenden großen Auseinandersetzung mit Licinius zog Konstantin von Saloniki aus durch ganz Thrakien gegen die Goten – ein eindrucksvoller Beweis für seine militärische Kraft und sein Selbstvertrauen – und trieb sie in der Walachei auf einem Hügel zusammen, wo Rausimod und die meisten der Seinen im Kampf fielen. Überlebende, vor al-

lem wohl aus dem Troß der Frauen und Kinder, wurden als Gefangene auf verschiedene Garnisonen verteilt.
Eine zweite überzeugende Demonstration seiner Überlegenheit gab Konstantin den Goten, als er im Jahr 324 in zwei Schlachten Licinius vernichtend schlug, und zwar bei Städten wie Adrianopel und Chalcedon, die den gotischen Führern gut bekannt waren. Vor allem bei Chalcedon und Chrysopolis, also unmittelbar an den Meerengen und gegenüber von Konstantinopel, errang Konstantin seinen Sieg unter den Augen kundiger Goten, und der Gotenprinz Alica, der das Kontingent für Licinius befehligte, wußte fortan zweifellos, daß germanische Stämme gegen diesen Kaiser die sogenannte Sprache der Stärke nicht würden sprechen können. Das bestätigte sich sehr bald nach der Schlacht, denn Konstantin ließ zwar eine vielbewunderte steinerne Brücke über die Donau bauen (!), die zwischen den Städten Gigen und Celei den breiten Strom überspannte, und richtete auch eine zweite Passagemöglichkeit an der Überfuhr von Transmarisca zum Fort Daphne ein; aber er ließ durch wohlbefestigte Brückenköpfe und andere Wehrbauten keinen Zweifel daran, daß es fortan sehr schwierig sein werde, die Donau unbemerkt zu überschreiten. Es war eine sehr kluge, auf friedliche wirtschaftliche Beziehungen ausgerichtete Politik, die auch den Erfolg hatte, daß etwa fünfunddreißig Jahre lang an dieser Grenze größere Feindseligkeiten nicht zu verzeichnen waren. Und ohne daß es Konstantin wollte, wurde diese Phase erzwungener Ruhe für die Germanen vor den Römergrenzen, vor allem aber für die Goten, zu der entscheidenden Periode der Staatsbildung, der Festigung der eigenen Organisation.
Glaubt man allerdings dem Tacitus, so wurden die Goten bereits seit geraumer Zeit straff regiert und hatten also eine zusätzliche Festigung ihres Herrschaftsgefüges keineswegs nötig. Aber selbst den Goten durchaus wohlgesinnte Gelehrte wie Ludwig Schmidt setzen in ihren Darstellungen hinter die uns bei Jordanes und anderen überlieferten Königsnamen immer wieder ein Fragezeichen, was der Königseigenschaft

gelten soll. Und da muß man nun allerdings fragen, wie denn der Königsbegriff eigentlich zu fassen sei.

Beim altgotischen Königtum ging es ganz offensichtlich darum, was der einzelne daraus machte; und vor allem ein Geschlecht, dem Jordanes besondere Verehrung zollt, das Königsgeschlecht der Amaler, scheint doch im Lauf der Zeit und in der Abfolge der Generationen eine ganze Reihe von energischen und zum Herrschen tatsächlich berufenen Persönlichkeiten hervorgebracht zu haben – wenn es auch feststeht, daß sehr viele der von den Chronisten genannten gotischen Führer keine Amaler waren.

Da man Stammbäume schlecht nacherzählen kann – selbst in der hehren Prosa der Bibel wirkt dies monoton –, setzen wir eine auf Jordanes basierende und aus anderen Quellen ergänzte Stammtafel an den Schluß und beschränken uns darauf, einige herausragende Erscheinungen zu kommentieren. Denn wenn auch an dieser imposanten Königstafel zweifellos nicht alles stimmt und vor allem zu Beginn mythische und sagenhafte Namen stehen, deren Träger existiert haben mögen, aber vermutlich nicht in der geschlossenen Ahnenreihe figurieren dürften – die Amaler sind doch das wichtigste germanische Königsgeschlecht, das einzige, das wir historisch weit genug überblicken, um es anderen Herrscherfamilien des Altertums entgegenhalten zu können. Und allein der Name verdient schon Beachtung, weil aus den Amalern schließlich die Amelungen unserer Heldensagen wurden.

Wenskus nimmt im Amaler-Artikel des *Reallexikons der Germanischen Altertumskunde* an, daß die Amaler nicht das erste gotische Königsgeschlecht waren, eine insbesondere für ein Lexikon eher kühn zu nennende Vermutung, reicht doch die Amaler-Reihe mit ihrem Stifter Gapt neun Generationen über Ermanarich zurück. Dieser 376 gestorbene oder gefallene Herrscher soll bei seinem Tod sehr alt gewesen sein, so daß man sein Geburtsjahr um 300 nach Christus ansetzen darf. Mit den neun Königsgenerationen gelangen wir daher in die Zeit vor Christi Geburt, ja bis etwa 120 oder 140 vor

Christus, die also auch weit vor Tacitus und dem Zeitabschnitt liegt, aus dem er seine Germaneninformationen bezieht. Ein vor-amalisches Königshaus hätte somit unter archaischen Verhältnissen in Südschweden geherrscht, lange bevor die Goten den Gedanken zur Auswanderung über die Ostsee faßten.

Beginnen wir jedoch mit Gapt, so stoßen wir bei Amal, seinem Urenkel, auf den Herrscher, der dem Geschlecht den Namen gab, einen König vermutlich aus der Zeit, da die Goten an der unteren Weichsel und in Ostpreußen zum neuerlichen Aufbruch rüsteten. Menschen, die eine Heimat verlassen und in die Fremde gehen, brauchen einen Namen, der eine Verbindung zur Heimat schafft; vielleicht war das der Grund, daß die Königsfamilie eben damals und nach dem damaligen König den Namen Amaler erhielt.

Verhältnismäßig bald auf Amal folgt jener Ostrogotha, den Jordanes, wie wir schon wissen, zu früh ansetzt: Nur ein Herrscher wäre zwischen ihm und Amal, was auch den von Jordanes geschilderten Kämpfen des Ostrogotha in Dacien widerspricht. Hier bestehen also gewisse Zweifel oder einfach Vertauschungen. Sicheren Boden betreten wir wieder bei Athanarich, einem König, der von den Chronisten so ausführlich verdammt wird, wie sie Konstantin loben, denn Athanarich war ein Feind der Christen und des Christentums, wie wir im folgenden Kapitel mit gebührendem Erschauern berichten werden.

Auf Athanarich folgte Achiulf, Vater einer ganzen Reihe namentlich bekannter und wichtiger Kinder, von denen Vulttulf die eine, Ermanarich die andere der weiteren Amaler-Linien begründeten. Und nun wird es so bunt, daß wir den Kommentar am besten ganz einstellen, um nicht allzuviel vorwegzunehmen, denn nun schieben sich mit Balamber Hunnenkönige an die Seite der Amaler-Prinzessinnen; auch zu Westgoten, Vandalen und Alanen entstehen Querverbindungen, und einige der berühmtesten Westgotenkönige, wie Alarich II. und Amalarich, entpuppen sich verwirrenderweise als Amaler, also Ostrogotha-Nachkommen. Zugleich strömt frisches, wenn auch fremdes Blut in die Reihe der erlauchten Ahnen, denn hinter dem vornehmen lateinischen Vermerk *ex concubina*, wie er etwa bei der Geburt des später so großen Theoderich steht, verbergen sich Amaler-Gespielinnen höchst ungewisser Herkunft, ganz abgesehen von den zahlreichen Verschwägerungen mit Franken, Rugiern und Burgundern, ja mit der kaiserlichen Gens des Justinian und der Theodora.

Eine kurze Erklärung noch zu den lateinisch klingenden Gotennamen. Sie haben ihre Form von lateinisch schreibenden Historikern wie Cassiodor und Jordanes, aber wohl auch zum Teil aus dem Umstand, daß statt ihrer richtigen Namen die Beinamen in der Genealogie aufgeführt wurden. Zum Beispiel muß Vinitharius, der 376 gefallene tapfere König, noch einen anderen Namen gehabt haben, denn Vinitharius heißt nichts anderes als Wenden(be)sieger, Vandalarius soviel wie Vandalen(be)sieger. Das waren Anlehnungen an die Römersitte, einem Kaiser, der die Goten geschlagen hatte, den Beinamen *Gothicus max.* (der Goten Bemeisterer) zu verleihen, wie Konstantinus II. und anderen.

Skeptiker ließen aus der ganzen großen Stammtafel nur Theoderich und vor ihm Ermanarich als historisch gelten, was inzwischen unhaltbar geworden ist. Ähnlich wie bei der Ilias und der Bibel haben gerade die letzten Jahrzehnte emsigen Forschens und Prüfens ergeben, daß auch an der Jordanes-Tafel der Amaler eigentlich mehr stimmt, als man lange Zeit angenommen hat, oder daß die Unrichtigkeiten vergleichsweise harmlos sind. Schwierigkeiten bereiten in erster Linie Namen, die bei glaubwürdigen Historikern wie etwa Ammianus Marcellinus auftauchen und von denen man annehmen muß, daß es sich um Amaler-Verwandte handelt, ohne daß man sie doch ein- oder zuordnen könnte. Im ganzen aber kann man sagen, daß solch eine Königstafel, lang und eindrucksvoll wie die sumerischen oder ägyptischen Königslisten, zumindest die Goten nun doch heraushebt aus der Reihe der sogenannten geschichtslosen Völker, und zwar auf unbestreitbare Weise.

Etwas mehr Geschichte würde man sich freilich für jene erste Phase gotischer Reichsbildung wünschen, die offensichtlich das vierte nachchristliche Jahrhundert erfüllt. Denn das Bild, das wir in dieser Zeit von den Goten haben, ist zwangsläufig einseitig, vom Südufer der Donau her gesehen, wo die Beobachter und Chronisten saßen. Und obwohl es Späher gegeben haben muß, dazu Gesandte und Kaufleute, die in den Gotenstädten verkehrten, so haben sie uns jedenfalls nichts darüber aufgezeichnet, oder es hat sich doch nichts von ihren Berichten erhalten. Lediglich Jordanes, der sich neben den römischen Quellen auch germanischer Heldenlieder als Quellen bedient, vermag das Dunkel der Karpatenwälder ein wenig zu durchdringen und wirft einen Blick über die Dnjestr-Grenze zwischen West- und Ostgoten hinaus in die Weiten von Ermanarichs Reich.

Um die Mitte des vierten Jahrhunderts scheint die Trennung zwischen West- und Ostgoten nicht nur vollzogen, sondern jeder der beiden Stammesverbände hat auch durch die Gunst der Stunde energische Herrscher zur Verfügung, die aus diesen Gotenbünden nun Staatswesen oder doch festgefügte Herrschaftsorganisationen zu schmieden verstehen. Bei den Terwingen, auch Visigoten und bei uns der Einfachheit halber Westgoten genannt, heißt die am stärksten profilierte Königsgestalt Athanarich oder Athanari(c)us, bei den Greutungen, auch Ostrogoten und von uns Ostgoten genannt, Ermanarich, auch Ermenrichus und in der nordischen Heldensage Jörmunrek.

Athanarich ist die interessantere Figur, ein Mann, dessen innere Problematik man aus dem Umstand erahnen kann, daß er den Römern verbot, ihn König zu nennen: dafür fehle ihm die sakrale Rechtfertigung. Er wollte nur als *iudex* bezeichnet werden, also als der (oberste) Richter der Westgoten. Eben darum scheint er in der schweren Gotenkrise des Jahres 375, beim Einbruch der Hunnen, die militärische Führung seines Volkes an den jüngeren Fritigern abgegeben zu haben. Dieser vermochte zwar die Hunnen ebensowenig zu besiegen wie Ermanarich oder Athanarich, aber er führte einen Großteil der Westgoten ins Römerreich und besiegte bei Adrianopel in offener Feldschlacht den Römerkaiser Valens, der die Goten-Invasion aufzuhalten versuchte (378). Athanarich machte diesen Zug nicht mit, sondern vertraute auf die natürliche Abwehrkraft des schwierigen Geländes im Karpatenbogen: Nach dem Rückzug über den Fluß Sereth setzte er sich in Siebenbürgen fest und ging erst im Winter von 380 auf 381, offenbar schon in hohem Alter, über die Donau, um sich im Einverständnis mit dem oströmischen Kaiser Theodosius nach Byzanz zu begeben. Es ist bezeugt, daß er am 11. 1. 381 einen festlichen Einzug in Konstantinopel hielt, von Theodosius mit Auszeichnung empfangen wurde und – vierzehn Tage darauf in der Kaiserstadt starb. Stirbt eine hochgestellte Persönlichkeit so unvermutet in Byzanz, so denkt jeder zunächst an Gift, eine Todesart, die man am Bosporus vorzüglich zu arrangieren verstand. Es ist nicht ausgeschlossen, daß ein christlicher Zelot sich an dem großen Christenverfolger der Goten, spät aber doch, rächen wollte und ihm Gift in die ohnedies ungewohnten und vermutlich auch allzu reichlichen Speisen tat. Es kann aber ebensogut sein, daß die Winterreise von Siebenbürgen nach Konstantinopel für den alten *iudex* schon zuviel gewesen war und er nach der Entspannung der Ankunft einem Herzversagen erlegen ist.

Daß Athanarich bei den Römern besondere Achtung genoß, geht auch daraus hervor, daß Kaiser Valens nach zwei nicht sonderlich erfolgreichen Feldzügen gegen die Goten einem Friedensschluß mitten auf der Donau zustimmen mußte, obwohl damit für alle Welt klar wurde, daß die Goten nicht die Unterlegenen waren, Valens also keinen Sieg errungen hatte:

»Der Kaiser, obschon ein ungebildeter Mensch, zeigte sich doch, ehe ihn die verhängnisvollen Lockungen der Schmeichler verblendeten und er den Staat in ewig zu beklagendes Verderben stürzte, als durchaus sachlicher Beurteiler der Lage und beschloß daher mit Rücksicht auf das allgemeine Beste, den nötigen Frieden zu gewähren. Von unserer Seite wurden nun die damaligen Befehlshaber über Reiterei

12 *Seite aus dem Codex argenteus, einer in Silber- und Goldschrift auf purpurrot gefärbtem Pergament geschriebenen und in Oberitalien entstandenen Handschrift des 6. Jh.; diese enthält in westgotischer Sprache und Schrift die Evangelien in der Übersetzung des Ulfila (Universitätsbibliothek, Uppsala).*

13 *Theodosius I. d. Gr., römischer Kaiser (347–395). Umrißstich der Rückseite einer Goldmünze.*

14 *Valens, römischer Kaiser (364–378). Solidus aus Antiochia, ca. 364–367 (Sammlung ESR, Auktion Hess-Leu, Luzern 1961).*

15 *Der Gute Hirte. Mausoleum der Galla Placidia, Lünette über dem Eingang. 2. Viertel des 5. Jh.*

und Fußvolk Viktor und Arintheus abgesandt und auf ihr wahrheitsgemäßes Schreiben hin, wonach die Goten mit den vorgeschlagenen Bedingungen einverstanden seien, ein passender Ort für den Friedensschluß bestimmt. Da Athanaricus erklärte, fürchterliche Schwurformeln und seines Vaters Gebot verwehrten ihm das Betreten römischen Bodens, und sich auch weiterhin nicht umstimmen ließ, andererseits der Kaiser es als unpassend und erniedrigend empfinden mußte, wenn er hinüberginge, beschloß man in richtiger Erkenntnis der Lage, daß ein Schiff mit dem Kaiser und der Leibwache sowie ein weiteres mit dem Stammesfürsten und seinem Gefolge an Bord von jenseits in die Mitte des Flusses gerudert und wie verabredet der Friedensvertrag zustande gebracht werden sollte. Sobald das geschehen war und man die Geiseln in Empfang genommen hatte, begab sich Kaiser Valens nach Konstantinopel zurück.« (Ammianus Marcellinus Buch 27)

Athanaricus erscheint in dieser glaubhaften und ohne Sympathie für die Goten verfaßten Darstellung nicht nur im Militärischen als ein ebenbürtiger Gegner der Römer, die ihm ihre Unterhändler ins Land schicken müssen, was Sieger im allgemeinen ja nicht zu tun pflegen. Auch bei den Verhandlungen und Vorverhandlungen ist er keineswegs der Barbar, der sich durch die Routine der kaiserlichen Beamten und Stabsoffiziere übertölpeln läßt: Valens muß ihm gewähren, was in einer ungleich bekannteren Szene sich zwischen dem Zaren von Rußland und Napoleon I. auf der Memel begab. Athanaricus ist der Beweis für eine der umstrittensten Behauptungen des Jordanes: daß es unter den Goten hochgebildete Männer gegeben habe, die zu Lehrern ihres ganzen Volkes wurden.

Gegenüber diesem Mann, manchmal als Fürst der Germanenstämme, manchmal als *iudex* bezeichnet und von Theodosius wie (nolens volens) von dessen Vorgänger als gleichberechtigt geehrt, wirkt Ermanarich zwar größer und gewaltiger, aber auch archaisch und als Überbleibsel aus einer älte-

Germanenepoche, wiewohl er es ist, der das erste der germanischen Großreiche begründet und zusammenhält, solange er lebt. Wie lange dies ist, vermögen wir nicht zu sagen, denn zwischen den 110 Jahren, die Jordanes nennt und die kaum jemand ernsthaft glauben wird, und den siebzig oder achtzig Lebensjahren, die zureichen, wenn man einen Fürsten als ›sehr alt‹, als ›in hohem Alter stehend‹ bezeichnen will, gibt es dreißig Jahre Spielraum. Immerhin darf man von der Gewißheit ausgehen, daß der beherrschende Machthaber im ostgotischen Bereich für die ganze Jahrhundertmitte und bis hin zum Katastrophenjahr 375/76 Ermanarich heißt. Ob er in jüngeren Jahren dem Ansturm der Hunnen gewachsen gewesen wäre, ob es einen solchen abgewiesenen Ansturm vielleicht schon um 365 oder 370 gegeben hatte, das sind Fragen, die zu stellen die Forschung nicht müde wird, eben, weil kaum schlüssige Antworten zu erwarten sind. Die Geschichte sagt durch den Mund des Ammianus Marcellinus: »Die Hunnen überfielen also das Land der Alanen, die als Grenznachbarn der Greutungen (= Ostgoten) gewöhnlich die Tanaitischen heißen (d. h. am Don lebten), töteten und beraubten viele und gliederten sich den Rest durch Beistandsvertrag ein. Mit ihnen zusammen überrannten sie in einem plötzlichen Angriff keck die weitgedehnten, reichen Gaue des Königs Ermenrichus (= Ermanarich), der als ein sehr kriegerischer Herr und durch seine zahlreichen, verschiedenartigen Heldentaten bei den Nachbarvölkern einen gefürchteten Namen hatte.«

Ermanarich also hatte, nach einem unwiderlegbaren römischen Zeugnis, im Lauf eines langen Lebens und einer fruchtbaren Herrschaftsperiode stets Mut bewiesen, den Nachbarn Furcht und Achtung vor den Goten eingeflößt und das Gotenreich selbst bis weit zurück in die verlassenen Gebiete nördlich von Kiew oder gar bis zur Ostsee konsolidiert. Diese Großreiche – das nächste wird Attila begründen – hatten natürlich keine Grenzen im heutigen Sinn, und auch die Grundlagen ihres Zusammenhalts müssen von damaligen Verhältnissen aus gesehen werden. Es dürfte genügt haben,

Ermanarich nach Kiew regelmäßig Tribute zu senden, mehr an Oberhoheit hat er in den entlegenen Gebieten, wie etwa bei den Aestiern an der Weichselmündung, gewiß nicht ausgeübt. Andererseits muß man annehmen, daß in der näheren Nachbarschaft rücksichtslos Krieg geführt und auch manches Volk unterworfen wurde, das keineswegs germanischen Stammes war.

»Der gewaltige, plötzlich aufkommende Hunnensturm traf Ermenrichus zwar schwer, doch versuchte er lange Zeit, entschlossenen Widerstand zu leisten, bis schließlich umlaufende Gerüchte die Furchtbarkeit der drohenden Gefahren noch weiter steigerten und er durch Selbstmord der Furcht vor den großen Entscheidungen ein Ende setzte.«

Ermanarich stirbt also noch vor Athanarich, und sein Tod ist ebenso mysteriös, denn wenn man auch weiß, daß sich die Römer nach Niederlagen nicht ganz selten in ihr Schwert stürzten, wenn uns von Varus, Nero und anderen solche Tode überliefert sind, so paßt der Selbstmord doch ganz und gar nicht in das – nicht sonderlich glanzvolle, aber einheitliche – Charakterbild eines alten, zähen, mutig-verschlagenen und kampferprobten Germanenfürsten.

Überall dort aber, wo die Historie so ungeklärte Reste birgt, wo sich Widersprüche wie der zwischen Tat und Person nicht auflösen lassen, spinnt sich die Legende an, versucht die Sage, die fehlenden Motive oder untergegangenen Handlungselemente nachzuliefern. Im Fall Ermanarich nimmt sich Jordanes dieser sagenhaften Ergänzungen der Wirklichkeit mit besonderer Liebe an, da es ihm als einem die Goten verherrlichenden Geschichtsschreiber natürlich ganz und gar nicht aus der Feder will, daß der größte Gote, der Großkönig Ermanarich, vor den heranbrausenden Hunnen in den Freitod geflohen sein soll.

Die Sagenbildung um Ermanarichs Tod ist besonders üppig und langlebig und setzt sich fort bis hinauf in den germanischen Norden, in dem die Ergebnisse besser aufgehoben waren als im bewegten Mitteleuropa, so daß die heutige Forschung sich auf verschiedene Versionen stützen und die erfundenen oder benützten Personen ingeniös kombinieren kann. Ins Spiel kommen eine junge schöne Frau, Sunilda und später Schwanhild genannt, und ihre Brüder, dazu in manchen Versionen ihr Gatte, dem Ermanarich sie weggenommen hat, und ein dritter, mißachteter, aber mit tückischer Findigkeit begabter Bruder.

Sunilda, aus ihrem unterworfenen Volk geholt, um das Bett des greisen Ermanarich mit ihrem Feuer zu erwärmen, sein Schlafgemach mit ihrer Schönheit zu beleben, wird aus Haß gegen den Alten, dem sie zu Willen sein muß, und aus Anhänglichkeit an ihr unterdrücktes Volk zu dem, was man heute eine Agentin nennen müßte. Sie konspiriert, sie begünstigt schwelende Rebellionen in der Heimat und wird von Ermanarich als Verräterin (die sie nicht ist, weil sie ja keine Gotin ist) einer grausamen Todesstrafe überantwortet: Vier Pferde zerreißen den schönen Leib Sunildas, indem sie nach vier Richtungen an den Stricken zerren; die Arme und Schenkel lösen sich, wie man es beim Tod des Attentäters Damiens mehr als tausend Jahre später noch beobachten konnte und wie es bei dieser Gelegenheit eingehend geschildert wurde. Die Todesart also ist nicht erfunden; das Pferd als heiliges Tier der Germanen wird noch an manchem Verräter und sogar an der verbrecherischen Königin Brunehaut ähnliche Verdikte vollstrecken, ob es nun um das Zerreißen oder das Zu-Tode-Schleifen oder das Zu-Tode-Trampeln unter Pferdehufen geht, wie es abmildernde Versionen der Sage enthalten.

Ermanarich jedenfalls ist ein Urteil dieser Art zuzutrauen, vor allem dann, wenn es um eine Geliebte geht, um eine Ehefrau, an der ihm vielleicht sehr lag und deren Verrat ihn tiefer und persönlicher treffen mußte als etwa die Untreue eines Offiziers. Es ist aber auch ein Tod, der von sich reden macht, durch seine Grausamkeit und durch die Person der Hingerichteten, denn im spätantiken Europa, als die Völker noch keine Zeitungen und erst recht nicht Film oder Fernsehen hatten, waren Ereignisse dieser Art in der Vorstellung aller, die von ihnen vernahmen, ungleich lebendiger und ungleich

länger lebendig als in unserer Zeit, in der ein Bild das andere verdrängt.
Es konnte also nicht ausbleiben, daß auch in der fernen Heimat der getöteten Sunilda sich die Kunde von ihrem grausamen Ende verbreitete, von einem Ende, das jenes Volk – ob es nun die sagenhaften Rosomonen oder irgendwelche Sarmaten waren – vielleicht als besonders schimpflich empfand, weil sich der ganze Hofstaat des Feindes, weil sich Hunderte von Goten daran hatten weiden können, wie Sunilda ums Leben gekommen war. Die große Revolte hatte keinen Sinn, Ermanarich hätte das Vasallenvolk zerdrückt, so wie er bis dahin mit allen Gegnern fertig geworden war; also machten sich die Nächstbeteiligten – zwei Brüder oder drei, oder aber die Brüder und der Ehemann – in die Dnjeprstadt auf, schlichen sich in den Kiewer Palast des Gotenkönigs und brachten ihm in heimlichem Anschlag eine schwere Wunde bei. Diese hinderte den sieggewohnten Ermanarich, seine Truppen selbst gegen die Hunnen zu führen und verursachte letztlich den Untergang des Ostgotenreiches.
Man versteht, wie zufrieden Jordanes mit dieser Erklärung sein konnte; sie brachte alles ins Lot, sie gab der schmählichen Niederlage eine romantische Aura von großer Tragik, wobei es wenig verschlug, daß ein Herrscher wie Ermanarich an Grausamkeit etwas zuviel getan haben könnte. Die Bestrafung einer ungetreuen Ehefrau hatten die Germanenrechte – ob es sich nun um Ehebruch oder eine Untreue anderer Art handelte – im allgemeinen der Phantasie des Betrogenen überlassen, und die kommenden Jahrhunderte werden eben darum noch ganz andere Strafen kennenlernen, Strafen, wie sie sich eben nur die Phantasie eines Hahnreis ausmalen kann.
Die Geschichte hat für Ermanarich und den Freitod, an dem zum Beispiel Ammianus Marcellinus festhält, eine Exkulpation anderer Art bereit: das weitere Schicksal der Goten östlich und westlich des Dnjestr, aus dem eindeutig hervorgeht, daß alle anderen bis hinauf zu dem klugen und vorsichtigen Athanarich ebenso machtlos waren wie der alte und viel-

leicht an einer Wunde dahinsiechende Ermanarich; die Hunnen waren nicht nur zu zahlreich, sie waren vor allem viel zu schnell und ließen den Germanen niemals Zeit, sich in der gewohnten Weise auf eine Schlacht vorzubereiten:
»Nach dem Tod des Ermenrichus wurde Vithimiris zum König (der Ostgoten) gewählt, der im Vertrauen auf andere, von ihm in Sold genommene Hunnen (!) sich eine Zeitlang gegen die Alanen behauptete. Doch mußte auch er schließlich zahlreiche Niederlagen hinnehmen und fand durch die Übermacht der (hunnischen) Waffen den Schlachtentod. Die Regentschaft für seinen noch kleinen Sohn Videricus übernahmen und führten Alatheus und Saphrax, erprobte und durch ihren festen Sinn bekannte Heerführer« (Buch 31).
Demnach scheint Ermanarich trotz verschiedener Ehen ohne einen eindeutig berufenen und anerkannten Nachfolger gestorben zu sein, denn Vithimiris wurde *gewählt*, während nach dem Tod des Vithimiris dessen Sohn als Nachfolger feststand, obwohl er noch minderjährig war.
»Die Kürze der Zeit vereitelte jedoch alle Versuche der Goten, dem Kampf eine Wendung zu geben; sie mußten der Hoffnung auf erfolgreichen Widerstand gegen die Hunnen entsagen und sich vorsichtig absetzen. Dabei kamen sie an den Dnjestr, der sich zwischen Dnjepr und Donau durch weitgedehnte Ebenen dahinzieht (also an die Grenze zu den Westgoten). Sowie der Therwingen-(= Westgoten-)Herrscher Athanaricus von diesen unerwarteten Vorgängen vernahm, suchte er festen Fuß zu fassen, um sich auf seine Kräfte zu stützen, sobald die Hunnen sein Gebiet erreichen sollten. Schließlich ließ er in der Nähe der Dnjestr-Ufer, ziemlich weit vom Greuthungen-(= Ostgoten-)Wall entfernt, an einer passenden Stelle ein Lager aufschlagen und schickte den Munderichus, den späteren Befehlshaber der arabischen Grenzmark, zusammen mit Lagarimanus und anderen Edlen zwanzig Meilen voraus, um den Anmarsch der Feinde zu erkunden, während er in aller Umsicht Vorbereitungen für die Schlacht traf.
Doch die Sache endete ganz anders als erwartet: Die Hunnen

nämlich, scharfsinnig wie sie sind in ihren Vermutungen, nahmen an, daß in größerer Entfernung ein Heer stehen müsse. Sie umgingen diese Truppen, nachdem ihre Späher sie gesichtet hatten, überschritten, als der Mond das nächtliche Dunkel lichtete, den Fluß (Dnjestr) auf einer Furt und trafen nun ihre Wahl über die beste Art des weiteren Vorgehens. Aus Sorge, eine vorauseilende Nachricht möchte die entfernt stehenden Gegner warnen, warfen sie sich in blitzschnellem Ansturm unmittelbar auf Athanaricus.«

Das war, wie wir aus der Schilderung des kundigen römischen Offiziers sehen, eine Art der Kriegführung, die den Germanen unbekannt sein mußte, die allem widersprach, was sie bis dahin erlebt hatten und was sie für ehrenhaft hielten. Aber der Krieg war eben der Ernstfall, da durfte man nicht vornehme Römer als Späher einsetzen und Fluß-Furten unbewacht lassen. Athanarich wurde geschlagen, gab aber nicht auf: Er ging in die Berge und baute sogar eine Hunnenmauer in den Karpaten, ein Beispiel besonderer Standfestigkeit. Erst als es an Lebensmitteln zu fehlen begann, wich der größte Teil der Westgoten über die Donau nach Süden, weil sie sich durch diesen großen Strom und auf römischem Gebiet vor den Hunnen einigermaßen sicher fühlten. Athanarich blieb in seinen Bergfestungen, bis auch die letzten Goten von ihm abfielen, so daß er sich ins Exil nach Konstantinopel begeben mußte. Daß der unbeugsame Mann dort nicht leben konnte wie andere Germanenfürsten vor ihm, rundet das Bild dieser einzigartigen Kämpferpersönlichkeit ab.

Für die Goten aber, die Ostrogoten wie die Visigoten, ging mit dem Hunnensturm und dem Tod ihrer größten Könige die Ära der ersten Reichsbildung abrupt zu Ende. Wandernd und Schutz suchend lebten die Westgoten das nächste Halbjahrhundert im Abhängigkeitsverhältnis zu Rom; an der Seite der Hunnen raubend und kämpfend wurden die Ostgoten Vasallen Attilas und Gegner ihrer Brüder. Ein dunkles Halbjahrhundert der Gotengeschichte hatte damit begonnen; es ist jene Zeit, in der Geschichte nicht von den Goten gemacht wird, sondern mit ihnen und meist gegen sie . . .

II. SUCHE

Das Imperium Romanum liquidierte mangels Technik.
Als es zum Großstaat geworden war,
und ein so weitläufiger Verband die Lösung
gewisser materieller Probleme erheischte,
die nur die Technik finden konnte,
begannen Abstieg und Verfall der antiken Welt.

JOSÉ ORTEGA Y GASSET

Hat man schon einige Bücher geschrieben, so entwickelt man ein gewisses Vorgefühl hinsichtlich kommender Arbeiten. Das kann trügen, es kann sich danach herausstellen, daß man an ganz anderen Themen oder Fakten oder Personen hängenbleibt und besonderes Interesse nimmt, als sich noch bei den Vorstudien vermuten ließ. Aber daß ich eines Tages ein Gotenbuch schreiben würde, um von Ulfila sprechen zu können, das stand für mich eigentlich schon fest, als mir Professor Dr. Dietrich von Kralik das sogenannte Alte Fach der Germanistik noch recht sauer werden ließ und Braunes *Gotische Grammatik* so viele Geheimnisse für mich barg wie die Kabbala.

Und so ist es denn auch heute, fünfunddreißig Jahre nach jener glücklichen Lehrzeit, mehr der Mensch Ulfila, der mich anzieht und der uns etwas zu sagen hat, als das inzwischen vollends esoterisch gewordene Wunderwerk seiner Bibelübersetzung, dieser Übertragung des Buches der Bücher in eine Barbarensprache, der dennoch kein Geringerer als Jakob Grimm bescheinigen konnte: »Die Übersetzung ist gelehrt und treu, aber mit Rücksicht auf die Eigentümlichkeit des Gothischen, wie sich leicht beweisen läßt; sie weiß feinere Beziehungen des Urtextes zu unterscheiden und glücklich zu bezeichnen; selbst abstracte Sätze fügen sich ohne Zwang in die gothische Rede.«

Die wenigen Zeilen Grimms lassen erkennen, daß es bei dieser Übertragung um wesentlich mehr ging als etwa um den deutschen Balzac oder auch den französischen Faust, denn westlich und östlich des Rheins lebten, als diese großen Kunstwerke von der einen Sprache in die andere transponiert werden mußten, Menschen einer gleichstufigen Kultur, Menschen mit einem gleichrangigen Wortschatz und mit einem etwa gleichermaßen ausgebauten Weltbild. Ulfila aber war in der Lage eines Robinson, der sich nicht nur ein Schiff bauen muß, sondern auch die Axt dazu schaffen, die Bohlen,

die Taue und die Bäume für den Mast: alles war zu tun, angefangen von der Verquickung der Runen mit dem griechischen Alphabet zu einer neuen gotischen Schrift, angefangen von der Streichung jener Stücke, die dem kriegerischen Sinn der Goten etwa gefährlich, weil allzu anregend werden könnten (weswegen die Großtaten Israels aus dem Buch der Könige unübersetzt blieben). Und nach diesen technischen Problemen stellte sich dann, Zeile für Zeile, die eigentliche Aufgabe, Dichtungen und Chroniken eines uralten Kulturvolkes aus der satten und alten Welt des Ostmittelmeerraums, aus der Zone der ältesten Menschheitskulturen umzugießen in Worte, Begriffe und Sätze, die einem Volk der Viehzüchter und Bauern, der Krieger, Seefahrer und Räuber nicht nur verständlich sein sollten, sondern als die eigentliche Wahrheit erscheinen mußten, als das große Neue, als das Buch der neuen Wirklichkeit nach dem Verklingen der teutonischen Sagen und Gesänge.
Georg Waitz, der aus Flensburg stammende bedeutende Historiker, dem wir die wesentlichen Aufhellungen in Ulfilas Lebenslauf verdanken, stellt in seinem Buch über den Gotenbischof fest, daß Ulfila dreißig Jahre Zeit zu seiner Arbeit gehabt habe und auch die nötige Ausdauer, wobei er mit anklingen läßt: mehr habe es wohl nicht gebraucht. Aber es brauchte sehr viel mehr, und darum habe ich mit der Bibelübersetzung begonnen und nicht mit dem Leben des Ulfila, denn wenn in seinem Leben auch sehr vieles noch dunkel ist, so besteht das größte Rätsel seiner Existenz doch zweifellos darin, wie es einem Mann des vierten Jahrhunderts, inmitten von Kriegen, Religionskämpfen und Flüchtlingsnot, bedroht von Christenverfolgungen und hunnischen Reitern, überhaupt gelingen konnte, jenes Wunder zu vollbringen, das uns der *Codex argenteus* größtenteils bewahrt hat. Er ruht jetzt in der Universitätsbibliothek von Uppsala, dieser einzigartige, in Silber- und Goldschrift auf purpurrotem Pergament niedergelegte Bibeltext, die Gotenbibel des Ulfila. Im sechsten Jahrhundert in Norditalien niedergeschrieben, ist das kostbare Werk heute wieder in die Gotenheimat zurück-

gekehrt, ein Prunk- und Schaustück, denn jene, die es lesen können, zählen nur noch nach einigen Hunderten. Und doch ist diese Übersetzung der bedeutendste Brückenschlag zwischen mittelmeerischem und germanischem Weltverständnis, den es je gegeben hat, ein Brückenbau aus Worten und Begriffen aus dem semitischen und griechischen Kulturerbe des Ostmittelmeerraums hinüber in jenes germanisch-sarmatische Steppenreich, in dem die neuen Herren Europas sich zum großen Völkersturm anschickten.

Darum kann ich meinen Lesern eine kleine Probe nicht ersparen, ein Pröbchen nur und überdies vom Allzubekannten (die neuhochdeutsche Version ist die einer modernisierten Lutherbibel):

Jah sunsaiw in maurgin garuni taujandans thai auhumistans gudjans mith thaim sinistam jah bokarjam, jah alla so gafaurds gabindandans Iesu brahtedun ina et Peilatau. Jah frah ina Peilatus: Thu is thiudans Iudaie?

»Und alsbald in der Frühe hielten die Hohepriester einen Rat mit den Ältesten und Schriftgelehrten, dazu der ganze Hohe Rat, und banden Jesus und führten ihn hinweg und überantworteten ihn dem Pilatus. Und Pilatus fragte ihn: Bist du der König der Juden?«

Bei entsprechend inniger Versenkung könnte uns der Vergleich des gotischen und des griechischen Neuen Testaments, aber auch der gotischen und der jüdischen Bibelgehalte und Deutungen sehr viel über die Goten sagen, müßte man nicht annehmen, daß dieser Wundermann Ulfila, der mindestens drei Sprachen vollkommen beherrschte und zu den zwei Schriften der Antike eine dritte hinzuerfunden hatte, trotz allem doch nicht mit den Goten gleichzusetzen ist, unter denen er lebte. Und damit sind wir bei dem, worauf es so sehr ankäme und von dem wir so wenig wissen: bei dem Leben des Ulfila, dem wir so gut wie alles verdanken, was wir von der gotischen Sprache wissen und in Zeugnissen besitzen; neben der Bibelübersetzung hat sich aus dem ganzen gotischen Bereich an schriftlichen Zeugnissen nämlich nicht mehr erhalten als fünf kurze Bestätigungsformeln mit Unterschriften, ein Alphabet und unbedeutende Bruchstücke einer Heiligenvita . . .

Das Leben des Gotenbischofs und Bibelübersetzers ist so unzureichend bekannt, daß sich noch kein Biograph daran gewagt hat, die großen Lücken spekulativ zu füllen; verwunderlicher noch ist, daß auch kein Romancier diesen einzigartigen Germanenstoff aufgriff, der die seltene Gelegenheit bietet, einen Nichtkrieger und Mann von großer Bildung mitten in dem gewaltigen Geschehen des vierten Jahrhunderts zu schildern, zur Zeit des Christenkaisers Konstantin, zur Zeit seines Häretiker-Sohnes Konstantius, zur Zeit der Hunnen und der beiden letzten großen Gotenfürsten der Frühzeit, des Athanarich und des Ermanarich.

Es wäre schön, könnte man sagen, dieser Ulfila war ein junger Gote, den die Begegnung mit der alten Mittelmeerkultur geweckt, entzündet und zu einer Leuchte des Geistes hatte werden lassen. Aber es ist nicht so, oder doch nicht ganz. Er ist, wie so viele Hoch- und Höchstbegabungen der Menschheit, das Ergebnis einer glücklichen Mischung, das gute Ende böser Zeiten, denn es waren die großen Gotenraubzüge zwischen 258 und 267, in denen ein Großelternpaar des Ulfila aus Kappadokien weggeführt und als Sklaven zu den Goten gebracht wurde. Einer der emsigen Kirchenhistoriker, die in diesen Jahrhunderten der Fermentierung unserer Religion am Werk waren, will sogar den Ort kennen, aus dem das Paar stammte: Sadagolthina unweit der Stadt Parnassus, auf modernen Karten also die Landschaft im Herzen Anatoliens, die sich östlich des Tus-Gölu-Sees ausbreitet, die Berge zwischen diesem See und dem Fluß, der heute Kisil Irmak heißt.

Ulfilas Großeltern waren Christen griechischer Sprache und Bildung, denn der Türkensturm nach Anatolien erfolgte ja erst mehr als tausend Jahre später, und sie waren keineswegs die einzigen Christen, die von den Goten weggeführt wurden. Sehr viele Christen und unter ihnen nicht wenige Priester und Lehrer traten damals unfreiwillig den Weg nach Norden, in die Gotengebiete zwischen der Krim und der Do-

nau an, und verbreiteten, obwohl versklavt, nach und nach auch unter den Goten die Kenntnis des Christentums.
Das Elternpaar des Ulfila ist uns nicht näher bekannt, doch soll der Vater Gote gewesen sein, die Mutter Kappadokierin, was auch logisch ist. Ein Gote konnte ein Sklavenmädchen, dessen fremdartiger Reiz ihn anzog, dessen Bildung und feine Sitten ihm gefielen, ohne weiteres aus ihrem gesellschaftlichen Getto befreien und ihren Status verbessern; umgekehrt hätte ein junger Sklave, selbst wenn er aus einer gebildeten Familie Kappadokiens stammte, keine nennenswerte Chance gehabt, seine Lage durch eine Heirat mit einer jungen Gotin zu verbessern.
Jedenfalls hatten die Zugewanderten oder vielmehr Verschleppten bereits sechzig Jahre unter Goten zugebracht, als Ulfila geboren wurde, und wenn er auch in allem unterrichtet wurde, was er in Kappadokien gelernt hätte, so war es darüber hinaus doch eine gotische Erziehung, eine Erziehung zum Goten, die ihm zuteil wurde, und darin besteht die besondere Gunst dieses Schicksals.

In diesen sechzig Jahren hatte sich für das junge Christentum so manches geändert. Der Lehre, die noch in Kappadokien die eine und einzige gewesen war, hatte sich Arius entgegengestellt, ein Presbyter aus Alexandria, der großen ägyptisch-griechischen Hafenstadt, in der die Wogen philosophischer und dogmatischer Diskussionen besonders hoch gingen, ja in der selbst Frauen in den Denkerstreit eingriffen und in einem Fall sogar mit dem Leben dafür bezahlten, wie die schöne Hypatia, der ein aufgehetzter Pöbel das Fleisch mit Muschelschalen von den Knochen riß.
Arius wurde die Ursache oder doch der Urheber des ersten großen Streites im Christentum, als er die Lehre verkündete, Jesus Christus könne nicht wesensgleich mit Gottvater sein, weil dies der in sich geschlossenen Vollkommenheit Gottes Abbruch tue; Christus als ein Geschöpf von größter Reinheit und göttlichem Wesen erhielt demnach eine Mittelstellung zwischen Gott und den Menschen.

Diese Lehre begann sich um 320 zu verbreiten; war Ulfila 311 geboren worden, so hatte er als Knabe erstmals davon erfahren, kam er erst 318 zur Welt (die zweite Möglichkeit, wenn man als Todesjahr 388 annimmt), so wuchs er, ohne eine andere Form des Christentums je kennengelernt zu haben, in den Arianismus hinein. Denn vor allem die Germanenstämme auf dem Balkan und in Osteuropa hatten die aufgespaltene Dreieinigkeit ihrem eigenen alten Vielgötterglauben als verwandter empfunden und es auch als schwierig angesehen, eine dreieinige Gottheit zu begreifen, die in ihrem Wesen Vater, Sohn und Heiligen Geist vereinigte. Vor allem aber begriffen die an einen wohlbesetzten Götterhimmel gewöhnten Germanen die Notwendigkeit dieser Konzentration in ein einziges Allerhöchstes Wesen nicht und fühlten sich von dem zwischen Gott und den Menschen stehenden Sohn und seinem Erdenschicksal, wie es die Evangelien lehrten, persönlicher berührt und stärker angezogen.
Der *Arianische Streit,* wie ihn die Kirchengeschichte nennt, war im Grunde eine Auseinandersetzung zwischen der zur Abstraktion und Spekulation neigenden hochgeistigen Frömmigkeit der griechischen Kirchenlehrer und dem schlichteren Sinn der Praktiker, die nicht in den großen Zentren tätig waren, sondern die Weiten des Römerreichs missionierten. Römisches wie germanisches Heidentum waren ungleich sinnlicher und leichter zu fassen als die Lehrgebäude, wie sie von den besten Köpfen des Abendlandes in Antiochia oder Alexandria errichtet worden waren. Darum hielt sich der Arianismus trotz wiederholter Verdammungen auf den Konzilen gerade bei den Germanen und im besonderen bei ihren intelligentesten Stämmen, den Goten, mit außerordentlicher Zähigkeit über die Spätantike hinaus bis ins frühe Mittelalter.
Ulfila hatte, obwohl er in seiner Person eine Vereinigung griechischen und gotischen Wesens darstellt, unter diesem Konflikt nie gelitten. Angesichts der ungeheuren Tatsachenprobleme, die ihn umgaben, der Gotenmission, der Verhandlungen mit Konstantinopel, der Bibelübersetzung und

16 *Brüstungsplatte des Presbyteriums in Sant' Apollinare Nuovo, Ravenna. 1. Viertel des 6. Jh. Die Kirche wurde unter König Theoderich erbaut.*

17 *Bronzene Fibeln und Bronzeschnalle (ostgotisch) aus einem Grab in der Romagna, Italien, 6. Jh. n. Chr. (German. Nationalmuseum, Nürnberg).*

18 *Adlerfibel, in Cloisonné-Technik verziert, und weitere Schmuckstücke aus dem großen Schatzfund von Domagnano, San Marino, um 500 n. Chr. (German. Nationalmuseum, Nürnberg).*

19 *Säulen und Marmorkanzel in der Anastasis Gothorum, der Kathedrale der Arianer, erbaut unter König Theoderich Ende des 5. Jh.*

der Rettung der Goten vor den Hunnen, mußte ihm die Diskussion um die Definition der höchsten göttlichen Instanzen nicht gerade als überflüssig erscheinen, aber doch als eine Sache, mit der sich andere beschäftigen sollten, die weniger zu tun hätten. In diesem Sinne hat er sich jedenfalls gelegentlich geäußert, und seinen Goten hatte er von vornherein deutlich gesagt, daß sie sich um Spitzfindigkeiten dieser Art überhaupt nicht zu kümmern brauchten: ob man ein guter Mensch und ein guter Christ sei, das habe mit der Frage arianisch oder nicht arianisch am allerwenigsten zu tun.

Da als die Entführer von Ulfilas Großeltern meist Krimgoten angenommen werden, ist bis heute ungeklärt, wie er selbst im Westgotengebiet nördlich der Donau geboren werden konnte.

Dennoch gilt dies als gesichert. »Am weitesten gegen Südosten vorgerückt waren die Therwingen in Verbindung mit den Thaifalen. Unter ihnen ohne Zweifel hat Ulfila gelebt.« (Waitz) Einwandfrei, und zwar von verschiedenen antiken Autoren bestätigt, ist auch die Tatsache, daß der junge Ulfila wegen seiner Bildung und Sprachkenntnisse im diplomatischen Dienst der (West-)Goten Verwendung fand und am Hof in Konstantinopel Verbindung mit Autoritäten der Kirche aufnahm. Bei diesen handelte es sich überwiegend oder ausschließlich um Arianer, wobei der bedeutendste Kirchenlehrer, den Ulfila damals kennenlernte, eine gemäßigte, also versöhnlich-arianische Position einnahm: Das war Eusebius von Nikomedia, ein Verwandter und Erzieher Kaiser Julians, der im Jahr 337 Kaiser Konstantin getauft hatte.

Im Kreis dieser Männer trat Ulfila zunächst als Lektor auf, wurde aber schon in seinem dreißigsten Lebensjahr zum Bischof der Goten geweiht. Als das im Jahr 348 geschah, war Kaiser Konstantin bereits tot, und Kaiser Konstantius, sein arianisch eingestellter Sohn, übte in diesem Teil des Römerreiches die Macht aus.

Diese in Ulfilas Leben zweifellos tief einschneidende Ernennung oder Betrauung wird bis heute diskutiert, hat jedoch nicht viel Überraschendes, kennt die Kirchengeschichte doch auch Bischöfe von Grönland, ja von Vinland (!), und Oberhirten, die ihre Diözese niemals betraten, weil es sich in Rom eben besser leben ließ. Die frühen Jahrhunderte des europäischen Christentums sind sehr reich an Bistümern und an Bischöfen, und diese ersten Bischöfe sind als gefährdete Missionare in vielen Fällen heiliggesprochen worden. Auf diese Weise haben zahlreiche italienische oder französische Städte ihre Stadtheiligen, Männer verdienstlichen Wirkens und nicht selten sogar Märtyrer, von denen die Welt dennoch nichts weiß, weil sie eben, wenn auch mit großer Treue, nur an einem einzigen Punkt der christlichen Welt immer noch gefeiert werden. Warum also sollten die in Konstantinopel versammelten geistlichen Herren die Gelegenheit vorübergehen lassen, einen jungen, gebildeten und offensichtlich tatkräftigen Goten für solch ein entsagungsvolles Amt zu gewinnen? Gewiß gab es nicht allzu viele Bewerber um diese Diözese, gewiß auch hätte kein Grieche oder Syrer Chancen gehabt, sich bei den Goten durchzusetzen und das von Beutesklaven schüchtern verbreitete Christentum zu einer anerkannten Religion zu machen. Ulfila war ein Glücksfall auch für die Kirchenlehrer, die auf diese Weise ihre Pflicht für die Ausbreitung der Lehre tun konnten, ohne einen der Ihren in die von kriegerischen Germanen durchsetzten Karpatenwälder abordnen zu müssen. Nur Eusebius von Nikomedia kann die Ordination des Ulfila nicht mehr selbst vorgenommen haben, denn er starb in den vierziger Jahren des Jahrhunderts, vermutlich vor 348.

Vor Ulfila hatte es keine nennenswerte Gotenmission gegeben; wer unter den Goten Christ geworden war, verdankte dies dem Einfluß christlicher Sklaven oder Freigelassener, die nach den Raubzügen des dritten Jahrhunderts oder als Kriegsgefangene aus den Römerkriegen bei den Goten lebten. Die arianische Mission jedenfalls war die erste, die einigen Erfolg hatte und das Christentum unter den Goten so weit festigte, daß es für die noch heidnischen Fürsten ein Stein des Anstoßes werden konnte oder mußte. Will man auch nicht so weit gehen zu sagen: Die Tätigkeit des Ulfila war es, die Athanarich alarmierte und damit die großen Christenverfolgungen der fünfziger Jahre dieses Jahrhunderts nach sich zog, so sind Zusammenhänge doch wohl anzunehmen. Denn es muß einem energischen und offensichtlich auch gebildeten Fürsten wie Athanarich ein Signal geben, wenn nicht mehr Sklaven und Gefangene verstohlen und unter Nachbarn für ihre Religion werben, sondern wenn Goten angesehener Herkunft und in herausragender Position für diese neue Religion eintreten, die letztlich doch als eine Religion, als die Weltanschauung des Gegners anzusehen war.

Die Christenverfolgung des Athanarich machte keinen Unterschied zwischen den ersten katholischen Christen und den in den letzten Jahren dazugekommenen Arianern. Es ist also nicht so, daß die Gotenfürsten die Katholiken tolerierten und nur gegen die Arianer auftraten: Das Christentum war vor dem Beginn der arianischen Mission unter Ulfila und anderen nur eben noch nicht sichtbar, nicht wichtig genug gewesen und hatte darum auch keine Gegenmaßnahmen erfordert.

Die Maßnahmen des Athanarich kennen wir nur aus dem, was die christlichen Chronisten darüber sagen, also aus einer Reihe parteiischer Quellen und aus den Heiligenviten, denn bei dieser Gelegenheit kamen die Goten zu ihren ersten Märtyrern, und deren Lebensbeschreibungen gehören ja fortan zum unverlierbaren Schatz christlicher Überlieferung. Sie sind aber zum guten Teil auch eine einzigartige historische Quelle, und viele Einzelheiten aus dem Leben jener Völker und Epochen haben sich nirgends getreuer erhalten als eben in diesen Heiligenviten.

Von etwa einem halben Hundert namentlich bekannter gotischer Märtyrer aus den Christenverfolgungen des Athanarich ist der heilige Sabas, dessen Gedenken am 12. April begangen wird, in den Genuß einer besonders eingehenden Darstellung seines Lebens gekommen, die einige für uns interessante und anderswo nicht überlieferte Tatsachen enthält. Sie ist in Stadlers unschätzbarem *Vollständigen Heili-*

gen-Lexikon bequem zugänglich, da dieses Werk trotz seines großen Umfangs heute als Reprint wieder lieferbar ist.
Danach war Sabas Gote und von Kindheit an Christ, wenngleich der Umstand, daß seine Gebeine später nach Kappadokien geschafft wurden, vermuten läßt, daß seine Vorfahren ähnliche Schicksale erlebten wie die des Ulfila. Das würde die Bemerkung der Vita erklären, daß Sabas von Kind auf Christ war. Er wurde Kantor, was auf ein gewisses christliches Gemeindeleben schließen läßt, und in jungen Jahren ein erstes Mal wegen seines Christentums gefangengenommen. Ein gotischer Offizier stellte jedoch fest, ein so armer Mensch, der lediglich besitze, was er auf dem Leib trage, sei ungefährlich (!), und man ließ ihn wieder laufen.
Zu Ostern 372 aber wurde von hochgestellten Goten, ja Mitgliedern des Königshauses, das Haus des Priesters Sansala überfallen, in dem auch der Kantor Sabas sich aufhielt. Er war bekannt, weil er sich über heidnische Opfer und Opfermahlzeiten abfällig geäußert hatte. Darüber hinaus scheint Sabas das Schicksal geradezu herausgefordert zu haben, denn bei Stadler lesen wir:
»Als die Hauptleute der Gothen zuerst anfingen, gegen die Christen einzuschreiten, und sie zwangen, Götzenfleisch zu essen, schienen einige Heiden Mitleid mit den Verfolgten zu haben und gaben ihnen statt des wirklich den Götzen geweihten Fleisches anderes als solches, um die Verfolger zu täuschen und die Christen zu retten. Der heilige Sabas aber widersprach laut und erklärte, daß auch wer von diesem untergeschobenen Fleisch esse kein Christ sei. Niemand solle schwach werden im offenen Bekenntnisse, sonst werde er in des Teufels Stricke fallen.«
Die Stelle ist interessant, weil sie uns in der Person des Sabas einen rücksichtslosen Eiferer vorstellt, der durch sein Verlangen nach dem Martyrium sogar die heimlichen Helfer der Christen gefährdet. Und sie sagt uns auch, daß rund um die als Christen bekannten Personen bereits ein gewiß nicht kleiner Kreis von Sympathisanten bestand.
»Der Priester Sansala wurde auf einem Wagen als Gefange-

ner fortgeführt, während der heilige Sabas nackt aus dem Bette gerissen, über Dornen geschleift und mit Knütteln und Geißeln mißhandelt wurde, ohne daß an seinem Leib eine Spur hiervon zurückblieb. Nach Tagesanbruch legte man eine Wagenachse um seinen Hals, band an die Enden derselben seine Hände und Füße und verstärkte diese Folter durch allerlei Muthwillen. Eine mitleidige Frau erbarmte sich seiner und machte ihn los (!). Gleichwohl entfloh er nicht und geriet aufs neue in Gefangenschaft. Auf Befehl des Atharidus wurde er mit rückwärts gebundenen Händen an einem Balken des Hauses aufgehängt. Ein mitten in seine Brust abgeschossener Pfeil verletzte ihn nicht. Da verurtheilte ihn Atharidus zur Ertränkung. Auf dem Weg zum Fluß betete Sabas unaufhörlich. Die Schergen wollten ihn freilassen (!), aber er ließ es nicht geschehen. Warum wollt ihr nicht thun, sprach er, was euch befohlen ist? Ich sehe, was ihr nicht sehen könnt: schon stehen sie am anderen Ufer, um mich aufzunehmen in ihre Herrlichkeit.
Bis zum letzten Atemzuge dankte er Gott. Sie stürzten ihn in den Fluß und hielten ihn unter dem Wasser an einem Holze, das sie ihm an den Hals gebunden hatten. So verherrlichte er, wie die Acten sagen, in seinem Tode Wasser und Holz, die Symbole des Heiles. Er war achtunddreißig Jahre alt. Die Schergen zogen die Leiche aus dem Wasser und ließen sie liegen. Die Christen bestatteten sie. Soranus (Iossoranus), Befehlshaber im römischen Skythien (d. h. in der heutigen Dobrudscha), sandte die Reliquien des heiligen Märtyrers auf Bitten seines Verwandten, des heiligen Basilius, nach Kappadokien.«
Unerbetene Hilfe durch eine Frau, ja sogar durch die Schergen, Rettung der Gebeine durch den Statthalter – das Christentum mußte also schon weit fortgeschritten sein in diesem Teil Europas, und vielleicht war überhaupt nur noch die gotische Oberschicht, die Umgebung Athanarichs selbst völlig und kompromißlos feindlich gegen die neue Lehre eingestellt. Von Atharidus, der die Verfolgung gegen Sabas und Sansala leitete, lesen wir am Beginn der Vita, daß er der

Sohn des Gotenfürsten Rhotestrus gewesen sei; der gleiche Name wird auch im Zusammenhang mit Athanarich, dem König und Iudex, genannt, so daß die Vermutung gestattet ist, die beiden seien zumindest Halbbrüder gewesen.

Athanarich, der wohl die treibende Kraft dieser Verfolgungen war, auch wenn gelegentlich ein naher Verwandter sie durchführte, nannte sich gewiß nicht wegen der Christenverurteilung Judex, also Richter. Ja wenn ich *Thiudans,* das gotische Wort für König, mir ausgesprochen denke, dann möchte ich es für möglich halten, daß es römischen Ohren verwandt zu *iudex* klang und daß sie es in einem reinen Mißverständnis mit Richter übersetzten. Athanarich hätte dann nicht etwa die Bezeichnung König von sich gewiesen, sondern lediglich ihre römische Form *rex,* gegen die er die gotische setzte.

Die erste große Stunde im Leben des Ulfila war zweifellos seine Bestellung zum Bischof und die Übertragung der obersten Aufsicht über die Mission bei seinem Gotenstamm; damals war er jung, und die Größe dessen, was man von ihm erwartete, mochte ihn befangen gemacht haben und vielleicht sogar ein wenig verwirrt. Ein Vierteljahrhundert später gerieten die Menschen, denen er als Oberhirte ein Führer durch das Leben und die Schwierigkeiten der Zeit sein sollte, eben durch das Christentum, das er ihnen gebracht hatte, in die große Not der Christenverfolgung.

Leiten wir aus der eben nacherzählten Heiligengeschichte ab, daß diese Verfolgungen zwischen 370 und 372 stattfanden, dann muß die Auswanderung Ulfilas mit seinem Stamm oder den Christen des Stammes wohl an das Ende dieses Zeitraums gerückt werden. In einer kleinen, mit wertvollen biographischen Einzelheiten ausgestatteten Schrift des Auxentius wird gesagt, Ulfila seien die *Goti minores* gefolgt, also ein offenbar volkreicher, aber nicht sehr schlagkräftiger Stamm, der nicht viel zu verlieren hatte und dankbar die zugewiesenen Siedelgebiete am Fuß des Hämus-Gebirges annahm, Täler im Grenzraum der heutigen Staaten Rumänien und Bulgarien. Andere Quellen, die dieses Ereignis, die Auswanderung eines ganzen Volkes, in frühere Zeiten, nämlich in die fünfziger Jahre des Jahrhunderts verlegen, stehen in einem gewissen Widerspruch zu den vielfachen und genau datierten Märtyrerviten aus den Verfolgungsjahren, denn wenn der große Exodus der Christen schon um 355 erfolgte, als Athanarich eben erst an die Macht gekommen war, warum sollte dieser Herrscher dann 370/72 noch einmal zuschlagen?

Wirkliche Klarheit zu gewinnen ist sehr schwierig, denn in jenem vierten Jahrhundert war gerade der Balkan in ständiger Unruhe, und es bedurfte keineswegs des Hunnensturms, um kleinere Wanderungen und Verschiebungen auszulösen. Ost- und Westgoten, Carpen, Taifalen und andere Völker schoben sich neben- und gegeneinander, und die Durchlässigkeit der Römergrenzen war unter Konstantin dem Großen zweifellos geringer als vorher, so daß der Druck auf die Wandervölker sich nicht in der gewohnten Weise nach Süden entlasten konnte.

Als der große Kaiser längst tot war, kam dann jener gewaltige Sturm aus dem Osten, der die Ostgoten auf die Westgoten warf und Athanarich zwang, seine Goten in ein Reduit inmitten des Balkanbogens zu führen. Damals, 375/76, ist es ganz zweifellos zu besonders starkem Gotendruck auf die Römergrenze gekommen, denn die Donau nach Süden zu überschreiten und sich in den Schutz römischer Waffen zu begeben, war angesichts der überraschend schnellen Siege der Hunnen die einzige Chance, die Substanz der gotischen Stämme zu retten.

Es scheint, daß die Römer die Lage insofern zu ihren Gunsten ausnützten, als sie erstens versuchten, die flüchtenden Goten in ihr eigenes Verteidigungssystem einzugliedern, was entschuldbar, ja eigentlich selbstverständlich genannt werden muß. Die Hunnen, die 375 die Goten überrannten, mußten früher oder später ja auch eine Gefahr für Rom werden. Zweitens aber verlangten die Römer offensichtlich, daß die auf die Erlaubnis zur Grenzüberschreitung wartenden Goten ihrem Heidentum entsagten, in dem die Römerkaiser

– ob mit Recht oder mit Unrecht – einen Hauptgrund für die kriegerische Grundhaltung der Germanenvölker sahen. Auch das war letztlich zu begreifen. Das Christentum war nun Staatsreligion im Römerreich, aber die heidnischen Zeiten lagen noch nicht so weit zurück, daß man das Heidentum als völlig ausgelöscht und gefahrlos überwunden bezeichnen konnte. Die Eingliederung großer heidnischer Verbände in die römische Abwehrfront an der Donau hätte zweifellos Risiken in sich geborgen.
So kam es denn zu einem wunderlichen und beinahe grotesken Vorgang, von dem uns griechische Schriftsteller wie Eunapius von Sardes zwar berichtet haben, den uns aber leider kein Teilnehmer oder Augenzeuge schilderte: Um zu beweisen, daß sie Christen seien und damit die rettende Grenze passieren dürften, befleißigten sich die offensichtlich heidnischen Gotenverbände einer rein äußerlichen Nachahmung dessen, was sie bei den gotischen Christen gesehen hatten, oder benahmen sich ganz einfach so, wie sie meinten, daß Christen sich (zum Unterschied von heidnischen Goten) benehmen müßten. Auch Ulfila-Spezialisten wie W. Bessell nehmen an, daß dieses An-den-Tag-Legen christlicher Bräuche aus rein politischen Gründen erfolgte und die Römer täuschen sollte; die überzeugten Christen unter den Goten dieser Weltgegend hatten offensichtlich schon während der Christenverfolgung die Donau überschritten.
Der Sophist Eunapios, ein glühender Verehrer Kaiser Julians, ist zwar als Christenfeind in allen religiösen Fragen nicht ohne weiteres glaubwürdig, aber sein leider verlorenes, von Dexippos und Ammianus Marcellinus benütztes vierzehnbändiges Geschichtswerk ist eben durch die Autorität dieser beiden Schriftsteller doch als eine schätzenswerte Quelle zu bezeichnen. Vor allem aber ist das, was er schreibt, durchaus logisch. Warum sollten die in langen Kämpfen dezimierten und von ihren Niederlagen demoralisierten Goten nach den Entbehrungen der Flucht ins Gebirge und nach einem Karpatenwinter unter Feinddruck im Frühjahr 376 nicht ein wenig Trug anwenden, um in Sicherheit zu gelangen,

und vielleicht zürnten sie ihren alten Göttern tatsächlich, hatte der Christengott seine Getreuen doch rechtzeitig schon einige Jahre vorher nach Süden geführt!

Ulfila soll sich die ersten sieben Jahre seines Bischofsamtes ausschließlich im Gotenland aufgehalten haben; von 360 an aber findet man ihn verhältnismäßig oft auf Reisen nach Konstantinopel, was sich wohl auch daraus erklärt, daß zu jenen Zeiten die Kämpfe um den Arianismus tobten und die Synoden und Konzilien alle kirchlichen Würdenträger zum Reisen nötigten, so schwierig das unter damaligen Verhältnissen auch war. Auf der Synode von 360 unterschrieb Ulfila das Arianische Bekenntnis, setzte aber den kollegialen Verkehr mit den katholischen Bischöfen fort, weswegen man ihn wohl zu der gemäßigten Richtung des Eusebius zählen darf. Diese gemäßigte Haltung war seinen Zeitgenossen offensichtlich bekannt, denn als die Goten – wie oben erwähnt – sich teilten, die Kampfeswilligen bei Athanarich in Siebenbürgen blieben, während die anderen um die Erlaubnis zum Übertritt ins Römerreich ansuchten, da war es der arianische Bischof Eudoxius, der Kaiser Valens riet, diesen Übertritt nur christlichen Goten zu gestatten. Aus dieser Zwangslage, in der vor allem vornehme Goten entrüstet protestierten, befreite Ulfila sein Volk durch eine vielbeachtete Vermittlungsinitiative: Ihm vertrauten die Goten, ihm glaubten sie, daß dem Christentum die Zukunft gehöre und daß sie sich nichts vergaben, wenn sie nun nicht nur in eine neue Heimat, sondern auch in einen neuen Glauben gingen.

Für die Gotengeschichte ist aus diesen Nachrichten zu schließen, daß die Westgoten schon vor den militärischen Niederlagen gegen die Hunnen in mindestens zwei große Gruppen zerfallen sind, deren eine unter Fridigern stand, die andere aber unter Athanarich. Von Athanarich weiß man, daß er die Christen mit unversöhnlichem Haß verfolgte und auch den Gedanken, bei den (nun christlichen) Römern Schutz und Zuflucht zu suchen, weit von sich wies. Er war also wohl ein standhafter Verfechter des alten germanischen

Götterglaubens und jener gotischen Ehrgesetze, unter denen die Stämme seit ihrer Auswanderung standen und die ihnen auch in der Fremde Kraft, Zusammenhalt und Heimatgefühl vermittelten. Diesen Tugenden stand eine vielfach bezeugte unmenschliche Härte gegenüber, mit der Athanarich nicht nur den kämpferischen Kern seines Volkes zusammenhielt, sondern auch gegen die Christen vorging: »Ein Götzenbild, auf einen Wagen gestellt, wurde zu den Zelten der christlich gewordenen Goten herumgeführt, damit sie ihm opferten und es anbeteten. Geschah das nicht, so wurde das Zelt mit den Bewohnern verbrannt. Viele Männer und Frauen, jene die Kinder an der Hand, diese die Säuglinge an der Brust, flohen zu einem Zelt, das als Kirche diente, und wurden dort alle von den Flammen verzehrt.« (Waitz nach Sozomenus)
Es gab also Unruhe genug bei den Goten und ebenso viele Gründe, nach der offensichtlichen Auflösung des eigenen, (west)gotischen Reiches sich einem festen Staatsverband zuzuwenden, der Schutz bieten konnte. Der Vorgang ist schwer zu überblicken, denn wir haben es mit einer Art Abbröckeln zu tun, und vielleicht wären auch die Abwanderungen aus religiösen Gründen in einem gut funktionierenden und von außen nicht gefährdeten gotischen Staatswesen ausgeblieben. Jedenfalls hört man nichts von christlichen Goten, die aus der Krim kommend nach Byzanz geflohen wären. Der Zerfall beschränkte sich so lange auf das gotische Westreich auf dem Balkan, bis die Hunnen das gotische Ostreich zerschlugen. Dann freilich wurde die Auflösung allgemein, und von 376 an ist es schwierig, zwischen West- und Ostgoten im Donauraum zu unterscheiden. Inzwischen ist auch auf den arianischen Kaiser Valens der Katholik Theodosius gefolgt, und die Arianer werden nach und nach unter immer stärkeren Druck gesetzt.

Eine Kirchenversammlung folgt der anderen, und obwohl diese Ereignisse im allgemeinen getreulich verzeichnet werden, ist es nun die offenbare Ergebnislosigkeit der katholisch-arianischen Verhandlungen, die das eine oder andere dieser erfolglosen Treffen zurücktreten läßt. So haben wir vom Jahr 388, in dem Ulfila eine letzte Reise nach Konstantinopel antrat, nur ungewisse Kunde. »Daß die Kirchenhistoriker dieser Versammlung im Jahr 388 nicht gedenken, muß sich daraus erklären, daß sie eben ohne weiteren Erfolg blieb. Sokrates (und nach ihm Sozomenos) erzählt nur, daß in diesem Jahr, gerade während Theodosius mit dem Krieg gegen Maximus beschäftigt war, die Arianer zu Konstantinopel sich erhoben und Unruhen erregten; was mit dem ihnen versprochenen, aber nicht zustandegekommenen Konzil zusammenhängen kann.« (Waitz)

Nein, Konzilien gibt es nicht mehr für die Arianer, und schon gar nicht für Ulfila, der siebzigjährig noch den beschwerlichen Weg durch den Südostzipfel Europas und über die Dardanellen angetreten hat. Es muß ihn während der ganzen Reise sehr beschäftigt haben, daß sein arianischer Glaube in eine so tiefe Krise geraten war. Nach vielen Jahren, in denen ein zwar nicht sonderlich bedeutender, aber immerhin arianisch gesinnter Kaiser Ulfila und die anderen Bischöfe dieser Glaubensrichtung in ihrer Arbeit bestärkt und geschützt hatte, war das Haupt des römischen Ostreiches nun ein bedeutender Kaiser katholischen Glaubens. Das änderte alles, selbst für einen Mann mit einem weiten Herzen in Glaubensdingen, wie es der Gotenbischof Ulfila stets hatte sein müssen.

Um die Jahresmitte 388 traf Ulfila in Konstantinopel ein. Inzwischen kannten ihn alle, und seine Person wie seine Arbeit genossen allgemeine Verehrung. Arianer wie Katholiken schätzten ihn, und er durfte Konstantinopel als eine Stadt der Freunde ansehen. Aber nach der reinen Luft der Hämus-Berge lebte es sich schwer in den giftigen Sommerdünsten der Hafenstadt, und der alte Mann, der soviel Not und Elend gesehen hatte, fühlte wohl schon, daß dieser letzte Kampf um den Arianismus, der Kampf gegen die gelehrten griechischen Bischöfe mit ihren gewandten Zungen, für ihn zu schwer sein würde.

Im Juni 388 starb Ulfila in Konstantinopel, und nicht nur Arianer, sondern auch Würdenträger der katholischen Kirche folgten seinem Sarg. Sein Testament wurde achtungsvoll von Hand zu Hand weitergereicht, obwohl es ein maßvolles arianisches Glaubensbekenntnis enthielt und alle Lügen strafte, die behaupteten, dieser große Mann sei in seinem Herzen Katholik gewesen und es immer geblieben.

Besitzt man von einem Volk einmal einige Sprachdenkmäler und kann man gar vergleichen, wie sich die Goten die wohlbekannte Welt des Alten und des Neuen Testaments mundgerecht machten, dann braucht es nur noch den Fleiß einiger Dutzend Dissertanten, um herauszufinden, was Ulfila dem Verständnis seiner Landsleute anpaßte, und wir wissen, warum er es tat und tun mußte. Schon lange, ehe man den Computer kannte und für solche Aufgaben einsetzte, wurden Worte gezählt und gewogen, Wortzahlen und Begriffe gegeneinander gesetzt, und so schälte sich aus der rauhen Schale gotischen Bibelverständnisses eine weiche und grüne Frucht heraus: das noch recht anfällige, noch nicht festgefügte Gemeinschaftsdasein der Goten zwischen den Karpaten und Thrakien.

Die Mischung ist ein wenig seltsam und verwirrend, denn Ulfila spricht und schreibt für Nordgermanen, die gleichwohl Oliven, Wein, Feigen und Maulbeeren kennen – Pflanzen, von denen etwa bei Pytheas, der im vierten vorchristlichen Jahrhundert Skandinavien besuchte, noch keineswegs die Rede war. Andererseits gibt es in dieser Germanenbibel zwischen all den verlockenden Südfrüchten nur zwei Getreidesorten, nämlich Gerste und Weizen, und keinen Sesam. Alttestamentarisch mutet an, daß Ulfilas Goten so wie Jakob und seine Sippe in Zelten leben und große Herden halten; der Ackerbau scheint noch keine große Rolle zu spielen, obwohl das Nomadendasein im engen Dacien mit seinen vielen Bergen und Wäldern nicht ganz einfach gewesen sein kann.

Während die Technik noch reichlich archaisch anmutet – die Mahlsteine werden von Eseln im Göppel bewegt, das Dreschen besorgen herumstampfende Ochsen –, gibt es doch schon ein paar Handwerker, unter denen der Schmied wohl die meiste Achtung genießt, aber auch Töpfer und Zimmerleute sind wichtig. Fischer und Metzger deuten auf eine ge-

wisse Arbeitsteilung in der Gemeinschaft hin, in der wohl noch wenige Generationen zuvor jeder fischte, der dazu Gelegenheit hatte, und jeder für sich und die seinen selbst schlachtete. Es mögen also Siedlungen entstanden sein, in denen es einfacher war, Fisch oder Fleisch zu kaufen, als selbst zu angeln oder Reusen zu bauen, Vieh zu halten und das ländliche Leben in den größeren Gemeinwesen fortzusetzen. Das wiederum läßt auf Berufe schließen, die sich nicht mehr selbst versorgten: eine Verwaltungskaste, Krieger, Priester, Lehrer; auch Ärzte gab es bei den Goten.
Wiederum bewegt uns in dieser Aktionspause, ehe wir uns den weiteren Schicksalen der nun getrennten Goten zuwenden, die Frage, wie es denn kam, daß gerade die Goten sich als so bildungsfähig erweisen und so deutlich über ihre Verwandten und Nachbarn hinauswachsen, die Gepiden und Vandalen, die Heruler und viele andere.
Ich vermag keinen Grund zu erkennen, der in der Herkunft liegen könnte; die Burgunder, die angeblich aus Bornholm kamen, die Goten, die Südschweden und vielleicht zum Teil auch Gotland als Heimat hatten, all die anderen Nordgermanen, die mit erstaunlich gleichartigen Schicksalen schoben und geschoben wurden, bis sie endlich in den Umkreis der Mittelmeerkulturen gerieten – wann und wo soll da der eine Stamm sich bessere Bildungsvoraussetzungen, stärkere Aufstiegschancen, schnelleres Auffassungsvermögen verschafft haben? Wann und wie hätte er die anderen überrunden können – an der Weichsel? Dort war von den Pruzzen wohl nur Handwerkliches zu lernen und ein wenig *Know how* im Export. Zwischen Pripjet und Dnjepr? Dort saßen finnisch-ugrische Splitterstämme oder Protoslawen, die vielleicht beim Fischen geschickter waren und die eine oder andere handwerkliche Technik besaßen, die den Germanen unbekannt gewesen war. Aber die große Stufe, den entscheidenden Umschwung, den kreativen Stein des Stanley Kubrick, den bedeuteten zweifellos auch diese Begegnungen nicht.
Schwieriger wird die Aussonderung am Schwarzen Meer, denn da saß man nun mehr oder wenig einträchtig am ge-

deckten Tisch, und jeder griff zu, die Skythen, die Bastarnen, die Sarmaten. Sie nahmen Münzen, Waffen, den Städtebau, die Festungstechnik, die Kosmetika, den Luxus. Die Goten aber scheinen den besten Griff getan zu haben, indem sie auf ihren Raubzügen – und es waren viele im Lauf der Jahrzehnte – immer wieder Menschen mitbrachten. Kleinasien war damals schon fünfzehnhundert Jahre lang so voll von Kultur und kultureller Aktivität, daß es nicht nur zum Muttergrund der griechischen Kolonisation geworden war, sondern auch zum fruchtbarsten Nährboden der griechischen Bildung. Sie blühte in Milet früher und reicher als in Athen, sie brachte in jeder Generation große Geister und tiefe Denker hervor, die in Kleinasien geboren worden waren und neben griechischem Blut auch das urgesunde und kräftige Hirtenerbe aus den Hochflächen Anatoliens in sich hatten oder die wilde Unbeugsamkeit der kilikischen Seefahrer. Mehr als das sogenannte Großgriechenland auf Sizilien und in Apulien hat dieser Teil der Welt, wohin die alten Städte Attikas und vom Peloponnes ihre unbotmäßigen Geister verbannt hatten, zum glanzvollen Weiterbestand griechischer Kultur über das Römerreich hinaus beigetragen. Hier, am Ostrand des Mittelmeers, wurde das Griechentum gegen die Bauernherrschaft vom Tiber bewahrt, hier triumphierte es schließlich, tausend Jahre länger lebend als das Römertum auf italienischem Boden.

Und hier, in dieser Kraftquelle ohnegleichen, hatten die Goten ahnungslos gefischt, hatten Menschen weggeführt wie Vieh, nur äußerlich taxierend, hatten den Philosophen die Muskeln gefühlt, ob sie auch würden arbeiten können, und Dichterinnen oder Sängerinnen in den Hintern gekniffen, ob sie auch tauglich seien für ein gotisches Lager. Sie waren es, vermutlich, sonst hätten nicht so viele von ihnen überlebt, aber sie waren noch viel mehr. Sie blieben der geistigen Welt treu, aus der man sie gerissen hatte, sie erzogen ihre Kinder, von Goten empfangen oder mit Gotinnen gezeugt, im Sinn und zu den Werten einer Kultur, die andernfalls den Goten noch jahrhundertelang unerreichbar geblieben wäre.

Und hier setzt nun auch ein Verdienst der Goten ein, und ein nicht geringes. Denn Kriegsbeute an Menschen gab es damals bei vielen Völkern: Die Hunnen werden herdenweise rauben, und es wird die Geistlichkeit vieler Länder beschäftigen, wie man die sozialen Schäden heilen könnte, die der blinde Raub der Töchter und Mütter in so vielen Familien verursachte. Einige Jahrhunderte müssen die Probleme lösen, wenn ein geraubter Vater nach Jahren zurückkehrte und seine Frau verheiratet fand, weil sie ihn für tot gehalten.
Diese Schicksale zeigen, daß bei Hunnen und Alanen, ja vielleicht bei allen asiatischen Völkern, die Sklaven nicht integriert wurden und wohl auch selbst keinen Versuch machten, in das fremdartige Nomadenleben ganz einzugehen. Die im Süden seßhaft gewordenen Goten jedoch boten diese Möglichkeit. Die germanische Gesellschaftsordnung war zwar fremd für die Kappadokier und Phrygier, aber diese Fremdheit hatte ihre Grenzen und schien überwindbar; und wenn es auch zahlenmäßig nur geringfügige Volksteile gewesen sein mögen, die den Goten auf diese Weise zuwuchsen, so waren dafür auch die Volkszahlen der Germanenstämme nicht so groß wie die der asiatischen Reiternomaden, in deren Scharen der Blutsanteil der Sklaven spurlos untergehen mußte.
Nicht nur das Christentum kam zu den Goten aus ihrer Menschenbeute, sondern naturgemäß und unausweichlich auch der Kulturraum, in dem dieses griechisch-ostmediterrane Erlösungsdenken sich hatte bilden können, auf einem Hintergrund antiker Weisheit und Wissenschaft und morgenländischer Glaubensinbrunst.
Dieser Menschenimport, der keine flüchtigen Berührungen schuf, sondern weiterwirkte in Mischungen, neuen Gemeinsamkeiten des Blutes und des Denkens und schließlich – sehr bald – in einem Glauben, der diese Verschmelzungen außerordentlich erleichterte, dieser fruchtbare und fruchtbringende Zustrom ergänzte sich in seinen Wirkungen naturgemäß aus der breitflächigen Berührung mit dem Römerreich im Guten wie im Bösen, in der Wirtschaft, im Handel, im

Krieg, in den Verhandlungen. Und das, was sonst oft auf einige Punkte des Kontakts beschränkt bleibt, auf den diplomatischen Verkehr zum Beispiel oder die Friedensschlüsse, das konnte wegen der Gunst der Voraussetzungen für die Goten sehr viel mehr werden und die Aufnahme der antiken Lebens- und Bildungselemente erleichtern.

Natürlich waren die Goten hier die Nehmenden, wie alle anderen Völker des südrussischen Raumes, und wenn das zeitweise von der Sowjetforschung für Skythen und Anten geleugnet wurde, so liegt darin derselbe unbegreifliche und unsinnige Fehler, wie ihn die wilhelminische Wissenschaft vereinzelt, die nationalsozialistische auf der ganzen Linie beging. Nehmen und (Weiter)geben ist Völkern selbstverständlich; ein Volk, das nichts zu geben hat, ist gewiß arm, aber eines, das nichts zu nehmen weiß, ist zweifellos noch ärmer. Wir kennen diese stummen, in ihrer Versteinerung abgeschlossenen und in uralten Sitten dahinvegetierenden Restgruppen primitiver, irgendwann ihrer Elastizität und Bildsamkeit beraubten Völker aus der Arktis, aus Feuerland, und man müßte schon ein fanatisch-verzweifelter Jünger des Alfred Rosenberg sein, wünschte man die Germanen in eine solche Rolle. Nein: sie nahmen, wissend um den Wert des Gebotenen. Sie nützten es, indem sie es mit ihrem eigenen Geist erfüllten, denn wie hätte wirklicher Nutzen anders entstehen sollen? Und kein einsichtiger Forscher wird diese natürlichen Vorgänge, die so notwendig sind wie Sauerstoffzufuhr für Organismen, ernsthaft bestreiten: nicht einmal hinsichtlich der Runen, die uns so uralt entgegentreten, als hätten die ersten tatsächlich die Germanengötter selbst in den Stein geritzt.

»Als der Gote Ulfila im vierten Jahrhundert nach Christus die nationale gotische Schrift schuf, standen ihm als nächste Vorlagen die griechische Schrift und die bei den Germanen in Gebrauch stehenden Runen zur Verfügung. Die Schöpfung Ulfilas führte zu der ersten germanischen Schrift, die zu literarischen Aufzeichnungen geeignet war – im Gegensatz zu den Runen, mit ihrem rein epigraphischen Charakter.« (Konstantin Reichardt)

Das wird noch oft zugegeben – denn die erhaltenen Runeninschriften sind ja tatsächlich bündig, weihevoll, oft auch dadurch tiefgründig und vieldeutig, daß jedes der vierundzwanzig Zeichen neben seiner Bedeutung im Wort an sich eigenen Begriffsinhalt hatte. Aber es bedeutete für viele durchaus gutgläubige und friedliche Anhänger einer germanischen Kulturüberlegenheit doch eine herbe Enttäuschung, als sich auch für die Runen selbst kein höheres Alter, vor allem aber keine gemeingermanische und weit zurückreichende Vergangenheit aufspüren ließ:
»Zur Klärung des Alters und der Herkunft der Runenschrift ist als Voraussetzung wichtig, daß uns bisher keine Inschrift bekannt ist, die vor dem angehenden dritten Jahrhundert *nach* Christus geritzt wurde.« (Reichardt) Und eben um diese Wende vom zweiten und dritten Jahrhundert kamen die Goten ans Schwarze Meer!
Sollte nun tatsächlich jemand todunglücklich darüber sein, daß die Germanen nicht, wie semitische und andere Völker der Alten Welt, zu den ersten gehörten, die sich Schriften erdachten und mit ihnen all die Wunderdinge anstellten, die das geschriebene Wort vermag, so möchte ich ihn mit einer Überlegung trösten oder vielmehr mit einem Gedankenbild – mit jenem alten Europa, dessen Kulturvölker etwa gleichzeitig mit ihren Kräften am Ende waren, und dessen Wiedererwachen nach dem großen Untergang ja doch im wesentlichen den Germanen zu danken ist. Denn obwohl sie Naturvölker waren wie die Steppenreiter und die Nomaden aus den eurasischen Ebenen, sahen sie in diesem preisgegebenen Europa nicht nur den gedeckten Tisch, sondern empfanden es auch als eine Aufgabe. Nicht viel mehr als hundert Jahre nach ihren großen Raubzügen – und was sind hundert Jahre im Leben eines Volkes – stehen die Germanen, die eben noch mit ihren Schiffen und Raubscharen Europa verheerten, selbst an der Schwelle der Verantwortung. Sie gründen Reiche oder versuchen es, heben Könige auf den Schild und geben von ihrem Überfluß an Kraft und kriegerischem Genius sogar dem Gegner ab, jenem sinkenden Rom, das ohne

germanische Hilfstruppen und ohne die großen germanischen Feldherren vielleicht schon gar nicht mehr existierte.

Wie an Fäden gelenkt, wie sinnvoll vorbestimmt rollt das Geschehen der nun kommenden Jahrzehnte, der Wende zum fünften Jahrhundert, ab. Nicht die Königsgoten werden Rom dienstbar, nicht die an Ruhm und Reichsgewalt gewöhnten Goten vom Dnjepr, denn sie schließen sich den Hunnen an. Die Westgoten hingegen, die große Fürsten hervorgebracht und überragende Heerführer gehabt haben, versuchen auf römischem Boden König und Reich zu erlangen, obwohl ihnen der Hunnenschrecken noch in den Gliedern sitzt.

Bei den Westgoten stehen Ariarich und Aorich und später Athanarich und Fritigern als Führer einander gegenüber. Sie waren jeweils die berühmtesten, mit der stärksten Autorität ausgestatteten unter einer ganzen Gruppe von Gaufürsten, wie wir aus der Erzählung des Jordanes vom Verrat an Fritigern erfahren:
»Da geschah es, wie es Völkern, die noch nicht recht seßhaft sind, nicht selten geht, daß sie von einer schweren Hungersnot heimgesucht wurden. Fritigern, Alatheus und Safrak (auch Safrax), die als Fürsten und Herzöge anstelle eines Königs über sie herrschten, hatten mit dem empfindlichen Mangel ihrer Leute Mitleid und suchten deshalb mit den römischen Führern Lupicinus und Maximus Handelsbeziehungen anzuknüpfen. Womit gibt sich aber der verfluchte Hunger nach Gold zufrieden? Voller Habgier verkauften ihnen diese römischen Befehlshaber nicht nur das Fleisch von Schafen und Rindern, sondern auch das Aas von Hunden und (anderen) unreinen Tieren um einen hohen Preis. So verlangten sie für ein Brot oder (!) zehn Pfund Fleisch einen Sklaven. Als diese und der Hausrat ausgingen, forderte der Kaufmann, ihre Notlage ausbeutend, die Kinder. Die Eltern gingen darauf voll Sorge um ihre Nachkommenschaft ein, denn sie hielten es für besser, die Freiheit zu verlieren als das Leben, und es schien ihnen minder grausam, jemand zu ver-

kaufen und so für seine Ernährung zu sorgen, als ihn für den Hungertod zurückzubehalten.«
Was Jordanes uns hier schildert, ist jene letzte, tiefe Krise des Westgotenvolkes in den Tagen des Athanarich und des Fritigern, die offenbar zur Bildung eines Einzelkönigtums führte, aber auch zu einem abgrundtiefen Römerhaß, der dem eines Attila nicht nachstand. Athanarich, der weise und wohl auch ältere Iudex des Gotenvolkes, machte sich keine Illusionen über die Bewohner der östlichen römischen Reichshälfte. Er wußte, daß hungrige Goten für Levantiner, Griechen und die ganze byzantinische Mischung ein Objekt gnadenloser Ausbeutung sein würden. Nicht nur Jordanes, sondern auch andere Autoren haben uns geschildert, wie die Römer zuerst nur die Frauen und Kinder über die Donau ließen, damit sie ihnen wehrlos preisgegeben wären, wie sie von den Goten die Ablieferung der Waffen verlangten, und wie sie sich tote Hunde mit Gold aufwiegen ließen. Und der Hunger muß furchtbar gewesen sein, das ganze Volk war offensichtlich schon am Ende seiner Kräfte, sonst wäre eine Schande wie diese nicht hingenommen worden.
Ihre Waffen freilich behielten die Goten, und Fritigern, dem sie sich zugewandt hatten, als Athanarich grollend in die Berge ging, sollte bald Grund haben, diesen Entschluß zu preisen:
»In dieser schlimmen Zeit lud der römische Feldherr Lupicinus den Gotenfürsten Fritigern zu einem Gastmahle ein. Wie der weitere Verlauf der Dinge zeigte, wollte er ihn heimtükkisch beseitigen. Fritigern ahnte davon nichts, kam mit einem kleinen Gefolge zu dem Gastmahle, und während er im Amtshause des Statthalters speiste, vernahm er das Geschrei seiner Gefährten, die elendiglich hingemordet werden sollten; sie waren in einem anderen Teil des Statthalterpalasts eingeschlossen worden . . . Dem Fritigern ward nun die Hinterlist offenkundig, er zog sein Schwert, entwich mit großer Verwegenheit und Schnelligkeit und entriß seine Gefährten dem drohenden Tod.«
Aus dieser Wende, aus der Erinnerung an das, was jeder

Gote selbst und mit seiner Familie erduldet hatte, kam dann die große Wut von Adrianopel, die Schlacht des Jahres 378, die ein Strafgericht wurde, ja die man ein zweites Cannae genannt hat. Und da sie die Einstellung der Westgoten zu den Römern und zu ihrer eigenen Zukunft und Aufgabe entscheidend veränderte, da sie als der Ausgangspunkt der großen gotischen Eroberungszüge quer durch Europa anzusehen ist, müssen wir es als ein besonderes Glück bezeichnen, gerade diese Schlacht aus dem Bericht eines Augenzeugen zu kennen. Ammianus Marcellinus schildert sie mit der Sachkunde des Stabsoffiziers, aber auch sichtlich mitgerissen von den Bildern dieses grauenvollen Tages, die bei der Niederschrift aus seiner Erinnerung noch einmal heraufsteigen; nach kurzer Darstellung der Vorgeschichte, wie Kaiser Valens sich entschließt, die Schlacht allein anzunehmen, um den Ruhm nicht mit seinem Mitkaiser Gratianus teilen zu müssen (!), packt unseren Historiker das Geschehen, wie es sich in den Vororten und in der Umgebung von Adrianopel abspielte:

»Von überall her schlugen nun Waffen aneinander, und die Geschosse flogen durch die Luft. Die Kriegsgöttin Bellona, rasend wie nie zuvor, ließ schauerlich die Trompeten zur Vernichtung der Römer erklingen. Bei ihrem Rückzug leisteten die Unseren auf vielfältigen ermunternden Zuruf hin wohl noch Widerstand, doch die Schlacht weitete sich wie ein Flammenherd aus und setzte alle, als einige Leute von den wirbelnden Lanzen und Pfeilen getroffen wurden, in Schrecken. Nun gerieten die beiden Schlachtreihen wie geschnäbelte Schiffe aneinander und wurden dabei, indem sie sich wechselseitig hin- und herstießen, gleich Meereswogen infolge ihrer Bewegungen umhergeworfen. Bis unmittelbar an die Wagenburg kam unser linker Flügel heran und wäre gewiß noch weiter vorgedrungen, wenn ihm irgendwer Unterstützung gebracht hätte, er wurde jedoch vom Rest der Reiterei im Stich gelassen und unter dem Druck der feindlichen Übermacht wie von dem Einsturz eines mächtigen Dammes zerquetscht und auseinandergesprengt.

Ungedeckt standen nun die Fußtruppen da, und ihre Abteilungen waren so dicht aneinandergedrängt, daß kaum ein Mann sein Schwert zücken oder die Hand zurückziehen konnte. Infolge des aufgewirbelten Staubes war auch der Himmel nicht mehr zu sehen und hallte nur noch von gräßlichem Geschrei wider. So trafen denn die von allen Seiten her fliegenden tödlichen Geschosse mit furchtbarer Sicherheit ihren Mann und schlugen tiefe Wunden. Man konnte sie ja nicht kommen sehen und sich vor ihnen decken.«

Offensichtlich schildert Ammianus Marcellinus die Vernichtung großer Teile des Fußvolks in der hügeligen Umgebung der Stadt, in die das geschlagene Heer des Kaisers sich nicht mehr zurückziehen konnte. Jeder Hohlweg mußte hier zu einer Falle werden, und die auf engem Raum kämpfenden Römer waren gegen die beweglicheren Germanen in tödlichem Nachteil, denn Wurfspieße und Schleudern konnten kaum ihr Ziel verfehlen.

»Wie nun die Barbaren, in unermeßlichen Scharen sich ergießend, Mann und Roß niederstampften und sich für die zusammengepreßten Abteilungen nirgendwo Raum zum Rückzug finden ließ, dichte Ballung vielmehr jede Möglichkeit des Entkommens raubte, legten auch die Unseren alle Todesfurcht ab, griffen erneut (!) zum Schwerte und machten die Angreifer nieder, so daß unter den wechselseitigen Hieben der Streitäxte Helme und Rüstungen barsten. Da konnte man manchen Barbaren sehen, wie er in stolzem Trotz, die Zähne knirschend zusammengebissen, mit durchschnittener Kniekehle oder abgehauener Rechten oder durchbohrter Seite dicht vor dem Tode noch drohend die wilden Augen im Kreise schweifen ließ. Im gegenseitigen Kampfe aber sanken die Streiter zu Boden, so daß sich die Gefilde mit Leichen an Leichen bedeckten, und die Klagerufe der Sterbenden und von tiefen Wunden Versehrten hörten sich entsetzlich und grauenvoll an. Inmitten dieses großen Wirrsals und allgemeinen Durcheinanders erschöpften sich die Fußvölker in Anstrengung und Gefahr und ließen es für ein weiteres planvolles Vorgehen an Kraft und Entschlossenheit fehlen.

Die Mehrzahl der Lanzen war durch den dauernden Zusammenprall abgebrochen; so mußten die Römer ihre Zuflucht zu den gezückten Schwertern nehmen und sich mit Todesverachtung mitten in die dichten Feindhaufen werfen – denn ringsum sahen sie jeglichen Fluchtweg versperrt.«

Diese Schilderung gibt zwar keinen eigentlichen Überblick über die Anlage und den Ablauf der Schlacht, aber sie macht deutlich, daß die römische Streitmacht völlig umzingelt und in hügeligem Gelände eingeschnürt war – ein Ergebnis der maßlosen Unterschätzung der Goten durch Valens. Einzig der Reitergeneral Victor hatte vor den Goten und ihrer Kampfkraft gewarnt; er war ein Sarmate und hatte wohl schon wiederholt mit Goten zu tun gehabt, weswegen er dringend riet, die Verstärkungen aus der westlichen Reichshälfte abzuwarten und die Goten bis dahin hinzuhalten. Aber in der vermeintlichen Sicherheit eines leichten Sieges sah man in den Warnern nur Schwarzseher und schlug alle Überlegungen dieser Art in den Wind.

Auch über die zahlenmäßige Stärke der Goten scheinen die Römer im unklaren gewesen zu sein; ein Späher hatte fälschlich berichtet, sie seien etwa zehntausend, was Valens in Sicherheit wiegte. Man kann daraus schließen, daß die Römer mindestens zwölf- bis fünfzehntausend Mann zur Verfügung hatten, erprobte, wenn auch aus verschiedenen Legionen zusammengewürfelte Kämpfer. Die Goten aber müssen, wenn sie in so erdrückender Übermacht auftraten und erfahrene römische Soldaten derart schlagen konnten, doch an die dreißigtausend gewesen sein, also sehr viel für eine Zeit, in der es nach wissenschaftlichen Schätzungen in ganz Europa, die skandinavischen Länder eingeschlossen, höchstens sechs Millionen Germanen gab. Sind auch die großen Zahlen des Jordanes und mancher seiner Zeitgenossen offensichtlich übertrieben, so kann man dem Offizier Ammianus gerade in dieser Hinsicht Glauben schenken.

Daraus ergibt sich: Bei Adrianopel gingen die Goten aufs Ganze, sie hatten alles aufgeboten, was überhaupt eine Waffe tragen konnte. Es war ein Volkskrieg, wie die Lage

vorher ja auch ein Volksunglück gewesen war, und der Sieg war so vollständig, wie er nur sein konnte, denn selbst Kaiser Valens überlebte den schwarzen Tag seiner Armeen nicht. Es war allerdings nicht der Schlachtentod, wie ihn etwa Decius starb, sondern ein grausames und doch unheldisches Ende am Rande des Geschehens: (Man behauptet . . .) »Valens habe seine Seele nicht sofort ausgehaucht, sondern sei mit einigen Leibwächtern und Eunuchen zusammen in ein nahe gelegenes Landhaus geschafft worden, da eine Pfeilwunde ihn hinderte, selbst zu gehen. Das Haus hatte zwei Stockwerke und war kunstgerecht befestigt (in jenen Zeiten kein Wunder). Dort sei Valens, während man sich um seine Wunde bemühte, von Feinden, die um seine Person nicht wußten, auch belagert worden, indessen vor schmählicher Gefangenschaft bewahrt geblieben. Als nämlich seine Verfolger die verriegelten Türen aufzubrechen versuchten und dabei von einer Altane des Hauses aus mit Pfeilen beschossen wurden, schleppten sie, um nicht durch Verzögerungen am Plündern gehindert zu werden, Stroh- und Reisigbündel zusammen, legten Feuer daran und verbrannten so das Haus mit allem, was darin war. Nur einer der kaiserlichen Leibwächter sprang aus dem Fenster, wurde jedoch von den Barbaren gefangengenommen und erzählte ihnen, wer in dem Haus gewesen war. Das versetzte sie in lebhafte Trauer, denn sie hatten sich selbst um den Ruhm betrogen, den Kaiser des Römischen Weltreichs als Gefangenen fortzuführen. Derselbe junge Leibwächter kam später zu unseren Linien zurück und berichtete, wie Valens gestorben sei.«
Vor allem haben sich die Germanen ganz gewiß über das entgangene Lösegeld geärgert, denn ihren Kaiser hätten die reichen Byzantiner in Gold aufwiegen müssen. Aber auch so brachte dieser 9. August des Jahres 378 den Goten genug an Beute, und vor allem: er bedeutete das Ende des römischen Widerstands und damit die völlige Preisgabe zumindest der Landstriche bis zum Bosporus. Die besondere Lage Adrianopels an den drei Flüssen Tundscha, Arda und Maritza hatte das Schlachtfeld so eingeengt, daß das Ungestüm der

Goten über die Legionen triumphieren mußte. Einen Rückzug geordneter Verbände hatte es nicht gegeben, ja als der tapfere Sarmate Victor sich noch ein paar Soldaten greifen wollte, um den Kaiser herauszuhauen, fand er überhaupt niemanden mehr, der ihm hätte folgen können. Daraus wird klar, daß es sich nicht um eine Niederlage unter anderen gehandelt hatte, sondern um ein Desaster; Ammianus zählt auch erschüttert zahlreiche hochgestellte und einflußreiche Persönlichkeiten des Ostreiches auf, die an diesem Tag den Tod fanden: den Oberstallmeister, den Oberhofmeister und den Tribunen der Promoti Potentius, einen Sohn jenes Heermeisters Ursicinus, dem Ammianus durch viele Jahre freundschaftlich verbunden gewesen war. Nur etwa ein Drittel der Römer soll, in alle Windrichtungen versprengt, das Leben gerettet haben.

Nach einem Nachruf auf Valens schildert Ammianus noch, wie die Goten vergeblich versuchen, die Stadt Adrianopel zu erobern, und wie Beamte, Bürger und der Rest der Soldaten die Stadt verzweifelt verteidigen. Möglicherweise brachte die eigene Wildheit, gemischt mit dem Römerhaß, die Goten um die Frucht ihres Sieges, um die in der reichen Stadt zu erwartende Beute und den Schatz des Valens: Als dreihundert der Verteidiger sich formierten und geschlossen aus den eigenen Linien ausbrachen, um zu den Goten überzulaufen, wurden sie von den Leuten des Fritigern gnadenlos niedergemacht. Da die anderen dies von den Mauern herab mitansehen mußten, gab es fortan keinen einzigen Überläufer mehr, und die Verteidiger kämpften, da sie ja wußten, was sie zu erwarten hatten, mit äußerster Tapferkeit.

Schließlich wurden die Goten des blutigen Anrennens gegen Mauern müde und gesellten sich zu ihren Gefährten, die längst das flache Land verheerten. Es waren Greuel, die Ammianus nicht mehr schildert; er beschließt das 31. Buch seiner Historien mit dem Kapitel vom Tod des Valens und den Worten: »So habe ich denn als einstiger Soldat und Grieche, angefangen von der Regierung des Kaisers Nerva bis zum Untergang des Valens, meinen bescheidenen Fähigkei-

ten entsprechend den Ablauf der Ereignisse geschildert und, wie ich glaube, mich dabei niemals wissentlich dazu hergegeben, ein Werk, das nur Wahrheit zu bieten versprach, durch Verschweigen oder gar Unwahrheit zu entstellen.«
Das hat ihm im großen und ganzen die spätere Geschichtsschreibung gern zugestanden; er gilt tatsächlich als einer der Verläßlichsten, und wo er Partei ergreift, tut er es nicht versteckt, sondern offen und nennt die Gründe. Allerdings hat die Zeitgenossen-Rolle, die Schilderung von Ereignissen, die man miterlebt hat, auch Nachteile, die besonders fühlbar werden, wenn es sich um jene großen Ereignisse der letzten und ihm noch besonders nahen Jahre handelt. Da erkennt man doch, daß ihn der Lärm der Schlacht, der Tod der Freunde überwältigen und das eigentlich Geschichtliche, die gefallene Entscheidung und ihre Folgen, gegenüber dem Persönlichen zurücktreten.
Erst dem Betrachter aus großer Distanz fällt auf, wie sehr sich die Verhältnisse gewandelt haben. In wenigen Jahren sind die Goten, die gegen die Hunnen noch keinerlei Chancen hatten, die halbverhungert ins Römerreich einströmten, zu einer Macht geworden. Der Wandel, der in den Westgotensippen vor sich ging, war durch das tiefe Unglück und den damit zusammenhängenden Römerhaß bewirkt; aber daß er sich militärisch in einem so gewaltigen Sieg auswirken konnte, das hängt vielleicht mit dem zusammen, was die Goten zwei oder drei Jahre zuvor im Kampf gegen die Hunnen gelernt hatten, mit der schnellen und beweglichen Kampfesweise, dem Überflügeln, dem Einsatz der Bogenschützen. Zumindest Fritigern muß die Lektion verstanden haben.
Etwas anderes aber haben sie nicht gelernt, wissen sie – noch nicht: daß man nach solch einer Schlacht Herr im Haus ist und mehr tun kann, als es leerzuräumen. Daß man das Haus selbst an sich bringen kann vom Boden bis zum Keller. Aber sie sind eben alle unbehauste Menschen, die Goten wie die Vandalen, die Alanen wie die Hunnen, sie brausen durch die Städte und die Staaten, und wenn sie fort sind, gibt es zwar Tränen und leere Truhen, aber im Grunde ist sonst alles wie

vorher. Auch Fritigern versteht es nicht, die Gunst der Stunde zu nützen, weiterzuziehen nach Byzanz und sich zum Kaiser zu machen statt der zitternden Eunuchen und korrumpierten Spätlinge, die am Bosporus zu herrschen meinen.

Fritigern läßt den Römern Zeit, sich zu fassen, und ein erster, erprobter Truppenführer namens Theodosius wird zunächst als Feldherr gegen die Goten reaktiviert, bald darauf auch zum Kaiser des Ostreichs proklamiert. Die vielschreibendenden Kleriker haben dem Unterdrücker des Arianismus, dem Vorkämpfer des Katholizismus allein durch die Überzahl ihrer Federkiele den Beinamen *der Große* verliehen. *Dafür* spricht einzig und allein, daß Theodosius ein paar Monate lang über beide Reichshälften herrschte, das Römerreich also wiederum vereinigt hatte. *Dagegen* spricht die Grausamkeit, mit der dieser durch den Hinrichtungstod seines Vaters früh verdüsterte Soldat Aufständische züchtigte; sein Blutbad in Saloniki im Jahr 390 muß dem an die Seite gestellt werden, das Iwan der Schreckliche in Nowgorod vollbringen ließ.
Statt diesen Theodosius auf seinem Weg von Spanien nach Südosteuropa abzufangen und ihm sein Reich wegzunehmen, ließen die siegreichen Westgoten sich durch Verhandlungen und die eine oder andere Niederlage in Scharmützeln buchstäblich austricksen, anders kann man es nicht nennen, wenn der Stärkere auf einmal wieder der Vasall ist, wenn das Volk, das alles nehmen und behalten könnte, sich urplötzlich wieder mit gnadenhalber zugewiesenen Landstrichen begnügt, und zwar mit solchen, die gewiß nicht die reichsten zu nennen sind.
Derlei wiederholt sich immer wieder: Längst sind die sogenannten Barbaren durch ihren Mut und ihre Tüchtigkeit im Kampf zu hohen und höchsten militärischen Ehren aufgestiegen, sie und die gleichwertigen Sarmaten kommandieren auf den verantwortungsvollen Posten: Sarus, Gainas und Stilicho sind nur die bekanntesten *unter Dutzenden* von Namen aus den höchsten Rängen, von der mittleren Führer-

schaft ganz zu schweigen. Aber in entscheidenden Augenblicken, bei den Verhandlungen, wenn es ums Ganze geht, werden die Völker, die diese Männer hervorgebracht haben, den Weg des geringsten Widerstands gehen und Tributzahlungen und Ländereien akzeptieren, wo sie doch alles haben konnten. Diese Tatsache, daß sie das Reich, das große Reich der Römer noch immer nicht zerstören, sondern nur benützen wollen, ist ungemein auffällig und vielleicht die deutlichste Parallele zwischen dem westgotischen Stammesverband und dem gleichzeitig agierenden ostgotisch-hunnischen Räuberbund. Der Staat bleibt unbestritten römisch, weder Attilas Vorläufer noch Ermanarichs Nachfahren wissen, was man an die Stelle des Römerreiches setzen sollte, und darum ergreifen sie geschmeichelt die Hand, die Kaiser Theodosius I. ihnen nun reicht, obwohl er ihnen ihre Siege stehlen und sogar ihre Religion schlechtmachen wird, obwohl er immer mehr General sein wird als Landesvater und keine Gnade kennt.

Tatsächlich scheint der Allmächtige sich bei Theodosius für so wichtige Initiativen wie das den jungen Glauben einigende Konzil von Nicaea revanchiert zu haben. Fritigern stirbt, der unbeugsame Athanarich zieht sogar nach Byzanz und sinkt Theodosius versöhnt in die Arme, ja stirbt friedlich in der Kaiserstadt, wenngleich niemand weiß, ob nicht irgendein gefälliger Eunuch diesem besten Mann aus dem Gotenlager ein tödliches Tränklein braute. Man weiß nichts, man kann nichts erfahren, denn die Phalanx der Lobredner ist bei Konstantin dem Großen kaum einheitlicher gewesen als bei diesem Theodosius, dem Gott die Gunst erwies, Fritigern und Athanarich zeitgerecht sterben zu lassen – solange Alarich noch ein Kind war. Dieses Dutzend der Jahre nützte Rom noch einmal gegen die Gotenmacht und hüllte inzwischen die Sinne der Barbaren in das gleißende Gespinst spätrömischer Lebenskunst.

Der Gotenfreund, wie Jordanes den Theodosius genannt hat, läßt seine Gegner zu sich kommen, einzeln versteht sich, eingeladen und freundlich umworben. Und all die rauhen

Recken in ihren Pelzen lassen es sich wie gutmütige Bären gefallen, daß die schönen Frauen von Konstantinopel ihre glatte Haut am Barbarengrind reiben, daß sie sich ihren derben Fäusten ausliefern und sie mit dem ungewohnten Wein betrunken machen. *Stulti,* die Einfältigen, die Dorftrotteln, nannten die Römer diese willfährigen Grizzlys, die aber machten daraus das Wort *stolz.* Ein gewisser Stolz hat sich inzwischen allerdings wirklich als *stultitia* herausgestellt, wie Schopenhauer in seinem noch heute taufrischen Aufsatz von der ritterlichen Ehre nachweisen konnte.

Und vielleicht hatte Theodosius tatsächlich eine gewisse Affinität zu diesen tugendhaften Recken, deren Moralgrundsätze schließlich schon Tacitus rühmte, wenn nämlich er, der Kaiser, wirklich und nicht nur in den Augen seiner christlichen Panegyriker »eine ebenmäßige, edle, wahrhaft kaiserliche Traiansgestalt« war und »blonde Haare wie die homerischen Helden« hatte (Pauly-Wissowa). »Wenn auch in manchem Betracht dem Trajan vergleichbar, unterschied er sich doch wieder von ihm hinsichtlich der Bezähmung eroberungssüchtiger Kriegslust, ohne deswegen, wenn gekriegt sein mußte, seine Pflichten zu versäumen.« Dann hätte man ihn nämlich trotz aller Christlichkeit doch nicht den Großen nennen können: Es mußte sich um einen aufrechten Christen, aber großen Krieger handeln, wenn dieses Prädikat verliehen werden sollte. Man rühmt an ihm auch »das Maßhalten in sinnlichen Genüssen, was ihm, der bei gestatteter Muße seine liebste Erholung im Spazierengehen fand, seine Gesundheit ungestört bewahrte, wie er denn auch seine hohen Begriffe von Zucht und Keuschheit und Heiligkeit der von Natur und Religion festgestellten Verhältnisse des Familienlebens durch seinen Wandel und seine Gesetzgebung bestätigt hat«.

Vollends hymnisch werden die Urteile, wenn es um den Christen und Bilderstürmer Theodosius geht, vor dem kein heidnisches Heiligtum sicher war. Seine Zerstörungswut pries der heilige Hieronymus in den höchsten Tönen, während wir eher bedauern, daß das Serapis-Idol und der Serapis-Tempel von Alexandria, vielbestaunte Wunder ihrer Zeit, uns eben darum nicht erhalten blieben. Einzig der freisinnige Ambrosius von Mailand, der größte Bischof dieser Stadt, findet sich als Christ unter den sonst heidnischen Kritikern dieses Kaisers und wagt es sogar, ihn nach dem Blutbad von Saloniki mit einer Kirchenbuße zu belegen.

Die Geschichte dieses Blutbades und die ganze Konfrontation zwischen Theodosius dem Großen und dem später heiliggesprochenen Ambrosius ist sehr viel mehr als eine Anekdote, denn sie beleuchtet nicht nur den Charakter des Kaisers und die Festigkeit, mit der ein Kirchenfürst der kaiserlichen Macht begegnet, sondern zeigt auch die zwei Männer in Aktion, die um diese Jahrhundertwende ebenso große Gegenspieler sind, wie es wenige Jahre später die der nächsten Generation angehörenden Krieger Stilicho und Alarich sein werden.

Ambrosius war das jüngste Kind des *Praefectus Praetorio,* der über Gallien, Teile von Spanien, Britannien und Deutschland gebot und also beinahe kaiserliche Macht ausübte. Obwohl sein Vater früh starb, erhielt Ambrosius eine ausgezeichnete Erziehung in den altadeligen Traditionen Roms, und der hochgebildete Mann trat schon in jungen Jahren hohe Ämter an. Als Präfekt von Ligurien war er ein weltlicher Beamter Roms und hatte lediglich gewisse Unterweisungen im christlichen Glauben genossen, als er sich plötzlich nach dem Tod des Bischofs Auxentius von Mailand als einer der Kandidaten um die Nachfolge sah. Der Vorgang war zu jenen Zeiten nicht ungewöhnlich; wir kennen sehr viele Fälle einer Bischofswahl durch die Bevölkerung und gleichsam *per acclamationem.* Hier aber standen große politische Interessen auf dem Spiel, und Ambrosius, der sich nach seiner Vita gegen das hohe Amt sogar mit bedenklichen Mitteln gewehrt haben soll, dürfte in Wahrheit sehr geschickt taktiert und insbesondere den Klerus der Diözese über die Zukunft beruhigt haben, so daß er als ein Mann des Kompromisses angesehen und gewählt wurde.

Ambrosius war kein Eiferer und kein Bilderstürmer, davor

schützte ihn schon der reiche Schatz antiker Bildung, den er sich erworben hatte. Aber er sah die Kirche, zu der er nun nach Taufe und Bischofsweihe gehörte, doch als ein echtes Reich an, in dem es keinen Kaiser und keine Macht geben konnte als die Gottes und seiner Priester. Die Situation ist einzigartig und darum reizvoll: Ein Mann, der nach Herkunft und Gaben vermutlich Kaiser geworden wäre, hätte man ihn nicht mit fünfunddreißig Jahren zum Bischof gemacht, steht einem Mann gegenüber, der seine Größe dem Kampf für das Christentum verdankt. Sie waren sich nur im Glauben einig, in allem übrigen mußten sie zu Gegnern werden, zu den ersten Kontrahenten jenes großen Gegensatzes, der das Abendland noch bis an die Schwelle der Neuzeit beherrschen wird.

Und tatsächlich ist es beinahe eine Canossa-Szene, zu der es zwischen Ambrosius und Theodosius kommt, zu einer Szene, wie sie Italien siebenhundert Jahre später zwischen Heinrich IV., dem deutschen Kaiser, und dem unbeugsamen Papst Gregor VII. noch einmal erleben wird. Nur daß Theodosius tatsächlich schwere Schuld auf sich geladen hat, tausendfache Blutschuld im Jähzorn:

Im Frühling des Jahres 390 war der Gote Butherich kaiserlicher Befehlshaber von Illyrien und übte seine Macht mit Hilfe barbarischer, im wesentlichen gotischer Truppen aus. Saloniki, eine Hafenstadt mit breiter Unterschicht, liebte die Wagenrennen ebenso wie Byzanz; einzelne Wagenlenker waren populär wie heutige Sportidole, und es war daher gewiß eine sehr gewagte Aktion, als Butherich einen der beliebtesten dieser Renn-Heroen wegen seiner bekannten geschlechtlichen Ausschweifungen und Orgien (auch) mit Knaben verhaften ließ. Es kam zu einem Volksaufstand, und man verlangte die Freilassung des Wagenlenkers. Als Butherich dies abschlug, töteten aufgebrachte Griechen den gotischen Befehlshaber und einige Beamte des Theodosius.

Die Strafe, die der Kaiser anordnete, war sehr merkwürdig und hat viel Stoff zu historischen Überlegungen gegeben. Er befahl, Zirkusspiele im Stadion auszuschreiben, so daß die

Anhänger des umstrittenen Volkshelden alle ins Stadion strömen würden. Dann aber sollten die Soldaten des Kaisers die Ausgänge sperren und unter der zusammengepferchten Menge mit ihren Waffen wüten, zur Rache für den getöteten Butherich.

Der Jähzorn des Kaisers verflog nach einer Weile, sosehr er auch zum Ärger der Griechen und Römer für seine Barbarentruppen sorgte; ein schneller Bote ritt nach Saloniki, um den Befehl zu widerrufen, kam aber zu spät: das Blutbad hatte bereits stattgefunden, sieben- bis fünfzehntausend Menschen waren unter Schwertern und Spießen der kaiserlichen Truppen im Amphitheater ums Leben gekommen, und Bischof Ambrosius erklärte, als er von dieser neronischen Untat hörte, daß er in Gegenwart solch eines Kaisers die Messe nicht lesen werde, es sei denn, Theodosius reinige sich durch Buße.

Theodosius hatte natürlich eingesehen, welchen Streich ihm sein Jähzorn gespielt hatte; er erließ auch am 18. August 390 in Verona eine Verfügung, daß schwere Strafen, die er ausgesprochen habe, stets erst nach dreißig Tagen vollstreckt werden sollten, ein beinahe rührender Versuch eines Kaisers, sich gegen sich selbst zu schützen, aber natürlich auch das Eingeständnis einer Schwäche, wie sie einem Kaiser verhängnisvoll werden mußte. Erst am Weihnachtstag des Jahres 390 kam es zu der geforderten Buße. Ohne seine kaiserlichen Insignien betrat Theodosius die Bischofskirche von Mailand, warf sich vor versammeltem Volk mehrmals weinend auf die Knie und bat Gott um Vergebung für jenen folgenschweren Befehl. Erst danach spendete Bischof Ambrosius dem Kaiser die Kommunion.

Die oft kommentierte Szene ist in Wahrheit nur eine von zahlreichen Konfrontationen, in denen sich die junge Kirche siegreich gegenüber dem alten Kaisertum profiliert. Die überragende Gestalt ist dabei nicht Papst Siricius (384 bis

20 *Diptychon aus Elfenbein mit der Darstellung einer Kaiserin. Wahrscheinlich Amalasuntha (Kunsthist. Museum, Wien).* ▷

◁ **21** *Das Mausoleum Theoderichs d. Gr. in Ravenna (1. Viertel des 6. Jh.).*

22 *Porphyrwanne im oberen Raum des Mausoleums Theoderichs d. Gr.; wahrscheinlich Sarkophag des Königs.*

23 *Cuma: Reste des im 5.–6. Jh. in eine Basilika umgewandelten Jupitertempels und des Baptisteriums mit Blick zum Kap Miseno.*

399), sondern ein besonders starker Kirchenfürst – eben Ambrosius in Mailand. Den Konfliktstoff aber lieferte weniger die Kirchenpolitik des Kaisers als seine Tendenz, den Goten einen Platz nicht nur an den Grenzen, sondern im ganzen Körper und Gewebe des Römerreiches zu schaffen. Während Ambrosius als Adeliger, als Christ aus heidnischer Bildung und Statthalter einer alten Welt esoterische und aristokratische Tendenzen verkörpert, erkennen wir in Theodosius und seiner Gotenpolitik die Sympathie eines gesunden Soldaten, eines erprobten Generals für die junge Barbarenkraft der gotischen Regimenter und Offiziere. Die Korruption von Byzanz hingegen mußte ihn anwidern. Gewiß, er wirft sich immer wieder in jenes Vergnügungsleben, wie es die antiken Großstädte wohl reichhaltiger und verführerischer bieten konnten als irgendeine europäische Stadt seither; aber vielleicht begründeten eben jene Gewissensbisse, von denen er ja manchmal selbst Zeugnis gibt, und der Abscheu vor der eigenen Schwäche das für Theodosius so kennzeichnende positive Verhältnis zu den Goten.
Mit seiner Germanenpolitik holte Theodosius vor allem die Goten und unter ihnen wiederum die sogenannten Westgoten in das Römische Reich herein, nicht nur geographisch – das wäre an sich schon wichtig genug gewesen –, sondern auch geistig, kulturell, zivilisatorisch. Die Entwicklung, die damit einsetzte, führte schon nach wenigen Jahren zu den sensationellen militärischen Erfolgen der Westgoten im eigentlichen Italien, also im Herzraum des Römischen Reiches. Daß ein Jahrzehnt, ein Dutzend von Jahren genügte, um aus den Raubscharen, die unter verschiedenen Fürsten kämpften, ein Königsvolk zu machen, das sich im Raum des Römerreiches selbstherrlich bewegte, das läßt sich nur verstehen, wenn wir uns vergegenwärtigen, daß etwa die Hälfte der hohen und höchsten Offiziersstellen in den Armeen des Theodosius mit Germanen besetzt war. Den Aufstieg zum höchsten Offiziersrang, dem des Heermeisters, hatte allerdings schon Konstantin der Große den Germanen geöffnet, und damals wie nun, unter Theodosius, waren diese germa-

nischen Offiziere entweder Heiden (überwiegend) oder Arianer, keinesfalls aber Christen im Sinn des Konzils von Nicäa, auf dessen Beschlüsse Theodosius sonst soviel Rücksicht nahm.

Die Germanen stellten damit die größte Gruppe unter allen Offizieren, denn die andere Hälfte des Offizierskorps bestand aus Römern, aus Männern aus den Kolonien Roms, aus Griechen, Sarmaten, Levantinern, Briten (also Kelten) und romanisierten Iberern. Gewiß waren die Germanen im Dienste Roms nicht jene unbeugsamen, bis zur Selbstvernichtung treuen Recken, wie sie uns die Heldensage zeigt, und der Franke Arbogast stürzte das Römerreich in eine ernste Krise, als er seine eigene Politik zu machen begann; aber im allgemeinen waren die germanischen Truppen- und Armeeführer die verläßlichsten von allen. An Tapferkeit fehlte es nie, und wenn etwas zu wünschen übrig ließ, so war es die Disziplin. Erst wenn es aus diesen Gründen zu Reibereien gekommen war, mußte mit der einen oder anderen Germanenmeuterei gerechnet werden.

Germanen aus königlichem oder fürstlichem Stamm erlagen dann – selten, aber doch – der Versuchung, aus der hohen, aber immer noch dienenden Position in die volle Pracht kaiserlicher Würde aufzurücken oder sie durch einen vorgeschobenen Strohmann zu usurpieren. So wurde Flavius Richomer, ein heidnischer Franke, Konsul für das Jahr 384. Arbogast kommandierte ein Jahrzehnt hindurch eine kaiserliche Armee und versuchte, seinen Schützling Eugenius im Jahr 392 zum Kaiser zu machen. Auch die Franken Flavius Bauto und der aus einer Königsfamilie stammende Merobaudes stiegen zu höchsten militärischen Rängen auf und errangen sich bedeutenden Einfluß am Hof von Byzanz.

Wären sie zu Verrätern geworden, so hätten sie das große Reich so gut wie gewaltlos, gleichsam durch einen Staatsstreich, in die Hand bekommen können, da sie es machtmäßig ja beinahe schon in der Hand hatten. Waren die Kaiser auch noch Römer, Illyrier, Griechen, ihre Frauen waren nicht selten Germaninnen: Bauto selbst wurde Konsul für das Jahr

385, seine Tochter Eudoxia aber wurde Kaiserin, und zwar eine der bedeutenden. Die Germanen waren in einem kaum vorstellbaren Maße akzeptiert, wozu natürlich der arrogante Spieltrieb der Byzantiner beitrug: ihre zunächst ironischen Kontakte zu den Germanen, oder theatralische Szenen, wie etwa, wenn der allmächtige Rufinus sich zum Empfang siegreicher germanischer Truppen als Germane kleidet und einflußreiche Eunuchen sich die so männliche Pelztracht der Germanenoffiziere um die fetten Schultern legen.
Ob dies alles einem Mann wie Theodosius natürlich erschien? Ob er, der große General, der Meinung war, selbst die im Römerheer geschulten Germanen seien keine Gefahr für das alte Reich, das sie an diesem Jahrhundertende so standhaft verteidigt hatten?
Sicherlich aber hat Theodosius sich dadurch von der Verantwortung freisprechen können, daß er ja keine Wahl hatte. Von allen Seiten bedrängt, wählte das Reich das kleinere Übel und setzte loyale und tapfere Blondköpfe gegen die Wildheit der unbotmäßigen Asiaten ein; man mußte beginnen, zwischen den Barbaren zu unterscheiden, so wie man hatte beginnen müssen, Bewohner der Kolonien mit dem römischen Bürgerrecht zu beglücken, schon lange Zeit vorher.
Brechen wir also nicht den Stab über einen Kaiser, der seit eineinhalb Jahrtausenden der Große genannt wird, und verlangen wir von ihm nicht das Unmögliche, Brandungswellen zu steuern. Die Männer, die auf ihnen reiten werden wie Gott Poseidon, sind nämlich schon geboren; der eine ist Germane, Gote aus königlichem Stamm, und heißt Alarich, der andere trägt einen gotischen Namen, der soviel bedeutet wie Väterchen und vor dem dennoch die Welt erzittern wird: Attila.

Ein Kapitel, das dem Westgotenkönig Alarich gewidmet ist, kann ebensogut *Alarich und Stilicho* überschrieben werden, und hätte ich nicht ein Buch auf den Spuren der Goten zu schreiben, so wäre vermutlich Stilicho Held dieses Abschnitts geworden, der Vandale, der in allem, was er ist und tut, genau das Gegenteil von dem an den Tag legt, was man gemeinhin als Vandalentum bezeichnet. Die Römer aber in diesem vandalisch-gotischen Kräftemessen, die sind zwei kaiserliche Jünglinge von lockeren Sitten, dürftigem Verstand und einem erstaunlichen Manko an Willenskraft: Arcadius, beim Tod des Vaters siebzehnjährig, der Erbe des Ostreiches, und Honorius, achtjährig, der die westliche Reichshälfte erbte. Will man wissen, wie weit es mit Rom gekommen war, dann braucht man nur diese beiden sogenannten Herrscher mit den Männern zu vergleichen, die tatsächlich herrschten, mit ihrem Mentor Stilicho und mit dessen größtem Gegner Alarich.

Noch aber genießt Rom die allgemeine Ehrfurcht und Verehrung der Eingeweihten, über die Jahrtausende hinweg nachklingend, wenn wir in Pauly-Wissowas unschätzbarer *Realenzyklopädie der Klassischen Altertumswissenschaft* über Arcadius lesen:

». . . der älteste Sohn des Kaisers Theodosius des Großen von der edlen Flacilla, die ihn ihrem Gatten ums Jahr 377 nach Christus in Spanien gebar, also in jener Zeit, wo Theodosius sich noch als Privatmann in stiller Muße auf seinen Gütern bei Cauca aufhielt.«

Das auf dem Lande geborene Kind der Muße »war von der Natur dermaßen vernachlässigt, daß es nicht möglich war, für seine geistige Entwicklung sich besonderen Hoffnungen hinzugeben«, womit in aller gebotenen Höflichkeit gesagt ist, daß Arcadius, schon mit fünf Jahren *Augustus*, ein Kretin war. Er war klein, schwächlich, im ganzen unansehnlich und stets ein wenig schläfrig, woran vielleicht die kräftige und schöne Germanin Schuld trug, die man ihm ins kaiserliche Bett gelegt hatte. Seine geistigen Interessen beschränkten sich darum auch auf Kalligraphie und auf religiöse Übungen. Interessant ist an dieser kläglichen Existenz eigentlich nur, mit welcher Promptheit sich schon die junge Kirche die Lenkbarkeit dieser traurigen Gestalt zunutze machte, im fünften Jahrhundert wie seither immer wieder: »Mit Ausnahme vielleicht der harten Verfügungen gegen die heidnischen Tempel und den heidnischen Cultus, wie auch gegen Häretiker, läßt sich während der ganzen Regierungszeit des Arcadius nicht eine Handlung auffinden, welche ihm selber angehörte.« Selbst seine Kinder hat er nicht selbst gezeugt, wie uns Gibbon berichtet: »Eudoxia war eine schöne junge Frau, die ihren Leidenschaften anhing und ihren Gemahl verachtete; Graf Johann genoß das innigste Zutrauen zumindest der Kaiserin, und das Volk nannte ihn den eigentlichen Vater des jüngeren Theodosius.« (Theodosius II. 401–450)

Nun, was Besseres konnte jenem zweiten Theodosius auch gar nicht passieren, denn wie das bei Spätlingen dieser Art oft der Fall ist, fehlte es Arcadius auch an der schlicht-männlichen Kraft. Eudoxia beschritt den Ausweg, den nach ihr in gleicher Lage Maria Stuart, Anna von Österreich und sehr viele andere bekannte und unbekannte Damen als richtig erkannten, und hätten sie es nicht getan, so hätten die Briten keinen Jakob I., die Franzosen keinen Ludwig XIV. gehabt, von den heimlichen und unbekannt gebliebenen genealogischen Aushilfen ganz zu schweigen.

Noch aber sind wir nicht beim zweiten Theodosius, sondern beim ersten, der sein Reich wieder auf die alte Basis des Erbkaisertums stellen wollte, der als ein kräftiger, wiewohl rücksichtslos lebender Mann noch mit einer ganzen Anzahl eigener Regierungsjahre rechnen zu dürfen glaubte und der darum wohl einen besonders schweren Tod hatte. Über Arcadius und über Honorius machte er sich keine Illusionen, wenn Honorius auch noch so jung war, daß nicht alle Hoffnungen begraben werden mußten. Die Strapazen eines jener

unablässigen Kriege gegen Mit-, Gegen- und Möchtegernkaiser hatten Theodosius den Großen im Herbst 394 arg angegriffen, und so gab der Kaiser Auftrag, seinen jüngeren Sohn Honorius nach Mailand bringen zu lassen: Er sollte dort zum *Augustus*, also etwa zum Dauphin für das Westreich, gekrönt werden, um die gleichen Würden und Ansprüche zu haben wie der ältere Arcadius im Ostreich.
Nach vorübergehender Besserung im Befinden des Kaisers trat am 17. Januar 395 die Krise ein. Der Kaiser lag im Sterben, die Söhne standen im achtzehnten und im elften Lebensjahr, und das Reich war, wie der eben mühsam beendete Feldzug zeigte, von innen wie von außen bedroht.
Für einen anderen war es jedoch die große Stunde: für den Vandalen Stilicho, dem Theodosius neben den Truppen, die eben über den Gegenkaiser Eugenius gesiegt hatten, auch noch die Streitkräfte des ganzen westlichen Reichsteiles unterstellt hatte. Das ist das entscheidende Faktum, damit sammelt sich die Macht Roms in der Hand jenes Mannes, der Alarichs stets überlegener Gegner sein wird, der es wiederholt in Händen haben wird, Alarich zu vernichten und die Goten zu Paaren zu treiben: Stilicho, eine imposante Begabung als Organisator, Praktiker und Kämpfer und zugleich der einzige Mann, dessen Loyalität gegenüber dem Kaisertum selbst in dem Intrigengewirr des sterbenden Reiches niemals bestritten wird.
Stilicho tritt ans Lager des sterbenden Theodosius, der längst weiß, daß Arcadius im Ostreich von dem geschickten und unentbehrlichen Rufinus beraten werden muß, Honorius im Westreich aber von der unvergleichlichen Autorität des Ambrosius, Erzbischofs von Mailand. Mehr als Beratung und Führung ist ja auch nicht notwendig, denn ein Augustus, mag er auch erst elf Jahre zählen, ist bereits gekrönt, es kann keinen Vormund mehr für ihn geben. Was zu entscheiden bleibt, ist also: Wem wird die kaiserliche Macht übergeben? Wer wird das Reich schützen und das Kaisertum der beiden Augusti? Das kann weder der glatte und feige Rufinus, Höfling, Schönredner, Palaststratege und Wollüstling byzanti-

nischer Prägung, noch Ambrosius, der Kirchenmann – das kann nur Stilicho, der oberste Feldherr, der Gemahl der Kaisernichte Serena und damit quasi der Schwiegersohn des Sterbenden, denn Serena war des Kaisers Pflegetochter.

Hat auch der Parteien Haß und Gunst die Nachrichten über dieses letzte Gespräch zwischen dem Kaiser und seinem besten Mann so weit verzerrt, daß letzte Klarheit über den Umfang der Betrauungen und Vollmachten schwer zu gewinnen ist, so erscheint es der Forschung doch als »eigentlich selbstverständlich, daß nach dem letzten Willen des Theodosius *beide* Söhne der Fürsorge Stilichos anvertraut sein sollten« (Lippold). Theodor Birt sieht den Sinn dieser Betrauung geradezu darin, daß Stilicho den Auseinanderfall der beiden Reichshälften verhindern solle, einer Entfremdung vorbeugen. Hatte der Kaiser auch jedem Sohn sein Erbe zugewiesen, so blieben sie doch Brüder oder sollten es bleiben – und das Reich damit ein Ganzes.
So weit das Auge reicht, gab es in jenem Winter auf das Jahr 395 niemanden, der diese Aufgabe besser lösen konnte als Stilicho, ja jeder andere hätte bedeutende Risiken in jenes hohe Amt miteingebracht; denn wenn auch Feldherren wie etwa Gainas oder Bauto mit der ungebrochenen Kraft der Germanen und ihrer römischen Bildung dem alten Reich unerwartete, neue Impulse gegeben hatten, so fehlte ihnen doch jenes Plus, das aus dem Feldherrn den Staatsmann macht, aus dem Krieger von großen Fähigkeiten das Oberhaupt eines Reiches. Man hat Stilicho mit einem gewiß faszinierenden Vergleich den Wallenstein jener Jahrhundertwende genannt, wobei die Schweden durch Alarichs Westgoten repräsentiert werden. Damit ist viel gesagt, aber dem Friedländer doch auch zuviel Ehre angetan, denn Stilicho kämpfte gegen Usurpatoren und Intriganten, niemals aber gegen die beiden seiner Obhut anvertrauten Kaisersöhne, die als selbständig handelnde Herrscher nie in Erscheinung traten. Und alles, worum es Wallenstein noch gehen mochte, um Geld, Ehre und Herrschaften, das besaß

Stilicho längst, der Mann, der sich seit Jahren als den Herrn Europas ansehen durfte.
Stilicho entstammt einer fürstlichen Familie des Vandalenvolkes, und wenn manche Quellen von königlichem Geblüt sprechen, so bedeutet das keinen Gegensatz, denn die germanischen Heerkönige konnten, wie das Beispiel der Goten zeigt, aus einem relativ großen Umkreis, aus einem edlen Sippenverband gewählt werden – eine ungeheure Überlegenheit gegenüber dem Erbkaisertum, das den besten und kräftigsten Barbaren germanischen, sarmatischen oder hunnischen Ursprungs die schlaffen Söhnchen überalterter Familien entgegenstellte.
Schon Stilichos Vater hatte im Römerreich hohe Kommandostellen inne, so daß sein Sohn bereits als römischer Bürger geboren wurde und eine hervorragende römische Erziehung genoß, ohne seine germanische Herkunft zu vergessen oder zu verleugnen: Er war der Mann der Stunde schon der drei Sprachen wegen, die er beherrschte: das Gemeingermanische, das man hier als eine *lingua franca* der Wanderstämme verstehen darf, das Lateinische und das Griechische als Sprache des Ostreiches.
Durch Tapferkeit schnell aufgestiegen und zum Liebling des Kaisers geworden, ging Stilicho an der Spitze einer Gesandtschaft 383 nach Persien. Damals soll er etwa fünfundzwanzig Jahre alt gewesen sein, stand also beim Tod des Theodosius noch nicht im vierzigsten Jahr, ein Mann auf der Höhe der Zeit und des eigenen Lebens.
Inmitten der Satrapenpracht Persiens scheint Stilichos eigenes Verlangen nach Macht und Reichtum erwacht zu sein. Die schönsten Prinzessinnen stellten dem hochgewachsenen, kräftigen und so männlich-schweigsamen Gesandten aus Rom nach, er aber brachte seine Tage auf Tigerjagden (!) zu und machte durch diese Zurückhaltung die Damen erst recht verrückt.
Stilicho wartete, wußte vielleicht sogar schon, auf wen, und führte bald nach der Rückkehr von jener Diplomatenreise die Kaisernichte mit dem hübschen Namen Serena heim, die

ihn, da sie adoptiert worden war, zum Schwiegersohn des Kaisers machte. Da er bald darauf auch alle militärischen Ehren in seiner Hand vereinigte, da er große Güter und einen prächtigen Palast bei Konstantinopel sein eigen nennen durfte, brauchte er, solange der Kaiser lebte, nicht mehr an sich zu denken.

Auch nach dem Tod des Theodosius wandte sich Stilicho keineswegs gegen den Hauptkonkurrenten um die ganze Macht, gegen Rufinus, dessen Gefährlichkeit er kennen mußte, sondern zog mit einer kleinen Heeresmacht an die unruhige Rheingrenze. In einem Feldzug, dessen Schnelligkeit Bewunderung erregt, bewies Stilicho seine überragenden Fähigkeiten. Alle großen Feldherren der Weltgeschichte haben ähnlich eindrucksvolle Erfolge aufzuweisen wie dieser noch nicht vierzigjährige Vandale, der eben erst die volle Macht übernommen hat; aber nur sehr wenige sind so ungemein schnell wie er und bezwingen so souverän Berge, Flüsse, Wälder. Er muß die Völker am Rhein durch seine Person und sein Wort besonders beeindruckt haben, denn der Friedensschluß, den er erreicht, hält zwanzig Jahre lang, länger als unter Cäsar . . .

Dann erst wendet er sich gegen Osten, wo die Goten unter ihrem jungen König Alarich Unruhe stiften, im Ostreich umherziehen und vor allem in Griechenland plündern. Und vielleicht hat Stilicho sogar erfahren, daß die ausgedehnten Güter des Rufinus bei all diesen Gotenzügen auffällig geschont werden. Alarich ist kein blindgieriger Barbar. Bei aller Jugend ist er clever genug, das Zünglein an der Waage zu spielen, an der Waage zwischen Ost und West, zwischen Arcadius und Honorius, was natürlich heißt: zwischen Rufinus und Stilicho.

Sobald Stilicho und Alarich einander gegenübertreten, wird die bizarre Situation gegeben sein, daß Germanen aus königlichem Geschlecht einander auf römischem Boden bekriegen, daß der Vandalensproß römische Soldaten gegen die Goten führt. Nicht nur die wandernden Völker verwirren die Geschichte dieser Jahrhunderte, auch die Herren, die ihnen gebieten, tragen das ihre zu dieser Verwirrung bei und tun ein übriges durch ihre Ehen und die Ehen ihrer Söhne und Töchter . . .

Immerhin können wir festhalten, daß Alarich kein bloßer Heerkönig ist, kein zu bestimmten Zwecken erwählter Schwertschwinger, der in bewegten Zeiten seine Pflicht an der Spitze tut, sondern ein Fürst von höchstem Herrschaftsanspruch. Er entstammt dem westgotischen Königsgeschlecht der Balthen, das nach den Worten des Jordanes das edelste nach den Amalern war und für die Westgoten soviel bedeutete wie die Amaler für die Ostgoten. Dennoch wissen wir von den Balthen herzlich wenig; niemand hat sich die Mühe gemacht, ihren Stamm bis in die mythischen Wurzeln zurückzuverfolgen, und selbst im Geäst der Krone ist sehr vieles unklar, und das, was klar scheint, ist nicht sicher verbürgt.

Baltha soll soviel wie *audax* bedeutet haben; die Balthen, die mit den Balten an der Ostsee nichts zu tun haben, sind also die Kühnen oder, in einem tapferen Volk, die Kühnsten der Kühnen, wie es sich für die Fürsten geziemt. Um so erstaunlicher ist es, daß Alarich der erste verbürgte Balthe ist, der erste, dessen Name eindeutig mit dem Geschlecht in Verbindung gebracht wird. Wenskus vermutet allerdings in seinem Artikel im *Reallexikon der Germanischen Altertumskunde,* daß schon Ariarich, der 332 einen Vertrag mit Kaiser Konstantin schloß, ein Balthe war. Dafür würde auch sprechen, daß sein Enkel Athanarich eine so außerordentliche Herrscherposition einnahm, Autorität war und blieb, auch als er beinahe keine Macht mehr hatte und selbst als ins Exil fliehender Greis von Kaiser Theodosius noch mit den höchsten Ehren willkommen geheißen wurde. Parvenüs wird derlei ebensowenig zuteil wie Usurpatoren, weswegen man annehmen darf, daß die Balthen schon seit mindestens hundert Jahren die angesehensten Fürsten des westgotischen Stammesverbandes stellten, als Alarich der erste Westgotenkönig im engeren Sinn des Wortes wurde, der erste, dem alle Stämme bedingungslos in ein abenteuerliches Schicksal folgten.

Alarich, König der Westgoten (370–410). Einziges zeitgenössisches Porträt. Zeichnung nach dem in Stein geschnittenen Siegel. (Bildarchiv Preußischer Kulturbesitz)

Königlich-stolz reagierte Alarich darum, als er mit seinen Goten die Kastanien für Kaiser Theodosius aus dem Feuer geholt hatte und dafür nicht den erwarteten Dank erntete: Als am Frigidus, in der Schlacht des Jahres 394, der Gegenkaiser Eugenius geschlagen wurde, hatten die Goten, in vorderster Linie kämpfend, erhebliche Verluste erlitten, durch ihre Tapferkeit aber dem Kaiser den Sieg über Arbogast und Eugenius gebracht. Der starken Führung durch Alarich war es auch zu verdanken gewesen, daß die Goten sich um den wütenden Bora-Sturm nicht sonderlich gekümmert hatten, der die abergläubischen Gegner unter Eugenius und Arbogast vollends verwirrte.

Im Januar 395 starb Kaiser Theodosius, der Mann, an den die Goten Ansprüche zu haben meinten, und sein Feldherr und Reichsverweser Stilicho entließ die gotischen Truppen in die ihnen schon vorher zugewiesenen Landschaften Niedermösiens, des langen Streifens nordbalkanischen Landes zwischen dem Zusammenfluß von Save und Donau im Westen und der heutigen Dobrudscha im Osten, am Schwarzen Meer. Murrend zauderten die Goten, sich wieder an die Bauernarbeit zu machen, weit wegzuziehen von den schönen und reichen Städten, die sie im Krieg gesehen hatten und die sie sich verdient zu haben glaubten; denn daß es ein römischer Bürgerkrieg gewesen war, in dem die Germanen nur ein ganz klein wenig hatten plündern dürfen, das waren genau jene Finessen, die einem enttäuschten Söldner nicht so schnell ins Hirn wollen, ja die seine Wut erst so richtig kochen lassen.

Alarich, der sie am Frigidus schon geführt hat, soll sie weiterführen, soll sie zurückkehren lassen in jene Länder, wo man nur zu nehmen brauchte, statt zu ackern, zu säen und dann erst zu ernten. Aber inzwischen ist Stilicho – der wohl wußte, warum er sich so beeilte – vom Rhein zurück, hat Frieden gestiftet und hat nicht die Absicht, seine großen Ziele, die Herrschaft über das ganze Reich, durch die Unzufriedenen aus Niedermösien gefährden zu lassen. Ehe Alarich so recht weiß, wie ihm geschieht, haben Stilichos Trup-

pen die gotische Wagenburg umzingelt; alle Positionen sprechen für Stilicho, die Goten, die eben noch so kampflustig waren, suchen unschlüssig die Gebirgshänge ab, über die es kein Entkommen zu geben scheint. Da naht die Rettung in Gestalt des oft bemühten reitenden Boten: Der junge Kaiser in Konstantinopel, der Knabe unter der Obhut des Rufinus, befiehlt dem Stilicho, mit seinen Truppen den Boden des oströmischen Reiches zu verlassen, er, der Kaiser, habe ihn nicht gerufen.
War Stilicho überrascht? War er befriedigt? Lachte er grimmig, oder dachte er etwa gar in echtem Schmerz an die Todesstunde des Theodosius, der ihm *beide* Söhne und damit beide Reichshälften anvertraut hatte? Den Zwölfjährigen in Konstantinopel jedenfalls brauchte er nicht verantwortlich zu machen, der Gegner hieß Rufinus, das war klar, und so zog Stilicho mit den weströmischen Truppen gehorsam ab, als füge er sich, und bewahrte damit Alarich und die eingeschlossenen Westgoten vor der Vernichtung.
Die Truppen des Ostreiches standen unter dem Befehl des (natürlich) germanischen Heermeisters Gainas. Rufinus mußte sie festlich empfangen, denn sie hatten für Theodosius gesiegt, und so ritten denn der jugendliche Kaiser und neben ihm sein Mentor den heimkehrenden Truppen entgegen. Ja, Rufinus hatte, um den Goten Gainas zu ehren, sich einen Germanenpelz um die Schultern geworfen.
Es wird berichtet, daß Rufinus schmeichlerisch alle Offiziere persönlich begrüßte, die er kannte. Er geriet in den Kreis der Goten-Hauptleute, er sah sich plötzlich von lauter Barbarengesichtern umgeben, und blitzschnell, ehe noch ein Ruf bis zum Kaiser Arcadius gelangen konnte, drangen sie mit ihren Schwertern auf ihn ein. Stilicho hatte einen Gegner weniger, und er war viele Tagemärsche von der Stelle entfernt, wo dieser Gegner den Tod gefunden hatte. Besser hätte es für ihn gar nicht kommen können, mochte man meinen, wäre Byzanz nicht die Stadt, in der man einem Monstrum nur das Lebenslicht auszublasen braucht, um das nächste damit zu erwecken: Der Nachfolger des Rufinus war um nichts besser,

nur um ein Endchen kläglicher – es war der Eunuch Eutropius.
Jener Dritte, der sich über all diese Kabalen freuen konnte, war der junge Alarich. Die Westtruppen waren auf dem Weg in ihre italienischen Garnisonen, das Ostreich wurde von einem gierigen Sklaven regiert, der seinem Kaiser, um ihn zu beschäftigen, die schöne Eudoxia ins Bett gelegt hatte, etwas, worauf Palasteunuchen sich seit jeher besonders gut verstanden. Nun brauchten die Goten also auf niemanden mehr Rücksicht zu nehmen; Griechenland lag vor ihnen, und sie drangen plündernd und raubend auf dem heiligen Boden vor, wie ihre Väter und Großväter seinerzeit in Anatolien und am Ostmittelmeer.

An dieser Wende vom vierten zum fünften *nach*christlichen Jahrhundert war Griechenland offensichtlich sehr weit von jenen Tugenden entfernt, die es im fünften und vierten *vor*christlichen Jahrhundert zu ewigem Ruhm gebracht hatten. Nicht einmal in dem leicht zu verteidigenden Paß der Thermopylen machten die Griechen den Versuch, Alarich und seine Goten aufzuhalten; die Städte begannen angesichts der Angreifer sogleich Verhandlungen über Kontributionen, und selbst das große Athen, die Weihestätte noch der Römer, die hier griechische Bildung suchten, kapitulierte mit gnädigen Bedingungen: Man entäußerte sich eines Teils der inzwischen angehäuften Reichtümer, denn das Volk der Krieger und Denker war zu einem Volk der Kaufleute und Reeder geworden. Als Sieger mit kleinem Gefolge, von den Goten vor den Toren fürchterlich genug beschützt, ritt Alarich in die berühmte Stadt ein, deren Namen ihm vermutlich aber nicht sehr viel sagte, und ließ sich so lange verwöhnen, bis alle Bürger der Metropole festgestellt hatten, daß jener König eines unbekannten Volkes immerhin über einwandfreie Tischsitten und gute Umgangsformen verfüge. Und noch heute klingt unstillbare Trauer durch die Historie, wenn die sonst oft so trockenen Gelehrten berichten, daß die Goten ihre Pferde im kastalischen Quell, also im Tempelbezirk von Del-

phi, getränkt hätten, ein Sakrileg, das wegen des Brunnenhauses, das heute noch steht und damals schon stand, wohl nicht ganz einfach zu bewerkstelligen war.
Größeres Leid entstand in zahllosen brennenden Dörfern, in den zerrissenen Familien, die den Goten ohne jeden Schutz preisgegeben waren und nicht geschont wurden. »Die weiblichen Gefangenen verfielen dem Kriegsrecht, denn der Genuß der Schönheit war der Lohn der Tapferkeit, und die Griechen konnten sich vernünftigerweise nicht über eine Sitte beklagen, die durch das Beispiel der heroischen Zeiten gerechtfertigt wurde.« Soweit dazu Gibbon, der uns allerdings nicht sagt, wo die Tapferkeit sichtbar wird, wenn es an Gegenwehr so völlig fehlt: selbst Sparta ergab sich kampflos . . .
Hilfe oder Rettung waren nicht mehr möglich, das Unglück war geschehen; also ging es nur noch um die Bestrafung der Übeltäter und um die Abschreckung, die kommende Gotengeschlechter vor ähnlichen Einfällen warnen sollte, als Stilicho mit weströmischen Truppen herbeieilte. Der neue Kaisermentor, der Eunuch Eutropius, hatte um Hilfe gerufen, und so durfte Stilicho diesmal auf dem Boden des Ostreiches Krieg führen. Er stieß ohne Verzug mitten hinein ins Geschehen, indem er sich den mühsamen Anmarsch ersparte und seine Truppen bei Korinth an Land setzte. Selbst wenn man annimmt, die Goten seien völlig überrascht worden, wenn man weiß, daß plündernde Heere schlecht kämpfen, nicht so sehr wegen der von Gibbon erwähnten weiblichen Beute als wegen der geraubten Wertgegenstände, von denen sich die Helden weit schwerer trennten als von den erbeuteten Beischläferinnen – selbst dann ist dieser neue militärische Triumph des Stilicho über ein als tapfer bekanntes Räubervolk wiederum als ein Geniestreich zu werten. Alarich, obwohl seit geraumer Zeit im Land, fand sich plötzlich auf einem wasserlosen Hochplateau umzingelt. Das vielbesungene Arkadien schien für ihn Walhall zu werden, als Stilicho sich trotz aller Reckentreue doch zu einer Art Pression entschloß: Er forderte Kaiser Arcadius im fernen Konstantinopel

ultimativ auf, Eutropius in die Wüste zu schicken und sich voll Stilicho anzuvertrauen, und als Arcadius ablehnte, erkor Stilicho den geschlagenen Alarich zum neuen Bundesgenossen. Und deswegen durfte er ihn nicht mehr verdursten lassen.

Wir sind ja allerlei gewöhnt, die Weltliteratur hat uns seit mehr als zwei Jahrtausenden mit einer Menge von Intrigen und Peripetien vertraut gemacht, und wenn das noch nicht genügen sollte, so schärfte das Doppel- und Dreifachspiel moderner Geheimdienste, fernsehgerecht aufbereitet, inzwischen wohl auch den von Digests verwöhnten Verstand; dennoch ist das, was sich in jenen Jahren nach Theodosius in und um Byzanz, zwischen Byzanz und Rom und Ravenna begibt, kein Strickmuster mehr, sondern eher eine komplizierte Schaltung. Aber da es uns glücklicherweise um Alarich geht, dürfen wir auf die Verbrechen des Rufinus, die Verbrechen des Eutropius und die all dies bewirkenden Intrigen erleichtert verzichten. Nur daß Eutropius böse war, daß er in seinem Eunuchenzorn den Stilicho fortan als Volksverräter ansah und seinen Besitz beschlagnahmte, das müssen wir anführen, vor allem auch, weil diese Besitzeinziehungen die Lieblingsbeschäftigung des Eutropius waren.

Von Stilicho aus gesehen ist das nun tatsächlich eine Wallensteinsche Handlung, einen gefangenen Gegner entrinnen zu lassen, um ihn als Verbündeten zu gewinnen, also seinem Kaiser neue Gegner aufzubauen, indem man die alten schont. Das werden wir alles noch lesen, wenn die Geschichte soweit ist, Stilicho aber hat es jedenfalls schon vor Tisch gelesen, und da klang es auch nicht anders. Und so wie Wallenstein wenigstens nach außen weniger gegen den Kaiser in Wien wütete als gegen jene, die ihn berieten, so durfte schon Stilicho von sich sagen, daß ihn nichts gegen den hochgeborenen Erben treibe, aber alles gegen einen Minister, der aus niedrigster Sklaverei durch Ränke und Verbrechen zur Macht aufgestiegen sei. Was für seltsame Zeiten, da ein Vandalenfürst und ein obskurer Palastschammes um die Gunst eines kaiserlichen Jünglings kämpften!

24 *Die Misenische Halbinsel: ». . . einer der geheimnisvollsten Teile Italiens, ein Stück Land, wo jeder Fußbreit Boden Geschichte ist und Erinnerungen birgt . . .«*

25 *Oben: Gürtelschließe (um 585–620). Aus dem Westgotenfriedhof bei Carpio de Tajo (Prov. Toledo). Madrid, Museo Arqueológico.*

27 *Cruz de los Angeles (Engelkreuz). Gestiftet 808 von König Alfonso II., dem Keuschen (792–842). Oviedo, Kathedrale, Cámara Santa.*

◁ **26** *Bronzefibel (um 585–620). Aus dem Westgotenfriedhof bei Herrera de Pisuerga (Prov. Palencia). Madrid, Museo Arqueológico.*

28 *»Im stillsten Umbrien . . . trafen die Armeen des Ostgotenkönigs Totila und des byzantinischen Feldherrn Narses 552 n. Chr. aufeinander.«*

Die Lage wird noch grotesker, als Eutropius nun beginnt, offen gegen Stilicho Krieg zu führen. Mit den Waffen wäre das natürlich aussichtslos, man kann sich auch gar nicht vorstellen, daß Germanen und Hunnen, die einzigen noch zur Verfügung stehenden Truppen, unter dem Kommando eines Eutropius in den Krieg ziehen würden, zwei stolze, wilde Völkerschaften von durchaus maskuliner Ehrauffassung, die über all das, was dem Eutropius etwas bedeuten mag, höchstens verächtlich lachen. Darum sucht der Byzantiner denn auch andere Möglichkeiten, Rom zu schaden, und verfällt auf Nordafrika, Roms Getreidekammer.

Italien mit seinen großen Städten war stets von Getreideeinfuhren abhängig, sie kamen lange Zeit aus Alexandria, ja vom Schwarzen Meer, seit dem Erstarken eines selbständigen Ostreiches aber in zunehmendem Maß aus dem nahen Nordafrika. Ein Seeräuberführer wie Sextus Pompeius hatte auf dem Umweg über die Getreidetransporte den großen Octavianus Augustus unter Druck setzen können, denn der hungrige römische Pöbel wäre mit jedem Kaiser schnell fertig geworden, der nicht für Brot sorgte. Und auch jetzt unter Stilicho und Honorius war Libyen wieder eine Achillesferse des Westreiches. Die Goten hatten ihre Lektion erhalten; von ihnen durfte Stilicho annehmen, daß sie eine Zeitlang versuchen würden, an friedlichem Landleben Gefallen zu finden; in Libyen jedoch herrschte ein Afrikaner mit dem Namen Gildo, ein Maure, wie es heißt, aber zweihundertfünfzig Jahre vor Mohammed gewiß kein Araber, sondern wohl eher ein Berber. An sich nur Statthalter Roms, lebte er in Karthago doch in jener vollen afro-orientalischen Großkönigspracht, wie sie einst sogar einen Cäsar und nach ihm Marcus Antonius in Versuchung geführt hatte.
Ein Jahrzehnt der kuriosesten Ausschweifungen scheint den Verstand dieses Gildo stärker angegriffen zu haben als seinen Mut. Er hatte es sich in den Kopf gesetzt, so wie bei den Rindern auch eine scheckige Menschenrasse zu erzeugen, und kopulierte unter ohrenbetäubender Beckenmusik und

narkotischen Weihrauchdüften die schönsten weißen Frauen und Mädchen seiner Piratenbeute mit den prächtigsten schwarzen und braunen Athleten, die er auf seinen Jagden einfing. Und da die Produkte zwar durchaus ansehnlich, aber unikolor waren, ersann er die verrücktesten Beischlaftechniken in der Hoffnung, das ersehnte Fleckenmuster erzeugen zu können – wenn dies nicht überhaupt alles ein Vorwand war, um der Dauerorgie einen gewissen Sinn zu geben.

Dieser Mann, ein Extrem, das sich folglich mit dem Eunuchen Eutropius in den Exzessen berühren mußte, war schnell bereit, dem starken Regiment eines Stilicho zu entsagen und sich unter den dicken Weichling in Byzanz zu stellen, der ja doch nur nominell herrschen würde. Er zwang die Getreideschiffe, im Hafen zu bleiben, und Rom wäre in Bedrängnis geraten, hätte Stilicho nicht blitzschnell für Zufuhren auf dem Rhôneweg aus Gallien gesorgt – wiederum ein Beweis für die wichtige Tatsache, daß Stilicho mehr als ein Feldherr, daß er zum Herrschen berufen war. Solange der Konflikt mit Gildo auch währte – Rom jedenfalls hatte genug zu essen und gefüllte Kornkammern.

Ja, Stilicho mußte sich nicht einmal selbst nach Afrika bemühen, denn Gildo hatte in seiner sinnlosen Grausamkeit für einen erbitterten Feind gesorgt: Aus Sorge um seinen Thron hatte er die Söhne seines Bruders ermorden lassen, und dieser untröstliche Vater, er trug den merkwürdigen Namen Maskezel, dürstete natürlich nach Rache.

Gildo soll in römischen Diensten tapfer gekämpft, sich den Rang eines militärischen Grafen errungen haben, für den wir freilich heute keine moderne Entsprechung zu nennen wüßten, und wäre also ein überlegener Gegner für jedes Landungskorps gewesen, das notwendigerweise ja klein sein mußte. Aber ein Dutzend Jahre der Ausschweifungen, der alles vernünftige Maß übersteigenden Exzesse müssen dem so plötzlich Bedrängten die Vernunft getrübt haben. Er vergaß, wen er gegen sich hatte; er unterschätzte die fünftausend erprobten Kämpfer der gallischen Legionen, die sich

gegen Gildo von dem Vorwurf reinwaschen konnten, daß sie nur Gegenkaiser unterstützten: Sie hatten die ersehnte Gelegenheit, ehrlich und dem Reich nützlich zu werden, und da spielte es nun keine große Rolle, ob ihnen der Wüstenwüstling die vier-, fünf- oder zehnfache Übermacht entgegenstellte.
Es sollen schließlich siebzigtausend halbnackte, schreiende und gestikulierende *Soi-disant*-Krieger gewesen sein, die sich gegenseitig zubrüllten, um sich Mut zu machen, als die Legionäre im ruhigen Schritt ihrer Traditionen heranrückten. Ohne Schilde, am linken Arm nur den gerollten Burnus, so konnte man einen tollwütigen Wüstenfuchs bekämpfen, nicht aber die Römer. Als dem Fahnenträger Gildos der Arm abgeschlagen wurde und die Fahne in den Sand sank, war die Schlacht auch schon beendet. Das Aufgebot Afrikas zerstob in alle Winde, Gildo, in der Niederlage plötzlich ernüchtert, gab sich in einer Felsenhöhle den Tod. Die Kinder des Maskezel waren gerächt, die Versorgung Roms mit punischem Getreide gesichert, Stilicho wieder einmal Triumphator über Eutropius.

Der Mann, der ihm ähnliche Triumphe nicht so leicht gemacht hatte, der Gotenkönig Alarich, saß inzwischen geduckt und lauernd wie ein Raubtier im Epirus, einer der alten Landschaften des südlichen Illyrien, über deren Wert sich die Gelehrten offenbar nicht einig sind. Man kann lesen, daß das karge Land den Goten nicht genügte, weswegen Alarich hier schmollend auf Rache sann; andere bescheinigen Alarich, daß er das Engagement Stilichos in Afrika nützte, um sich im reichen Epirus festzusetzen.
Nun, wir möchten weder die empfindlichen Albaner noch die Griechen kränken, wenn wir der Vermutung Ausdruck geben, daß die Goten mit diesem bis an die Küste bergigen Land nicht allzuviel anfangen konnten. Die Täler waren so vollständig voneinander abgeschlossen, daß sich hier Teilfürstentümer bis an die Schwelle der Neuzeit hielten; und daß dort, wie der gute alte Meyer beteuert, »die meisten

unserer deutschen Waldbäume, namentlich Eichen und Buchen, gedeihen«, mag dem stürmisch-gierigen jungen Gotenkönig ein schwacher Trost gewesen sein.
Darum betrachtete er dieses noch heute nie besuchte und kaum zugängliche Land zweifellos nur als eine Wartestellung, und es spricht für seine Findigkeit, daß er selbst von dort aus einerseits mit Byzanz verhandelte, um sich Mittel für den Kampf gegen Westrom zu beschaffen, andererseits aber im durchaus modernen Sinn rüstete. Auf allen Raubzügen hatten die Goten Handwerker mitgeführt und geschont; das römische Illyrien lieferte, was dazu noch fehlte, nämlich Werkzeug, Eisen und Muster. Und so dröhnten in den stillen epirotischen Tälern die Hämmer, klangen hell die bearbeiteten Schwerter und Spieße. Es war ein drohender, verräterischer Lärm, über dem die Wipfel der deutschen Eichen rauschten: Alarich bereitete sich auf den großen Kampf gegen Stilicho vor, auf den Zug nach Rom.
Man kann sich auch gar nicht vorstellen, daß ein Volk, das vom Kriegführen lebt, von Raubzügen oder vom Söldnereinsatz, zwischendurch immer wieder zu friedlicher Beschäftigung zurückkehrt, daß die Männer wieder zu Bauern und Viehzüchtern werden, ganz abgesehen davon, daß Kriege nicht immer dann ausbrechen, wenn der Bauer gerade Zeit für das Soldatendasein hat. Darin lag zweifellos die größte Schwäche des neuen römischen Grundsatzes, kräftige und junge Völker aus dem unendlichen Reservoir barbarischer Lebenskraft ins Reich hereinzunehmen, anzusiedeln und in die Legionen einzugliedern. Das klappte nicht bei den Goten, das führte bei den Hunnen – wo es erstaunlich lange funktioniert hatte – zur Völkerschlacht von Châlons-sur-Marne, das war ganz offensichtlich eine Notlösung gewesen. Sie mußte in dem Augenblick versagen, da diese Barbaren Führer erhielten, die den römischen Machthabern intellektuell ebenbürtig waren. Einem Alarich, der an der Seite Stilichos gekämpft und einen hohen römischen Militärrang erhalten hatte, konnte man das Leben heimatloser Söldnerführer ebensowenig zumuten wie später einem Attila.

Aber während Attila mit dem Zweckdenken asiatischer Räubergenerale stets die schwächste Stelle zu finden wußte und darum Byzanz drangsalierte, scheint bei Alarich schon jenes teutonische Gedankengebräu das Handeln zu bestimmen, in dem Stolz, Ehrgeiz, Phantasie und große Worte kräftigere Essenzen sind als die schlichte Vernunft. Dem Eutropius ist durchaus zuzutrauen, daß er all das wußte und ausnützte, daß er den jungen Helden vor seinen stinkenden Karren spannte, ihm die Ziele wies, den Ruhm verhieß, die Kartographen und Proviantmeister schickte. Aber das Wesentliche, den harten Germanenschädel, den brachte Alarich selbst mit; der ist so eindrucksvoll, daß ältere, noch vom Germanenbild des vorigen Jahrhunderts beeinflußte Forscher wie Theodor Birt an die Einflüsterungen aus Byzanz nicht glauben wollen:
»Was trieb Alarich nach Westen? Sicher nicht (!) der byzantinische Hof. Es war sein eigener Wille; es war das natürliche Begehren nach Steigerung der so leicht errungenen Vorteile; es war der Tatendrang des jungen, heldenhaften Menschen, der sich seines Könnens froh bewußt ist.«
Ebenso froh war Alarich gewiß auch darüber, daß sich im ersten Jahr des neuen, des fünften Jahrhunderts unversehens aus dem Donauraum heraus ein gut berittener Räuberbund nach Westen zu in Bewegung gesetzt hatte. Da hatten sich unbeschäftigte Hunnensöldner mit Alanen, mit versprengten Ostgoten und anderen Germanen zusammengetan und stifteten Unruhe. Eine Gefahr für Stilicho war derlei nicht, das wußte niemand besser als Alarich, der die Kriegskunst des großen vandalischen Heermeisters am eigenen Leib erlebt hatte, aber es gab ihm Luft für den eigenen Aufmarsch durch das unwegsame Dalmatien. Alarich kann aus den kargen Bergen zwischen Istrien und Görz hinausbrechen in die venetische Ebene und seine Truppen aus einem Land versorgen, das schon lange keinen fremden Feind gesehen hatte: Seit den Kimbern und Teutonen aus den Jahren 102/100 vor Christus, also seit genau einem Halbjahrtausend, waren keine Germanen mehr in Italien eingedrungen.

Da Stilicho noch in Pannonien festgehalten ist, wirft Alarich mühelos nieder, was ihm Rom entgegenstellt, und zieht in die Po-Ebene, vor die reichen Städte, nach denen er sich in den Hungerwintern von Epirus immer wieder gesehnt hatte. Er kommt vor Mailand, die Residenz des jungen Honorius, die Kaiserstadt, die Stadt des Bischofs Ambrosius, und schließt sie ehrfurchtslos ein.

Unter den Männern, die von den Zinnen der Bischofsstadt sehnsüchtig nach Nordosten blicken, von woher Stilicho mit dem Entsatzheer anrücken muß, befindet sich auch ein Dichter, der letzte große Panegyriker der römischen Literatur, wie man lesen kann, keineswegs der letzte aber in der Dichtergilde der Schmeichler und Propagandisten, denn Claudian, Stilichos Leibpoet, ist zwar ein genialer Verseschmied, ein Epigone von oft beglückend schönem Gesang, aber im übrigen ist er so käuflich, wie es Martial und viele andere waren, wie es Aretino und viele seiner Kollegen noch sein werden.

Claudian deutet an, daß Byzanz hinter dem Westfeldzug des Alarich steht, und noch für sehr viele andere Mitteilungen aus jener Zeit ist er die einzige Quelle. Aber er wird auch nach Stilichos Tod den Mann verleugnen, der ihm die Notarspfründe und die reiche Heirat verschaffte, und damit ist er in dem ganzen blutigen Gewoge von Intriganten, Helden, Heiligen und Räubern doch nur eine klägliche Figur, ein Spätling eben, weil die Zeiten, da ein Homer die Kriege besang, ein Teiresias den Schlachtentod verkündete, ein Vergil die Herrscher pries, weil die großen Zeiten, um es kurz zu sagen, eben dahin waren.

Alarich und Stilicho freilich benehmen sich, als wollten sie das nicht wahrhaben. Während der pannonische Räuberbund die Persönlichkeit Stilichos durchaus richtig einschätzte, ohne viel Federlesens mit ihm packelte und ihm sogar Kontingente gegen Alarich stellte, gebärdet sich der junge gotische Heerkönig als der neue Herr Italiens und zieht umher, als gebe es Stilicho gar nicht. Der freilich läßt ihm auch Zeit dazu, zieht vorsichtig Truppen aus Gallien, ja aus Britannien heran und scheint entschlossen, diesmal nichts zu riskieren: Alarich muß fallen.

Aber der junge Gotenfürst hat Erfahrungen gesammelt, und das flache Norditalien ist mit den Bergen des Peloponnes nicht zu vergleichen. Als Stilicho endlich waffenstarrend und mit großer Macht heranrückt, finden die Goten den Ausweg und entweichen nach Genua. Ganz offensichtlich wollen sie nicht in den Karst zurück.

Stilicho muß weitermarschieren, weiterschwenken, denn auch an der tyrrhenischen Küste könnten die Goten den Weg nach Süden, nach Rom nehmen. Die hübschen Ferienorte, die wir heute so lieben, Portofino oder Rapallo zum Beispiel, sie sind zwar allesamt noch Fischernester, aber wenn die schnellen gotischen Truppen erst einmal in den italienischen Stiefel hineingeschlüpft sind, dann ist es um das Prestige des Feldherrn Stilicho nicht mehr gut bestellt. Darum treibt der Vandale seine zusammengewürfelten Truppen zu Eilmärschen. So schnell, wie sie den Übergang über die Addua bewerkstelligten, wie sie Mailand entsetzten, verlegen sie nun den Goten den Weg nach Süden, und es kommt bei Pollentia zur Osterschlacht des Jahres 402.

Vom Epirus bis in den Raum von Turin sind die Goten gezogen, eine kleine Völkerwanderung also, und immerzu kämpfend haben sie Hunderte von Kilometern altrömischen Reichsbodens durchmessen, erobert, geplündert. Das war ein Alarmzeichen, und darum mußte auch die Niederlage der frechen Eindringlinge mindestens so eindrucksvoll werden wie ihr Raubzug durch das Stammland des Reiches. Am 6. April 402, dem Ostersonntag, treffen die Heere aufeinander, Stilicho, dem man heidnische Sympathien nachsagt, Alarich, der wie ein junger Barbarengott durchs Römerreich stürmte.

Italiens geschichtsträchtiger Boden bewahrt alle Namen, nicht aber die Spuren, denen wir doch folgen möchten. Südlich von Asti, am Flüßchen Tanaro, wo die Schlacht stattfand, gibt es noch ein Dorf Polenzia, auch Pollentia und ähnlich geschrieben, und so mancher Weinberg, der heute zum Ruhm des Asti Spumante beiträgt, mag gotische Krieger und Mannen des Stilicho decken. Die eigentliche Auseinandersetzung aber muß in ebenem Gelände, also näher an den Flußufern stattgefunden haben, da sich im Hügelland die gotische Reiterei nicht hätte entfalten können. Und darum kann es leicht sein, daß dort, wo Stilicho befehligte, heute eine Agip-Tankstelle ihr schwarzgelbes Schild in den Himmel hebt, und dort, wo Alarichs Reiter attackierten, die N 456 vom Süden herauf ihr Asphaltband gegen Asti führt.

Claudian, der Dichter, der schon Honorius zusehen läßt, wie Stilicho nächtlicherweile durch die Addua schwimmt, um Mailand zu retten, der uns die Wachtfeuer der Goten schildert und das Erschrecken in der immerhin noch fernen Stadt Rom, er weiß auch über die Schlacht am Tanaro Einzelheiten zu berichten, die nicht alle falsch und nicht frei erfunden sein können, weil er damit ja seinen Helden selbst der Lächerlichkeit preisgegeben hätte. Eine Art Koreferat, weil eher *gegen* den Stilicho eingestellt, vermittelt uns der Kirchenschriftsteller Orosius in seiner bis zum Jahr 417 reichenden Weltgeschichte (418 starb er), wo er vor allem den Tag der Schlacht mißbilligt und die Betrauung des heidnischen Generals Saulus mit einem römischen Kommando.

Das Bild der Schlacht ergibt sich nur vage aus diesen und einigen dürftigeren anderen Quellen. Alarich hatte seine Stellungen am Flüßchen Urbs (heute Orba), Stilicho am Tanaro; Marengo, ein Schlachtort jüngerer Vergangenheit, ist nicht fern.

Nach den üblichen Ansprachen, in denen die Dichter so gerne schwelgen, dringen die Heere aufeinander ein, wobei die Barbarenreiter des Stilicho zunächst ein leichtes Übergewicht gewinnen und die Goten zurückdrängen können. Als sich aber Alarich selbst an die Spitze seiner Truppen stellt, werfen die Goten im Schwung die Reiterei des Stilicho, töten deren alanischen Führer und vernichten den rechten Flügel der Römer. Auch das aus Legionären gebildete Zentrum Stilichos ist damit in Gefahr, aber hier kommandiert der erfahrene Feldherr selbst. Wie auf dem Exerzierfeld schwenken die Legionen in die neue Kampfrichtung, nehmen die anreitenden Goten mutig an, und das Reiterungestüm verwandelt sich angesichts der unerschütterten Reihen der Fußkämpfer in ein Debakel.

K. Düwel sagt in seinem Alarich-Artikel im *Reallexikon der Germanischen Altertumskunde* apodiktisch: »Der Kampf ging unentschieden aus; unter den gotischen Gefangenen befand sich auch Alarichs Familie.« Aber gerade an diesen beiden Fakten haben schon Eduard von Wietersheim und Felix Dahn Zweifel angemeldet, die seither nicht ausgeräumt werden konnten, da sich entscheidende zusätzliche Quellen nicht erschließen ließen. Gewiß ist Claudian, der von einem vollständigen Sieg und unermeßlicher Beute Stilichos, aber auch von der Befreiung Tausender Kriegsgefangener und Gotensklaven berichtet, nicht ohne weiteres glaubwürdig. Zu seinen Angaben über die Eroberung des gotischen Trosses paßt aber die Bemerkung, daß »Alarichs Ohr von den Wehklagen seiner Gemahlin getroffen« wurde, was man auf den Verlust ihrer Habe ebenso beziehen kann wie darauf, daß sie selbst in Gefangenschaft geriet. Zwingend erscheint nur, daß der Gotentroß genommen wurde, wohl auch, weil er Stilichos Leuten das begehrteste Angriffsziel bot: Hier fand sich beisammen, was Alarichs Truppen auf dem Weg vom Epirus bis zum Po zusammengeräubert hatten und was Stilichos Soldaten nie selbst hätten an sich nehmen dürfen, handelte es sich doch um Eigentum römischer Bürger aus Dalmatien und Venetien. Auch die Befreiung der menschlichen Beute, welche die Goten stets sehr schätzten, ist nicht unwahrscheinlich; jede Schlacht bot dazu die Chance, selbst wenn es sich in dem einen oder anderen Fall nur um die Erleichterung der Sklavenflucht während der Kampfhandlungen gehandelt haben mag.

Alarichs Frau und Kinder wären für die weitere Entwicklung wichtige Geiseln gewesen und hätten als solche nicht nur eine Rolle gespielt, die historisch bedeutsam zu nennen wäre, sondern sie hätten auch in anderen Quellen erwähnt werden müssen. Denken wir nur etwa an Placidia, die schon unter Alarichs Nachfolger Athaulf eine etwas strapaziöse Wanderung von einem Gotenkönig zum andern antreten und in all ihrem Mißgeschick sehr sorgfältig von den Zeitgenossen verfolgt werden wird. »Wie kann man glauben, daß eine so wichtige Thatsache (wie die Gefangennahme von Alarichs Familie) nicht deutlichere Erwähnung, und zwar auch in den anderen Quellen, gefunden haben sollte?« fragen Wietersheim/Dahn, und auch Birt meldet Zweifel an, die er nicht völlig überzeugt selbst beseitigt, indem er eine Rückgabe der Familie Alarichs schon bei den Friedensverhandlungen vermutet. Über den Ausgang der Schlacht aber sagen Wietersheim/Dahn: »Wäre selbst die Schlacht eine tactisch unentschiedene geblieben, so war sie doch für Alarich eine strategisch verlorne, weil er mitten im Feindesland in solcher Entfernung von seiner Operationsbasis an Fortsetzung des Krieges und Vordringen nach Rom garnicht denken konnte, wenn nicht das römische Heer durch eine entscheidende, namentlich auch moralische Niederlage vorher ganz aus dem Felde geschlagen gewesen wäre.«

Es geht eben nichts über Historiker, die vorher ihren Reserveoffizier gemacht haben wie Dahn, oder gar aktive Offiziere waren wie Wietersheim, der 1813 und 1814 Gelegenheit genug hatte, im Feindesland operierende Armeen zu studieren.

Sicher ist jedoch, daß Stilicho sich wieder einmal als Herr der Lage gezeigt hat. Der blitzschnelle Entsatz Mailands, also der damaligen Residenz, wobei der doch offenbar nicht mehr junge Feldherr sich selbst keineswegs schonte, muß als Beweis seiner ungebrochenen Aktivität und seiner Souveränität gewertet werden. Mit einem – wie berichtet wird – kleinen Reiterdetachement zunächst einmal Verwirrung zu stiften, die Bedrohung vom Kaiser abzuwenden, Alarich zu irritieren, das alles zeigt ihn als einen Mann, der sich seines schließlichen Erfolges sicher ist, der in Alarich keine unbekannte Größe, keine tödliche Gefahr sieht. Stilicho scheint sicher, ihn schlagen zu können, und er hat wohl auch bei Asti so viel erreicht, daß Alarich die Lust am weiteren Herumzie-

hen verliert. Auch die Gotenkrieger können nach dem Verlust ihrer Beute und nach der Gefangennahme ihrer Frauen nicht mehr allzu fröhlich und tatendurstig gewesen sein. Dennoch bleibt Unsicherheit, denn wir kennen den Friedensschluß nicht, und wir sehen schon 403, also im nächsten Jahr, Alarich wieder das Kriegsbeil ausgraben und vor Verona ziehen, wo er nun allerdings sehr deutlich geschlagen wird. Für Claudian ist das natürlich ein Vertragsbruch, bei dem Alarich der Verräter ist; für Eduard von Wietersheim ist Stilicho der Bösewicht, der trotz geschlossenen Friedens die Goten Alarichs noch einmal bekriegt und blutig unter ihnen Strafgerichte hält. Felix Dahn aber setzt zu dieser Vermutung in seiner Bearbeitung des großen Wietersheimschen Werkes ein Fragezeichen: Bei aller Liebe zu den Goten scheint auch er davon überzeugt, daß Alarich in seiner Barbarenschläue nicht immer vertragstreu blieb, und tatsächlich bezeichnen nicht wenige Wertungen neuerer Zeit den Gotenkönig geradezu als verschlagen.
Der Kampf bei Verona war nach dem wenigen, was wir von ihm wissen, mindestens ebenso blutig wie die Schlacht unter den Mauern von Asti. Claudian berichtet, daß die Etsch sich vom Blut der Erschlagenen rot gefärbt habe und daß sie zahllose Leichen zum Meer trug. Alarich hatte diesmal keinen freien Abzug erlangen können und mußte in die Berge retirieren, also in die damalige römische Provinz Noricum, vielleicht auch ins östliche Rätien. Er lernte damals also die Landschaften kennen, die heute Kärnten und Steiermark heißen, wenn er auch bei seiner Flucht vor Stilichos Truppen kaum ins nördliche Noricum, nach Nieder- und Oberösterreich, gelangte.
Mit einer gewissen Befriedigung stellen wir fest, daß es ihm hier – trotz begreiflicher Zerknirschung und zweifellos trüber Gedanken nach so schwerer Niederlage – weit besser gefiel als im Epirus und in Illyrien: Jahre später, als Stilicho längst tot und Alarich der Herr Italiens war, erbat dieser sich vom Kaiser zu Ravenna Noricum als Gotenland, woraus, wie man weiß, leider nichts wurde – ein Mißgeschick, dem das heutige

Kärnten seine Ortstafelkonflikte mit jener slowenischen Minderheit verdankt, die in ein gotisches Kärnten nicht hätten einströmen können!

Die Geschichte hatte es anders beschlossen. Nach einem gewiß nicht sehr angenehmen Aufenthalt in den Alpen, bei dem Stilicho den Goten die wenigen Wege in angenehmere und wärmere Gebiete immer wieder verlegte, scheint es abermals zu Verhandlungen gekommen zu sein. Gegen Übergabe seiner Festungen im adriatischen Nordraum, also etwa Aquileja, erhielt Alarich mit dem, was ihm an Truppen verblieben war, nun doch freien Abzug nach Illyrien. Hilfsgelder wurden ihm zugesagt, deren er im Augenblick gewiß auch dringend bedurfte, denn Geld bedeutete Nahrung und jenes Minimum an Neuausrüstung, das eine geschlagene Armee selbst dann braucht, wenn sie erst einmal stillhalten will. Und stillhalten sollte Alarich natürlich, wenn auch bereit bleiben, für Westrom in den Krieg zu ziehen. Und mit dieser Klausel, von der übereinstimmend berichtet wird, erweist sich nun endlich, warum Stilicho den kriegerischen Alarich immer wieder geschont hatte, warum er ihn auch dem Massaker an der Etsch entkommen ließ: Stilicho mußte wissen, daß eine starke nationalrömische Partei beim Kaiser gegen alle Germanen hetzte, vor allem aber gegen alle Germanen in hohen Ämtern, und es wäre darum ein halber Selbstmord gewesen, wenn der Vandale Stilicho den mächtigsten Germanen der Stunde, nämlich Alarich, vernichtet hätte. Es konnte eine Situation eintreten, in der einzig Alarich noch Stilicho herauszuhauen imstande war; für diese richtig erahnte Situation sparte Stilicho den Alarich auf. Als es dann aber soweit war, ging die lebenslang geführte Rechnung doch nicht auf . . .

Eine unentschiedene Schlacht in einen Sieg umzudeuten, das hat so mancher König auf sich nehmen müssen. Verona aber war eine so eindeutige Niederlage, der Rückzug nach Illyrien ein so betrüblicher Niederbruch, daß man sagen kann: Ein Diktator, ein Usurpator oder auch nur ein Emporkömmling, wie ihn spätere Zeiten oft auf Thronen sahen, hätte solche Rückschläge kaum überstehen können. Daraus folgt, daß die Goten in unwandelbarer Treue an ihrem Heerkönig hingen, ja daß Alarich in guten und in bösen Tagen inzwischen mehr geworden war als ein Führer in vielen Schlachten, als ein findiger Kopf bei allen Raubzügen. Gerade aus diesen Niederlagen und dem, was Alarich daraus machte, erkennen wir, daß das westgotische Königtum zur Tatsache geworden war, zu einer Institution, nicht minder fest und verläßlich als bei den ostgotischen Brüdern, die in dem großen Ermanarich einen echten Herrscher gehabt hatten, ja die auf ein altes Königsgeschlecht zurückblickten und von ihm nicht lassen wollten.
Auch die zweite mit Alarich verbundene Vorstellung, die eines Heldenjünglings, von der Aura künftigen Königtums und Feldherren-Herrlichkeit umstrahlt, ist inzwischen einer nüchternen und geschichtlich erfaßbaren Situation gewichen. Der Held hat zu Listen greifen, verhandeln, täuschen, sein Wort brechen müssen, und jung ist er auch nicht mehr. Wann Alarich geboren wurde, meldet uns keine Quelle, nur daß es auf der vor der Donaumündung liegenden Insel Peuke gewesen sei, wissen wir von seinem Leibdichter Claudian. 376 zieht sein Volk über die Grenzen nach Süden, ins Römerreich, da kann er noch ein Knabe gewesen sein. 379 hat er bereits gekämpft, da mußte er doch mindestens sechzehn Jahre zählen, eher achtzehn, da man von diesem Mitkämpfen bereits weiß, da er also einen Namen hat. Damit kommen wir auf ein Geburtsjahr um 360 nach Christus und sehen in den schweren Jahren der Schlachten von Asti und Verona einen

Mann vor uns, der in sein fünftes Lebensjahrzehnt hineingeht, gewiß noch voller Kraft, ein Gote und Krieger von zwei- oder dreiundvierzig Jahren, aber eben doch ein Mann, an dem viele Prüfungen und unsägliche Strapazen nicht spurlos vorübergegangen sein können.
Die Frage, warum er stets nach Westen blickt, während in Konstantinopel ein ebenso schwacher Kaiser sitzt, dem kein starker Feldherr zur Seite steht, ist durch die Tatsachen überholt, denn der ganze Südostraum Europas zwischen Donau und Bosporus hat eine neue unruhige Kraft kennengelernt – die seit 375 eingebrochenen Hunnen. Wie die Goten in früheren Jahren, sind auch die Hunnen zunächst in ihrer Rolle als römische Söldner nicht unglücklich: Für Rom Aufstände niederzuwerfen, gut geführt die westliche Kriegsmaschinerie kennenzulernen und obendrein noch Sold und Beute zu erhalten, ist zweifellos besser, als die Legionen selbst bekriegen zu müssen. Ähnlich nüchtern denkt auch Alarich: Welchen Sinn hätte es, freien oder für Rom kämpfenden Hunnen zu begegnen, bei denen nichts zu holen ist, ja die den Ostgoten so übel mitgespielt haben. Krieg bleibt immer ein Risiko, aber vor allem ein Geschäft, und der Gewinn, beinahe der einzige, den es in diesem zerfurchten und unruhigen Europa noch geben konnte, den bargen die Städte in Italien und Gallien.
Das wäre das Motiv oder eines der Motive in jenem Bündel, das wir heute nicht mehr ganz zusammenbekommen. Der Ehrgeiz, Rom zu erobern und sich die große Stadt zu eigen zu machen, nach der eine Welt benannt war, dieser Ehrgeiz durfte bei einem Mann von Alarichs Erfahrung nicht mehr die größte Rolle spielen, mochte auch der Jüngling solche Träume gehegt haben. Und auch der Traum vom Reich, wie ihn nicht nur die historisierenden Schriftsteller des vergangenen Jahrhunderts, sondern auch so mancher Barde der Jahre 1933–1945 so gerne in die großen Gestalten der Völkerwanderung hineinlegte, auch der Traum vom Reich bleibt zweifelhaft, denn von Alarich darf man sagen, daß sein Reich sehr von dieser Welt war, aus Beute und Getreide bestand

und Abstrakta völlig ausschloß. Die lange Zeit seßhaften Goten waren durch ihre großen Wanderungen wieder zu Halbnomaden geworden; der vordem so lange in der *Pax Romana* befriedete Erdteil Europa gab ihnen nun die bittere Lektion, daß man vom Krieg weit besser leben könne als vom Feldbau und daß die arbeitsamen Völker immer wieder zur Beute der kriegerischen würden. Das waren nicht die Voraussetzungen, auf denen ein kampftüchtiges und mutiges Wandervolk ein festes Reich begründen konnte oder auch nur wollte: »Seine Politik war nicht auf eine germanische Reichsgründung ausgerichtet, vielmehr war er bestrebt, im Rahmen der bestehenden Verhältnisse im Ost-, später im Westreich Heerführer zu sein und seinen Truppen Land und Versorgung zu sichern« (Düwel). Ohne jede Absicht, diesen harten Kriegsmann zu glorifizieren, muß in diesem Zusammenhang betont werden, daß Alarich zweckhaft und sinngemäß handelte, ja offensichtlich sogar weniger emotional als Stilicho und – später – Attila oder Geiserich. Und wo die Emotionen fehlen, da haben die Unterlegenen, haben die eroberten Gebiete auch weniger zu leiden.

Auf dem kleinen geschichtlichen Raum eines halben Jahrzehnts, zwischen den Schlachten von Verona, wo Stilicho sehr viel Blut fließen ließ, und der Eroberung Roms durch die Goten, lassen sich mühelos Vergleiche darüber anstellen, wie die einander bekämpfenden Führernaturen es mit der Menschlichkeit und mit ihrer Religion halten, und da unvermutet auch noch ein wilder Heide auftritt, der täglich seinen Göttern opfernde Germanenführer Radagais, haben wir sie alle beisammen: den christlich-katholischen Stilicho mit ganz heimlichen, eher ästhetisch zu nennenden heidnischen Neigungen, den Heiden par excellence Radagais und den Arianer, also einem ketzerisch gefärbten Christentum anhängenden Alarich. Aber nicht ihre Religionen werden sie voneinander am deutlichsten unterscheiden, sondern ihre Taten und die Taten, die sie duldeten.

Radagais(us) ist dabei der Mann aus dem Dunkel, der Fürst, der aus der Kälte kam, wie wir bei dem griechischen Ge-

schichtsschreiber Zosimos lesen können: Nördlich der Donau und am Rhein habe er seine Völker gesammelt, Kelten und Germanen, und sei mit ihnen nach Süden vorgestoßen. Auch dieser Stoß, so darf man annehmen, war von jener südöstlichen Richtung, die Land versprochen hätte, der Hunnen wegen schließlich zur genau südlichen Richtung abgelenkt worden, hatten doch die Germanen unter den Hunnen ungleich ärger gelitten als unter den Römern. Wenn es stimmt, daß Radagais (Ost-)Gote war, wie Orosius und Prosper und andere annehmen, so wäre schon durch diesen Umstand erklärt, warum er sich nach Italien wandte – er führte dann einen im Kern ostgotischen Volkskeil, verstärkt durch keltische und germanische Wanderstämme, aus der hunnischen Umklammerung nach Italien – ohne freilich dem Unheil zu entrinnen: Der Stämmeverband unter der Führung des Radagais und zweier anderer Fürsten umfaßte, mit Frauen, Kindern und Sklaventroß, nach den am höchsten gegriffenen Schätzungen 400 000, nach den vorsichtigsten aber immer noch 100 000 Menschen und drängte vom Norden gegen den Arno.
Nach der Gefahr, die Alarich kurz zuvor über Italien gebracht hatte, war dies eine neue Bedrohung für Rom. Die Stadtmauern wurden abermals instand gesetzt, Stilicho aber zog im Raum von Pisa, wie Zosimos sagt, dreißig Truppenteile zusammen, wohl kaum dreißig Legionen, da das ganze Westreich damals nur noch achtundsechzig hatte.
Als der gemischte und darum langsam marschierende Heerwurm des Radagaisus sich auf Florenz zu wälzte, griff Stilicho an. Diesmal kämpfte auf der anderen Seite niemand, den er kannte oder den er brauchte. Auch hatte Radagaisus auf seinem Zug durch Norditalien schon zahlreiche Städte verwüstet und eine ganze Straße der Vernichtung gezogen, so daß Stilicho zur Härte, ja zur Grausamkeit genötigt war, sollte man ihn nicht für schwach halten.
In der lieblichen Talmulde von Fiesole, wenige Kilometer von Florenz entfernt, kam es zu einer Schlacht, die diesen Namen kaum verdient. Ein Ausfall aus dem von Radagaisus belager-

29 *Der Evangelist Marcus. Aus der 920 in westgotischen Minuskeln geschriebenen Bibel des Klosters Albeares. León, Bibliothek der Kathedrale.*

1. Anastasios I., Kaiser von Byzanz (491–518)

2. Monogramm Theoderichs d. Gr.

3. Justinus I., Kaiser von Byzanz (518–527)

4. Monogramm von Justinus I.

5. und 6. Zwei Münzen von Kaiser Justinus I.

7. Kaiser Justinian I., Kaiser von Byzanz (527–565)

8. Rückseite der Münze Justinian

30 *8 Münzen aus dem Numismatischen Kabinett des Thermenmuseums, Rom.*

. Odoaker, Heerführer aus dem germanischen Stamm der Skiren (433–493)

2. Baduela (Totila), König der Ostgoten (541–552)

3. INVICTA ROMA

4. Rückseite von INVICTA ROMA

5. König Theodahatus (ab 534 n. Chr.)

6. Rückseite von 5

31 6 Münzen aus dem Numismatischen Kabinett des Thermenmuseums, Rom.

32 *Votivkrone des Westgotenkönigs Rekkeswind (653–672). Aus dem Fund von Guarrazar (Prov. Toledo). Madrid, Museo Arqueológico.*

ten Florenz und das Entsatzheer des Stilicho nahmen die Germanen in die Zange, die Talhänge verhinderten zumindest für Frauen, Kinder und sonstigen Troß jedes Entkommen, auch der Arno konnte nicht mehr überschritten werden: Es war die vollkommene Falle, und Stilicho ließ den unter Uldin auf seiner Seite kämpfenden Hunnen freie Bahn. Die gefürchteten Reiterscharen, denen die Germanen durch ihren Italienzug hatten entgehen wollen, vollzogen nun im Sold Stilichos ein Vernichtungswerk, dem nach manchen Berichten nur wenige Germanen entgingen, nach anderen, glaubhafteren, immerhin so viele, daß der Wert der Sklaven in Italien vorübergehend auf ein Zwölftel sank. Bei Zahlen von 100 000 bis 400 000 Köpfen, wie sie für die Scharen des Radagaisus genannt werden, bleiben selbst nach einer Vernichtungsschlacht zumindest an Frauen und Mädchen noch 60 000 bis 150 000 übrig, mehr, als die Sklavenmärkte des Westreiches aufnehmen und absetzen konnten.

Radagaisus selbst geriet in Gefangenschaft und wurde im Jahr 406 mit seinen Söhnen getötet. Zwölftausend seiner Krieger, durchwegs Goten, nahm Stilicho in seine Armee auf.

Rom zieht sich seine künftigen Überwinder heran. Natürlich konnten sie alle, die Rom an seinen Busen nahm, irgendwie kämpfen. Gekämpft wurde stets und überall. Aber im Römischen Reich Macht zu erlangen, Macht auszuüben, sich Platz zu schaffen, das war doch nur dann möglich, wenn man die etablierten Machthaber, die seit sechshundert Jahren regierenden und organisierenden Herren und ihre Verwaltung ganz genau studierte, wenn man ihre Kampfesweise kennenlernte, die Führung ihrer Truppen auf dem Marsch, im Kampf und in den Übungen beobachtete.

Uldin, der Hunnenfürst, den Stilicho an seiner Seite kämpfen ließ, war vermutlich nicht mehr und nicht weniger König als jener Radagais, den er besiegte; aber er war höchstwahrscheinlich der Großvater Attilas, und im Enkel ging dann die Saat auf, die in der Vernichtungsschlacht von Fiesole in die Erde gesenkt worden war.

Als ahnten sie dies, schlossen die Hunnen einen schützenden Ring um den Vandalen Stilicho. Die Germanen waren ihre Feinde, die germanischen Hilfstruppen Stilichos hätten die Hunnen am liebsten in Stücke gehauen, und die Römer, der Hof um den jungen Honorius, der hätte, wenn es möglich gewesen wäre, am liebsten Hunnen *und* Germanen zum Teufel gejagt. Und da das nun einmal nicht ging, vor allem, weil sie zu viele waren, wandte sich – wie das nach eindrucksvollen Erfolgen oft so ist – der Haß der nationalrömischen Partei gegen den Mann, der Rom wieder einmal gerettet hatte, gegen Stilicho.
Kaiser Honorius hatte nacheinander Töchter Stilichos geheiratet, und wenn berichtet wird, daß beide Jungfrauen blieben, so läßt sich daraus ableiten, daß man es bei Honorius mit einem Maskulinum sehr besonderer Art zu tun hatte. Immerhin war er aber nun vierundzwanzig Jahre alt geworden, hatte Berater und Einflüsterer, die sich aus seiner Nähe nicht wegrührten, während Stilicho für Honorius überall in Europa Krieg führte. Besonders ein Höfling namens Olympus, ein Levantiner griechischer Sprache, haßte aus irgendeinem Grund Stilicho oder erhoffte sich Aufstieg von dessen Sturz. Er gab sich fromm, demütig und unauffällig, war aber ein Meister der geheimen Intrige und hatte es um so leichter, als Stilicho mit einem bei Militärs nicht seltenen Mangel an Phantasie an den eigenen Untergang, ja auch nur an eine Gefahr für die eigene Person nicht zu glauben vermochte.
Für die Ereignisse, die sich in Ravenna im August des Jahres 408 begaben, gilt das Wort von der Blindheit, mit der die Götter den schlagen, den sie vernichten wollen, in so hohem Maße, als sei es damals entstanden: In der germanischen Kaisertreue, in der unglaublichen Naivität des rechtschaffenen Soldaten rief Stilicho, als seine Verhaftung drohte, nicht etwa seine Hunnen um sich zusammen. Sie sagten ihm, daß sie sich für ihn in Stücke hauen lassen würden; sie wußten sich stark genug, Stilicho bis zu jenen germanischen Truppen zu bringen, die mit ihm den großen Aufstand gewagt und zweifellos das bisexuelle Geschmeiß aus Ravenna hin-

ausgeprügelt hätten. Nein, Stilicho geht in eine Kirche, vertraut auf das Asylrecht, vertraut auf die Frömmigkeit seines Hauptgegners Olympus, geht mit, als man ihn angeblich nur zu einer Vernehmung abholt, und wird unter Eidbruch sofort ermordet, als er aus der Asylzone der Kirche ins Sonnenlicht hinaustritt.

Der Mann, dem keine andere Schwäche vorzuwerfen ist als die, daß er auf rätselhafte Weise der Faszination des Alarich erlag, ist damit tot; Alarich aber, wiewohl durch ein Gerücht totgesagt, lebt. Wie einst Cäsar über die Ermordung des Pompeius zürnte, so mußte auch Alarich die Mörder Stilichos zutiefst verachten. Andererseits aber wußte er nun auch, daß Italien ihm jetzt schutzlos preisgegeben war, und so ziehen seine Goten, als wollten sie Stilicho rächen oder zeigen, wie groß er gewesen, noch anno 408 nach Italien. Dort ist all das in vollem Gange, was man an Scheußlichkeiten nach dem Tod jedes großen Mannes wieder erlebt. Seine Freunde läßt man foltern, um nachträgliche Schuldbeweise gegen ihn zu erlangen und damit den Mord zu rechtfertigen; Eucherius, Stilichos Sohn, wird verdächtigt, eine Wiedereinführung des Heidentums geplant zu haben, und hingerichtet. Und vor allem wird beschlagnahmt, denn nach Geld und Besitz gieren sie alle, die frommen Intriganten von Ravenna ganz genauso wie einst Rufinus oder Eutropius, der Eunuch.

Als Alarich plötzlich wieder in Nordostitalien steht (vermutlich an der oberen Save), da möchten sie nun alle den toten Stilicho am liebsten wieder ausgraben. Aber kein Weihwasser und kein Salböl kann den großen Heerführer lebendig machen, und die Generale, die Olympus in aller Eile an die Spitze der Legionen stellt, die nötigen Alarich nur ein Lachen ab. Er wartet gar nicht auf die Hilfsvölker, die ihm sein Schwager Athaulf aus dem nördlichen Pannonien zuführen will; für die Kreaturen eines Olympus genügen ihm seine eigenen Leute, und tatsächlich regt sich auf dem ganzen Weg, von Aquileja den Po aufwärts und dann nach Süden, kein Widerstand, kaum in den Kastellen an der Straße. Nur Ravenna, das inmitten der Sümpfe wohlgeborgen liegt, läßt Alarich ungeschoren, mehr wegen der Fieber, die er fürchtet und vor denen er seine Truppen nicht bewahren könnte, als wegen der tatsächlichen Unmöglichkeit, die Stadt zu bezwingen. Honorius und seine Sumpfblüten scheinen gegen die Malaria gefeit gewesen zu sein.

Gegen Ende des Jahres 408 steht Alarich zum erstenmal vor Rom, der Stadt, die seit einigen Jahren an ihren halbverfallenen Befestigungen gearbeitet hat und nun einigermaßen imstande wäre, sich gegen die Goten zu halten. Aber Alarich greift nicht an, sondern schließt nur den Belagerungsring und hungert die volkreiche Stadt aus, die gegenüber der Not der Mägen stets so empfindlich war.
Aber wer dürfte vom Magen sprechen in dieser historischen Stunde, in dem Bericht über die Jahre 408 bis 410, in denen die Stadt Rom zum erstenmal seit Hannibal einen übermächtigen Feind vor den Toren sah! Rom war zu einer Welt geworden, zu einer Welt, die in sich uneins sein und wohl auch unruhig werden durfte; Volksaufruhr, Bürgerkrieg, Nöte aller Art, das konnte über ein so großes Gemeinwesen wohl hereinbrechen. Aber wie sollte ein äußerer Feind sich durch Hunderte von Meilen römischen Landes bis ins Herz der römischen Macht durchkämpfen? Mußte ihm nicht ob seiner Vermessenheit der Fuß erstarren, den er auf den Boden des altrömischen Kernlandes setzte?
Alarich, in den lateinischen Berichten trotz aller Fassungslosigkeit feierlich Alaricus genannt, ist frei von aller Befangenheit. Er weiß, was Rom ist, und er weiß auch, was es nicht mehr ist: der Herr der Welt. Längst zittert Honorius inmitten der Sümpfe von Ravenna, hat der Kaiser seine Hauptstadt preisgegeben, hat die Hauptstadt sich selbst innerlich aufgegeben in ihrer Feigheit, mit der etwa Serena getötet wird, die Witwe des Stilicho, damit sie die Stadt nicht an Alarich verrate (!). Überhaupt, das Römertum: Nach Stilichos Tod fielen die römischen Truppen über die Familien und den Besitz der germanischen Verbände her – nicht über die Männer, die in

Waffen fern von Italien standen, sondern über die schutzlosen Angehörigen der Germanen, und töteten jenen Kämpfern, die das Reich verteidigten, etwa dreißigtausend Frauen und Kinder.
Das alles wußte Alarich, und darum ließ er die Römer erst ein paar Wochen lang zittern und Katzen fressen, Ratten jagen und um Gnade flehen, jene Römer, die erst kurz zuvor auch Stilichos Sohn getötet und sein Haupt zur Schau gestellt hatten, obwohl sie es Stilicho verdankten, daß Radagaisus Rom nicht erreicht hatte.
Claudian, der Poet, der sich nach dem Tod des Stilicho verborgen halten mußte und um sein Leben fürchtete, bedichtete dennoch Rom mit anfeuernden Versen: »Erhebe dich, ehrwürdige Mutter, befreie dich von der Furcht des Alters, o Stadt, gleichalterig dem Pole. Dann erst wird die eiserne Lachesis ihr Recht an dir nehmen, wenn der Don Ägypten, der Nil den mäotischen Sumpf bespült.«
Lachesis oder Moira war die Schicksalsgöttin, und es gibt den visionären Versen Claudians einen seltsam aktuellen Charakter, wenn er dieses Schicksal mit dem Don und mit den mäotischen Sümpfen in Verbindung bringt, wo die Hunnen herkamen, von wo der Druck ausging, der auch die Goten Alarichs nach Italien hineingedrängt hatte.
Dennoch sah die Wirklichkeit, die Rom in diesem Winter durchlebte, weit weniger schön und erhaben aus, als dichterischen Phantasien entnommen werden könnte, weswegen wir dem Historiker Zosimos das Wort geben, einem Zeitgenossen, der genau und im allgemeinen zutreffend berichtet: »Als Alarich in die Nähe Roms gekommen war, umschloß er ringsum alle Tore, und durch die Besetzung des Tiberflusses hinderte er die Zufuhr der Lebensmittel aus dem Hafen (gemeint ist Ostia). Als die Römer dies sahen, beschlossen sie, auszuhalten, da sie sozusagen jeden Tag die Ankunft von Hilfe aus Ravenna erwarteten.«
Sie hatten also noch nicht begriffen, daß es in Ravenna keinen Stilicho mehr gab, obwohl auch in Rom seine Standbilder eilfertig gestürzt worden waren.

»Da aber niemand kam und ihre Hoffnung getäuscht wurde, beschlossen sie, das Maß des Getreides zu verringern und nur die Hälfte von dem zu verbacken, was vorher jeden Tag aufgewendet worden war – und dann, als der Mangel zunahm, nur den dritten Teil. Und als sich kein Mittel der Abhilfe für dieses Unglück zeigte und alles, was dem Magen helfen konnte, ausging, folgte auf den Hunger, wie gewöhnlich, die Pest; und alles war voll von Leichnamen.«
Mit Krankheitsbezeichnungen in alten Texten muß man vorsichtig sein: Da noch keine Kämpfe stattgefunden hatten und der Winter auch in Rom kalt ist, konnten Leichen aus größeren Kämpfen, unbestattete Tote oder Tierkadaver keine Pest erzeugt haben; eher könnte Rom eine Cholera- oder Ruhrepidemie erlebt haben, weil Dinge gegessen wurden, die für den Genuß durch Menschen ungeeignet sind.
»Als nun die Not aufs Äußerste stieg, und nachdem sie alles andere versucht hatten und zu fürchten war, sie möchten so weit kommen, sich untereinander selbst aufzuzehren, so sehr dies auch dem Menschen abscheulich zu sein scheint, beschlossen sie endlich, eine Gesandtschaft an den Feind zu schicken mit der Erklärung, sie seien zum Frieden bereit unter mäßigen Bedingungen, noch bereiter aber zum Krieg, da das römische Volk die Waffen ergriffen habe und infolge beständiger Übung darin nicht mehr zaudere, Krieg zu führen.«
Diese drohende Sprache, in der ziemlich vergeblich auf die frühere Größe Roms angespielt wurde, hat ihre Ursache wohl in der Annahme, daß Alarich, dessen Angst vor Krankheiten bekannt war, nicht mehr selbst vor der verseuchten Stadt liege; ein Unterfeldherr aber ließe sich von Drohungen vielleicht beeindrucken und willige in einen billigen Frieden, um die Millionenstadt mit ihren zahllosen Kranken und Leichen schnell verlassen zu können.
Aber Alarich war im Lager vor Rom, und seine Antwort war so deutlich, daß sie uns verschiedene Historiker übereinstimmend berichten:
»Als Alarich dies hörte und vernahm, daß das Volk die Waf-

fen ergriffen habe und zum Krieg gerüstet sei, antwortete er: Das Gras wird um so leichter gemähet, je dichter es ist. Nach dieser Äußerung brach er in ein gewaltiges Lachen aus über die Gesandten. Als sie aber auf die Bedingungen des Friedens zu sprechen kamen, gebrauchte er Ausdrücke, die allen Übermut der Barbaren übertrafen. Denn er erklärte, nicht anders werde er von der Belagerung abstehen, als wenn er alles Gold und Silber, das die Stadt enthalte, empfangen werde und außerdem, was er an beweglicher Habe in der Stadt fände, und ferner alle Barbarensklaven.«

Es ist wohl klar, daß Alarich nicht so aufgetreten wäre, hätte er ein Entsatzheer fürchten müssen. Was nach dem Tod Stilichos ihm noch entgegentreten konnte, nötigte ihm nur Lachen ab, und die selbstmörderische Vermessenheit der Frömmler von Ravenna wird angesichts dieser so eindeutigen Situation nur vollends unbegreiflich.

Alarichs Forderung nach den Barbarensklaven, also nicht etwa nach Auslieferung all der Griechen oder Syrer, die in römischen Haushalten tätig waren, läßt erkennen, daß er sich nicht nur als König der Goten, sondern auch als Rächer der Germanen fühlte. Sie sollten nicht mehr Römern dienen, nicht in den Armeen und nicht in den Städten, sie sollten künftig gleichberechtigt sein, ein herrschendes Volk genau wie die Römer. Und als die Gesandten – der Spanier Basilius und der Tribun der kaiserlichen Notare Johannes – sich zerknirscht erkundigten, was danach den Römern eigentlich noch verbleiben sollte, sagte Alarich drohend: Nun, immerhin das Leben . . .!

Basilius und Johannes kehrten zu neuen Verhandlungen in die Stadt zurück; es gab ein Hin und Her von einigen Tagen, bei dem beide Seiten pokerten, denn die Römer wollten und konnten gar nicht kämpfen, und Alarich konnte zwar in die Stadt, wollte dies aber keineswegs, solange die Seuche wütete. Und schließlich erhielt Alarich fünftausend Pfund Gold, dreißigtausend Pfund Silber, viertausend seidene Gewänder, dreitausend bearbeitete und gefärbte Felle und dreitausend Pfund Gewürze. Das ist eine hochinteressante Liste der

Kontributionsgüter, die uns Alarich als den unumschränkten Herrscher der Goten zeigt, der lediglich auf seine Oberschicht und deren Luxusbedürfnis Rücksichten nimmt, keineswegs aber auf den einfachen Soldaten, dem Seide und Pfeffer natürlich vollkommen gleichgültig waren. Die Räuber haben also damals recht gut gelebt, und ihre Anführer häuften einen beträchtlichen Reichtum an; die von Alarich erpreßte Summe entspricht beinahe dem Jahrestribut, den wenig später Ostrom an die Hunnen bezahlen wird.

»Da aber die Stadt keine öffentlichen Gelder hatte«, schreibt Zosimos, das heißt: da Rom bankrott war, »so waren die Senatoren von einigem Vermögen gezwungen, nach der Aufstellung ihres Besitzes die Beisteuer (=Kontribution) zu leisten. Dennoch war es unmöglich, die ganze Summe zustande zu bringen, weil die Besitzenden einen Teil ihrer Habe verhehlten; da trieb der unheilvolle Dämon, dem die menschlichen Verhältnisse anheimgefallen waren, die Lenker des Gemeinwesens zum Gipfel des Unheils. Denn sie beschlossen, das Fehlende durch den Schmuck zu ergänzen, der um die Götterbilder gelegt war. Um das Verderben der Stadt voll zu machen, wurden nicht nur die Bildsäulen ihres Schmuckes beraubt, sondern man schmolz auch manche ein, die aus Gold oder Silber bestanden. Eine derselben war die Bildsäule der Tapferkeit, welche die Römer Virtus nennen. Nach deren Vernichtung erlosch alles, was an Mannhaftigkeit und Tapferkeit noch in den Römern gewesen war; diejenigen, die sich auf die Gebräuche der Väter noch verstanden, hatten dies übrigens sogleich vorausgesagt.«

Zosimos machte sich durch diesen Bericht und die Tendenz, die er ihm gab, zum Wortführer jener heidnischen Partei, die den Untergang der Stadt dem Christentum in die Schuhe schiebt: Der neue Glaube habe die alten Tugenden verdrängt, die Rom so viele Jahrhunderte der Macht und des Glanzes gebracht hatten.

Alarich zieht mit seiner Beute von Rom ab, zunächst, wie Zosimos sagt, nach Tuscien, also in die heutige Toskana. Bald darauf aber beginnt er Verhandlungen mit Honorius. Alarich hat Rom, das heißt, er kann, sobald er will, die Stadt in Flammen aufgehen lassen und ihre Einwohner verschleppen oder töten; Honorius aber sitzt unangreifbar, wenn auch zu keinem Ausfall fähig, in Ravenna. Das Seltsame geschieht, daß Honorius festbleibt. Die antigermanische Partei um ihn hat Stilicho gefällt, sie will nicht an seiner Stelle Alarich an die Spitze der römischen Armeen berufen. Alarichs Forderung nach dem höchsten Militärrang und der Herrschaft in Venetien und Noricum wird darum abgelehnt: Man sei entschlossen, mit Barbaren nicht mehr zu paktieren.

Versuchen wir uns vorzustellen, wie andere Könige auf solch eine Antwort reagiert hätten. Alexander hätte Flöße und Brücken bauen lassen und unter Opferung von Hekatomben Ravenna erstürmt; Attila hätte in Rom alles über die Klinge springen lassen. Alarich aber tat nichts dergleichen. Er spielte wohl in diesen zwei Kriegsjahren mit Rom wie die Katze mit der Maus, wobei die arme Maus noch festsaß und nicht fliehen konnte, während Alarich sich raublustig frei in Italien bewegte. Dann aber schlug die Stunde der Eroberung, dann fiel Rom im Hochsommer des Jahres 410 doch noch, nach Ängsten, Verhandlungen, Kontributionen und bangen Monaten der Hoffnung.

Wie das geschah, zeigt uns Alarich als einen Meister des diplomatischen Spiels, wenn auch noch in seinen Vorurteilen befangen: Nach dem genialen Schachzug, einen Gegenkaiser aufzustellen, mit Hilfe des stets unruhigen römischen Volkes diesen Kaiser wählen und sich die Tore Roms öffnen zu lassen, war Alarich der Herr der Ewigen Stadt. Aber das interessierte ihn offensichtlich nicht in dem Maße wie der Umstand, daß der neue Kaiser Attalus nun Alarich zum Generalissimus des Römerreiches ernannte, ihm also den Rang des Stilicho gab, des einzigen Mannes, den Alarich nie hatte überwinden können.

Man ahnt einen Komplex, und nur er erklärt die überflüssige Unterordnung unter den keineswegs botmäßigen Attalus, der im Herzen Heide war und den arianischen Christen Alarich als Barbaren ansah. Alarich wollte lieber der oberste

Feldherr sein als Kaiser, weil die Kaiser Schwächlinge waren, beide, und weil jener Feldherr Stilicho gewesen war. Das schien ihm der einem Germanen angemessene Rang, das erschien ihm als das Ziel der Wünsche.

In seiner neuen Würde als oberster Feldherr des Reiches, den Kaiser Attalus im Gefolge, so zog Alarich nun mit den Goten und einem Aufgebot römischer Truppen unter Attalus doch noch vor Ravenna und schickte sich an, die Stadt zu belagern. Angesichts der Nähe der Gefahr – schließlich war schon Stilicho durch solche Kanäle geschwommen – sank Honorius der Mut. Die altrömische Partei und die antigermanischen Christen konnten auf ihn einreden, soviel sie wollten, sein Leben war in Gefahr, und darum verhandelte er nun doch mit den verachteten Barbaren, ja er bot sogar an, Attalus als Mitregenten zu akzeptieren.

Alarich lehnte ab und hatte überdies nun ernsthafte Schwierigkeiten mit Attalus, der sich als ein heidnischer Zelot entpuppte. Er ließ überall die Tempel wieder öffnen und widersetzte sich Alarichs Absicht, nach Afrika überzusetzen und die Getreidebasis Roms zu erobern. Als schließlich mit dem tapferen General Sarus, einem Ostgoten aus fürstlicher Familie, Ravenna doch eine Art Stilicho-Ersatz erhielt, da gewann Alarich den Eindruck, daß man ihn nur hinhalten wolle: Er riß wütend dem untauglichen Attalus den Kaiserpurpur ab und wandte sich zum drittenmal gegen Rom, nun aber entschlossen, die Stadt nicht mehr zu schonen. Sie war ihm als Unterpfand für die Verhandlungen mit Honorius wichtig gewesen, er hatte Rom schonen müssen, weil eine tote Geisel wertlos ist; nun aber hielt ihn nichts mehr davon ab, mit dem Schwert in der Hand in Rom einzudringen. Und erst als Alarich dann tatsächlich als Feind in der Stadt stand und sich als Eroberer fühlte, da rührte ihn zugleich mit der Weihe des großen Augenblicks die Tatsache an, daß er zwar Gote sei, aber auch Christ, nicht nur Gotenkönig unter Römern, sondern Christ unter Christen.

Diese Tatsache, vielfach bezeugt und darum unleugbar, ist verwunderlich, wenn nicht überhaupt ein Wunder zu nennen, und sie wurde jedenfalls als Wunder gefeiert. Denn Alarich kam nach Rom mit den Gefühlen eines verschmähten Liebhabers, mit dem gekränkten Stolz eines Mannes, der überzeugt gewesen war, akzeptable Angebote zu machen. Was er von Rimini aus verlangt hatte, das war zunächst wohl viel Land für seine Goten gewesen – die beiden Venetien, also das östliche Norditalien mit Istrien, und dazu jenes Noricum, an dem Alarichs Herz hing, seit er es auf seinen Fluchtzügen kennengelernt hatte.

Honorius aber wollte nicht, und gestärkt durch Sarus, gestützt auf eine uneinnehmbare Festung, hatte dieses Kaiserlein es gewagt, auch einen ungemein maßvollen zweiten Vorschlag des Alarich zurückzuweisen, das Angebot nämlich, sich mit einem niedrigeren Rang, also keiner Generalverantwortung, zu begnügen, mit einem schönen Titel und mit Noricum allein, wonach die Römer wieder Herren im alten Italien gewesen wären, denn Noricum war in gewissem Sinn ja doch Kolonialland. Aber Honorius wollte eben überhaupt nicht, Alarich war wieder einer dieser urkräftigen und harten Germanen, neben denen man sich so unreif und unmännlich vorkam, da umgab er sich schon lieber mit Eunuchen und Mönchen und ließ Alarich über das kaiserliche Rom herfallen, das die Züchtigung verdient hatte, da es unter Attalus wieder zum Heidentum zurückgekehrt war.

»Goten und Hunnen lagerten nun auf den Höhen vor Rom, dessen Plünderung ihnen König Alarich versprochen hatte. Auf dem vatikanischen Gebiet zeigte sich diesen barbarischen Kriegern die Basilika St. Peters und darüber hinaus am Ufer des Tiber jene andere St. Pauls; die Häuptlinge sagten ihnen, daß sie ihre Gedanken von diesen mit Gold und Silber erfüllten Heiligtümern abzuwenden hätten, aber alles andere, was an Herrlichkeiten die Mauern Aurelians umschlossen, solle das ihrige sein, wenn sie dieselben würden erstiegen haben« – so schreibt Gregorovius, der große Historiker des mittelalterlichen Roms, dessen Schicksal mit eben jener Eroberung beginnt. Denn das *antike* Rom ist unbezwinglich. »Ihre gierigen Blicke betrachteten diese Wunder

der Architektur, eine unermeßliche Welt von Palästen und Straßen, aus denen Obelisken und einzelne mit vergoldeten Standbildern gekrönte Säulen sich erhoben; sie sahen Tempel in langen Linien majestätisch aufgereiht, Theater und Circus in gewaltigen Kurven aufsteigen, Thermen mit schattigen Hallen oder mit stumpfen und breiten Kuppeln in der Sonne schimmern, unendlich riesige Paläste der Vornehmen, welche ebenso viele reiche Städte innerhalb der Stadt zu sein schienen, und wo sie die köstlichen Gemächer von Kleinodien erfüllt und von der üppigen Blüte der Frauen Roms bewohnt wußten.«

Das ist, aus der Feder des romtrunkenen Ostpreußen, das letzte Bild des alten Rom, noch voll der antiken Herrlichkeiten und doch schon eine christliche Stadt, und rund um sie herum lauern die Barbaren, die nach Jahrhunderten vergeblicher Anstürme endlich all dies, die ersehnte Beute, greifbar nahe haben:

»Die struppigen Sarmaten in Alarichs Heer, in Tierfelle gehüllt, mit Bogen und Köcher bewaffnet, und die starken Goten, in erzene Panzer gekleidet, rohe Kinder der Natur und der kriegerischen Wanderung, konnten sich den Luxus römischer Künste nicht einmal begreiflich machen; sie fühlten nur dunkel, daß sie in Rom wie in ein Wollustbad aller Sinne hinabtauchen würden, und sie wußten, daß die Römer entweder kraftlose Schlemmer oder mönchische Asketen geworden seien.«

Der Heide Ammianus Marcellinus und der Christ Hieronymus haben uns in berühmt gewordenen Schilderungen dieses Rom gezeigt, das nun, in einem unrühmlichen Ende seiner langen Glanzperiode, neuen Völkern überantwortet werden wird. Vor allem die Briefe des Hieronymus interessieren uns, weil aus ihnen deutlich wird, daß das Christentum, die neue Weltreligion, inzwischen aus der Schicht der Ärmsten und der Soldaten heraufgestiegen ist in die Paläste und eine neue Gesellschaft begründet hat, die trotz ihres Glaubens von der alten Gesellschaft Roms nicht allzusehr unterschieden ist; und um den Bischofsstuhl Roms, der einer

Welt bald als Thron des Papstes bekanntwerden wird, kämpfen die Geistlichen mit recht weltlichen Mitteln:
»Wenn ich den Glanz der städtischen Dinge betrachte«, schreibt Hieronymus, »so erkenne ich, daß jene Männer aus Begier, ihre Wünsche zu verwirklichen, mit aller Parteigewalt einander bestreiten mußten; denn erlangten sie ihr Ziel, so konnten sie sicher sein, von den Geschenken der Matronen reich zu werden, auf Wagen hoch einherzufahren, mit Pracht sich zu kleiden und so schwelgerische Mahlzeiten zu halten, daß ihre Tafeln die der Fürsten überboten.«
Der Mann, der als einstiger Geheimschreiber des Papstes Damasus Rom kannte wie nur wenige, schildert treffend und schonungslos eben jene frommen oder frömmelnden Matronen, die in ihrem Reichtum christliche Salons halten und sich mit schmeichlerischer Geistlichkeit umgeben. Der Star dieser Salons aber ist jener Diakon, dem »die Eunuchen die Tür weit aufreißen, wenn er im modischen Wagen mit feurigen Pferden zur Visite angefahren kommt, so daß man glauben könnte, er sei der leibliche Bruder des Königs von Thrakien. Sein seidenes Gewand duftet von wohlriechenden Wassern, sein Haar ist vom Friseur auf das Künstlichste mit dem Brenneisen gekräuselt, und indem er mit den goldberingten Fingern das Kleid geckenhaft rafft, hüpft er auf zierlichen Füßen in den Palast. Wer diesen Mann sieht, wird ihn eher für einen Freier denn für einen Geistlichen halten« (Hieronymus).
In diese Welt, die nun vierzehn Jahrhunderte lang so bleiben wird, in der ein Casanova sich als Abbé tummeln wird und Bernis als Kardinal, paßt die Tapferkeit nicht mehr, die Entsagung, die von allen Belagerten verlangt wird, die Standhaftigkeit, die einzig Alarich hätte imponieren können. Wiederum griff er nicht an, sondern lagerte vor der Stadt, mit dem Hauptquartier vor der Porta Salara nahe dem heutigen Monte Pincio, weil dort die Mauern als schwächer galten. Bei dem Rom, wie es uns der Kirchenvater Hieronymus voll Trauer und Abscheu schilderte, spielten Mauern freilich keine Rolle mehr. Es unterliegt keinem Zweifel, daß die Stadt durch Verrat fiel, das heißt, daß es eine starke barbarische

Partei in der Stadt gab, Sklaven und kleines Volk, die nicht bereit waren, wegen der möglichen Rettung der Reichen oder um deren Leben zu verlängern, noch einmal Ratten zu essen und Seuchen auf sich zu nehmen.

In einer Augustnacht des Jahres 410 wurden die Goten heimlich eingelassen, vielleicht tatsächlich, wie Prokopios schreibt, nur dreihundert ausgesuchte junge Krieger. Sie warfen Feuer in die Häuser nahe der Porta Salara, lenkten dadurch die Verteidiger ab und gestatteten damit den Belagerern, in der entstehenden Verwirrung erfolgreich in die Stadt einzudringen. Es gibt auch noch phantastischere Versionen, sorgfältig ausgefeilte Dolchstoßlegenden, weil das heilig-unheilige Rom ja nicht so einfach einem Barbarenhaufen in die Hände fallen durfte; aber die Wahrheit lautet doch ganz zweifellos so, daß Rom eben militärisch vollständig unterlegen war. Das erweist sich vor allem auch daraus, daß Alarich bei der Belagerung keinerlei Versuche, den Belagerungsring zu sprengen, abzuwehren hatte, daß es weder Ausfälle gab noch Angriffe von außen, und daß niemand den Goten entgegentrat, als sie später, nach dem Abzug von Rom, sich in Campanien und anderen Gegenden Italiens als Eroberer frei bewegten.

Schwieriger ist die Frage zu beantworten, wie die Goten und ihre sarmatischen und hunnischen Verbündeten sich in der Stadt aufführten, als Rom schließlich so oder so eingenommen war. Gregorovius, obwohl ein sachlicher, nur von seinem Gegenstand beflügelter Historiker, schilderte uns ausführlich die Gier der Soldaten, und die zeitgenössischen christlichen Schriftsteller waren in beinahe noch höherem Maße überzeugt, daß nun die Greuel einer barbarischen Eroberung über Rom und Römer kommen müßten, zur Strafe für sehr viele verschiedene Sünden, deren der Kirchenvater Hieronymus bereits eine Reihe aufzählte.

Da über Rom damals wie heute kaum jemand unparteiisch schreibt, ist es nicht ganz leicht, zur Wahrheit vorzudringen. Sowohl Heiden wie Christen sind übereinstimmend der Meinung, daß Rom ein Strafgericht verdient habe, ein seltsamer Gleichklang der Verurteilung. Und da jeder Historiker gerne in starken Tönen schwelgt, ließen sich auch Zeitgenossen und nahe Nachfahren wie Prokopios die wirkungsvollen Einzelheiten einer Eroberung und Plünderung der Ewigen Stadt nicht entgehen. Was aber geschah wirklich? Hat der Byzantiner Sokrates recht, wenn er behauptet, der größte Teil Roms sei von Feuer zerstört worden? Müssen wir Hieronymus beim Wort nehmen, der ausruft: »Wehe, die Welt geht unter, und unsere Sünden dauern in uns; die erlauchte Stadt, das Haupt des Römischen Reiches, hat ein einziger Brand verzehrt!«? Wurden in- und außerhalb Roms tatsächlich Tausende bei der Plünderung niedergemacht, so daß es, wie Augustinus in seinen Briefen klagt, alsbald an Händen fehlte, die Toten zu begraben?

Wir können die Frage in aller Ruhe prüfen, denn angesichts einer reichen und zur Plünderung freigegebenen Stadt benahmen sich in den drei Jahrtausenden europäischer Geschichte seit dem Fall von Troja alle uns bekannten Nationen etwa gleichartig. Griechen, gegen Griechen kämpfend, übten nicht mehr Schonung als jener Gallier Brennus, der 390 vor Christus Rom eroberte, aber das Kapitol nicht bezwingen konnte; und die Römer selbst, wenn sie in ihren lang währenden Feldzügen gegen Mithridates oder in Nordafrika eine Stadt eroberten, benahmen sich um nichts besser als die fremden Völker, die seit dem vierten nachchristlichen Jahrhundert das Römerreich von allen Seiten berannten.

Der fromme Schriftsteller Orosius bedauerte es, daß eine so sündige Stadt wie Rom nicht schon von Radagaisus eingenommen worden sei, sondern *nur* von dem Christen Alarich, der sie geschont habe. Diese Schonung bestand, nach allem, was wir wissen, zunächst und vor allem darin, daß nur drei Tage lang geplündert werden durfte, im übrigen aber in der strikten Vorschrift, Kirchengut nicht anzutasten.

Für die Menschen in Rom war die Begrenzung auf drei – gewiß furchtbare – Tage ungleich wichtiger als die Schonung der heiligen Stätten, denn wenn die Plünderung unter Alarich um so viel glimpflicher verlief als jene unter Geiserich

(455) oder gar der Sacco di Roma des Jahres 1527, als Spanier und Deutsche wochenlang alles tun und lassen konnten, wozu sie Lust hatten, dann lag das an der Kürze der Zeit. Der Soldat, der in eine sehr große und ihm völlig fremde Stadt kommt, kann, wenn er Pech hat, die ihm gegebenen drei Tage in einem Armenviertel zubringen, herumirren, ein paar Mädchen schänden und nachher nicht mehr in der Hand haben als ein paar Murmeln und ein silbernes Kruzifix. Schon Gregorovius hat daher mit einem gewissen Sarkasmus darauf hingewiesen, daß die Goten, Hunnen, Skiren und Sarmaten in diesen für sie so kostbaren dreimal vierundzwanzig Stunden zweifellos gegessen und getrunken haben, was sie eben fanden, sich auch, wenn sie sich irgendwohin zum Schlaf legten, gewiß eine Lagergenossin zu finden verstanden; daß es aber eine absurde Annahme sei, diese beutegierigen Krieger hätten nichts Besseres zu tun gewußt als »während ihrer flüchtigen Anwesenheit in Rom . . . mit dem Hammer in der Hand umherzugehen und mit Hebebäumen auf die Theater zu klettern, um, statt zu plündern, ihre Kräfte an der nutzlosen Arbeit des Auseinanderbrechens riesiger Quadersteine abzuquälen«.

Immerhin wurden sämtliche Nonnenklöster gestürmt und ihre Insassinnen vergewaltigt, wobei sich die Arianer nicht besser betrugen als die Hunnen oder Sarmaten aus ihrer Waffenbrüderschaft. Marcella, die fromme Freundin des Hieronymus, machte den Versuch, die Tugend ihrer schönen Pflegetochter Principia zu schützen und wurde dafür in ihrem Haus auf dem Aventin so geschlagen, daß sie wenige Tage darauf starb: Principia freilich gelangte dann doch sicher ins Asyl von St. Paul.

Eine schöne Römerin, die einen ganzen Schatz von Votivgaben für Sankt Petrus bewachte, wäre um ein Haar die Beute eines feurigen Goten geworden. Aber sie sagte ihm kühl: Tu nur, was du meinst, nicht lassen zu können, Petrus wird dich dafür bestrafen. Darauf erschrak der Krieger so tief, daß ihm alle unreinen Gedanken entschwanden; er packte die Schöne und ihre geweihten Schätze auf einen Karren und führte sie

33 *Votivkrone mit Kreuz, 7. Jh. Aus dem Fund von Guarrazar (Prov. Toledo). Madrid, Museo Arqueológico.*

36 *Ponte Nomentano über den Aniene nördl. von Rom. Diese römische Brücke wurde immer wieder heftig umkämpft, u. a. auch von den Goten.*

◁ **34** *Links oben: Begegnung zwischen dem Abt Benedikt und dem Ostgotenkönig Totila im Kloster Monte Cassino. Miniatur aus dem 11. Jh. Rom, Vatikan. Bibliothek.*

35 *Links unten: Der Gote Zalla unterwirft sich dem Abt Benedikt. Miniatur aus dem 11. Jh. aus Monte Cassino. Rom, Vatikan. Bibliothek.*

37 *San Juan de Baños de Cerrato (Prov. Palencia). Erbaut unter König Rekkeswind.*

nach San Pietro, ein Zug, dem sich – wie berichtet wird – bald andere Gefährdete und Bedrängte anschlossen, so daß der Plünderer also eine Rettungsprozession inauguriert hatte. Für die recht- und wehrlosen Römer waren es drei endlos lange Tage, und am schlimmsten muß wohl der dritte gewesen sein, wenn jene, die ihrer Meinung nach noch nicht auf ihre Rechnung gekommen waren, sich an den Menschen schadlos zu halten suchten. Alarich hatte ja nur empfohlen, das Leben der Römer zu schonen, und zwischen Leben und Tod gibt es nun einmal sehr viel, was dem einen Lust, dem andern Pein ist.

Daß nach diesen drei Tagen am insgesamt fünften Romtag der Goten das Heer dann tatsächlich abzog, hatte gewiß sehr verschiedenartige Gründe. Einer davon mochte Alarichs Christentum gewesen sein, ein anderer sein Stolz und sein Bestreben, Stilicho nachzueifern: Er war eben kein Radagais, vor dem man nur zitterte, weil man seine barbarische Grausamkeit kannte; und schließlich ist jede große Stadt, jede Ansammlung von vielen Menschen, jedes Beisammensein mit Tod, Verwundung, Verwesung eine Gefahr, die auf sich zu nehmen keine Veranlassung bestand: Der ganze Süden Italiens lag offen vor Alarichs Armeen; man konnte unbeobachtet und besser ernährt all das fortsetzen, was man in Rom hatte abbrechen müssen, weil hier die Welt zusah und die Cholera drohte.

Damit, daß Alarich sich also mäßigte – er hatte ja schon vorher abkassiert –, daß er des Kaisers junge Schwester Placidia mit sich führte und von den Historikern als ein echter christlicher Herrscher in eine erlauchte und noch recht kurze Reihe aufgenommen wurde, damit also hat der Gotenkönig unter der propagandistischen Publizistik seiner Zeit beträchtliche Verwirrung angerichtet, und die Wogen der Polemik schlugen bis hinüber an die Gestade Afrikas, wo der größte von ihnen allen in seiner Zelle saß und schrieb: Augustinus, der Bischof von Hippo Regius, worunter wir uns ein christliches Karthago vorstellen dürfen.

Der Streit ging, da es Zufälle nicht geben durfte, vor allem darum, ob Rom fiel und verheert wurde, weil es von den alten Göttern abgefallen war, oder ob der Christengott es für das unzureichende Christentum, für die vielen Sünden seiner Bewohner bestrafte. Noch lieferten also heidnische und christliche Schriftsteller einander Schreibduelle, was man nicht belächeln sollte; denn sehr bald wird die Zeit kommen, wo sich die Kirche nicht mehr mit ihren schreibfreudigen Klerikern und deren Argumenten zur Wehr setzt, sondern mit Scheiterhaufen, Folterkammern und Ächtung.

»Auch jener Satz ist Lüge«, donnert der später heiliggesprochene große Augustinus, »daß die Einnahme und Unterwerfung Roms unmittelbar nach der Zerstörung der Götzenbilder erfolgt sei. Die Götzenbilder waren nämlich längst zerstört, als Radagaisus gegen Rom zog, und doch wurde er zurückgeschlagen, ja vernichtet, erinnert euch, Brüder! Radagaisus war ein Heide, er opferte täglich, man sagte allgemein, daß Radagaisus nie von den Opferaltären wich. Da zeigte Gott, daß nicht an jenen Opfern irdische Macht hing, und Radagais wurde mit Gottes Hilfe wunderbar besiegt!«

Augustinus kannte Rom. Er war zwar auf afrikanischem Boden als Kind nicht sehr wohlhabender Eltern geboren worden und konnte nicht, wie viele andere gebildete junge Männer, durch das ganze Römische Imperium reisen. Auch war er lange Zeit gar nicht nennenswert religiös interessiert: Er las die lateinischen Dichter, nicht aber Griechisch, was ihm Schwierigkeiten bereitete, und gab sich in Karthago mannigfachen Ausschweifungen hin, wie seine Biographen mit dem Bemerken zugeben, daß der Heilige diese Phase seines Lebens später oft beweint habe. In Mailand als Vorleser und Lehrer der Beredsamkeit tätig, hörte Augustinus Bischof Ambrosius, den wir immer stärker als eine Schlüsselfigur der Epoche erkennen, und ließ sich 387, also mit dreiunddreißig Jahren, taufen. Erst auf der Rückreise in seine nordafrikanische Heimat weilte er längere Zeit in Rom. Die Eindrücke, die er am Tiber empfing, waren offenbar ziemlich zwiespältig, denn er betont in der ganzen Diskussion um den Untergang der Stadt im Gotensturm, daß sie ganz einfach zu wenig Gerechte gehabt hätte, um Gott zum Eingreifen zu nötigen. Es habe wohl viele Menschen von äußerlich untadeligem Lebenswandel gegeben, aber insgeheim waren sie doch alle Sünder.

Im übrigen aber – und da kommt nun der Karthager durch, der auf punischem Boden aufgewachsene Christ – sei Rom eben eine Metropole, die Hauptstadt einer beträchtlichen Machtkonzentration, und müsse sich aus diesem Grund ein paar Brände gefallen lassen: »Wie ihre Geschichte berichtet, wie ihre Literatur berichtet, ist der Brand Roms, der vor kurzem (=410) ausbrach, der dritte. Es brannte nur einmal in der Zeit des christlichen Kultes, zweimal war es schon zur Zeit des heidnischen Kultes niedergebrannt. Einmal wurde es von den Galliern (unter Brennus) derart mit Feuer verheert, daß nur noch der kapitolinische Hügel übrigblieb; zum zweitenmal ließ Nero die Stadt brennen. Der Befehl ging von Nero aus, dem Kaiser dieses Roms, dem Verehrer der Götterbilder, dem Mörder der Apostel. Er befahl, und Rom stand in Flammen . . . So brannte es also ein, zwei, drei Male. Warum macht es Dir Lust, wider Gott zu murren wegen der Stadt, die es schon gewohnt war, zu brennen?«
Dieses *te quid delectat contra Deum stridere pro ea quae consuevit ardere* aus der 296. Predigt ist gewiß eine der erstaunlichsten Stellen in der ganzen Rom-Diskussion und zeigt uns, daß es auch die Größten nicht ganz leicht hatten, ihre Glaubensbrüder über das Schicksal dieser Stadt, die stets mehr gewesen war als nur eine Stadt, hinwegzutrösten. Wir können gerade aus der Schwäche der versöhnlichen Argumentation, aus der Fassungslosigkeit, mit der auch die stärksten Geister und sichersten Kirchenlehrer zu Scheinargumenten und Zahlenspielereien greifen, die tiefe Verstörtheit der ganzen Kulturwelt ermessen. Sie hatten – ob es sich nun um Heiden oder Christen handelte – mit Rom alle sehr viel verloren: einen Bezugspunkt ihres Denkens mehr als eine Stätte konkreter Eindrücke und Begegnungen, denn bis nach Gallien und Spanien hinein jammert der Klerus ebenso wie die in den Ko-

lonien noch verstreut sitzenden und verstohlen ihre Götter preisenden Dichter.
Kann es uns wundern? Erleben wir nicht noch heute, da sich das Leben in den Städten weitgehend internationalisiert hat, da man an manchen Ecken Frankfurts kaum mehr weiß, in welchem Kontinent man sich befindet, und in New York ebensowenig, daß einzelne der alten Städte nicht nur ihren Bewohnern, sondern dem ganzen Land, ja sogar fremden Völkern unentbehrlich geworden sind? Das galt für Paris, von Rußland und Polen aus gesehen, das gilt noch heute für Wien, trotz des Eisernen Vorhangs, wenn man weiß, wie die Nachfolgestaaten diesen einstigen Mittelpunkt eines großen Reiches heute noch erleben.
Und damit, mit dem Verlust Roms, war denn auch keineswegs nur die Stadtbevölkerung am Tiber bestraft, obwohl sie es ihrer Sünden wegen nach ziemlich weitverbreiteter Meinung verdient hatte, sondern die ganze Christenheit. Will man ganz genau sein, so schlummert da ein gewisser Widerspruch. Aber es ging ja nicht um die Menschen und ihre Sünden, es ging ja um die Ewige Stadt. Salvianus von Marseille, ein Kirchenlehrer, der etwa von 390 bis 475 lebte und den Fall Roms aus der Ferne miterleiden mußte, schreibt: »Ich kann leicht beweisen, daß wir keineswegs entsprechend unserem Verhalten leiden müssen, und daß Gott viel milder mit uns verfährt als wir mit ihm . . . Wir erbittern ihn durch unser sündenbeflecktes Leben und zwingen ihn gegen seinen Willen, uns zu bestrafen . . . Alle sind sich bewußt, daß der (römische) Staat keine Kraft mehr besitzt; und doch erkennen wir nicht einmal an, wessen Wohltaten wir es verdanken, daß wir überhaupt noch am Leben sind.«
Da Salvianus auch noch die vandalischen und die ostgotischen Romzüge miterlebte, hat er seine Meinung später vielleicht geändert; als Alarich Rom eroberte, war der fromme Mann erst zwanzig Jahre alt, und doch hatte er bereits eine Deutung parat, die zu einem völlig neuen Rom-Gedanken in der Theologie und der Philosophie der Zeit führen wird und endlich zu dem großartigsten Ausdruck des Unsterblich-

keitsdenkens in Augustins Buch vom Gottesstaat anstelle des verlorenen irdischen Reichs, des christlich-römischen Imperiums.

Der Gedanke bildet sich langsam, aus dem Vergleich des Geschehens des Jahres 410 in Rom mit biblischen Gleichnissen; Rom wird aus dem Stadtcharakter in ein lebendes Wesen, ja in eine beinahe menschliche Existenz gehoben:

»Wenn man diejenigen als gerecht bezeichnen darf, die nach allgemeiner menschlicher Auffassung untadelig leben, dann gibt es viele solcher in Rom«, sagt Augustinus. »Und wegen dieser hat Gott Schonung geübt. Viele entkamen; aber auch an den Getöteten übte er Schonung. Sie hatten gut gelebt, in wahrer Rechtlichkeit, und in treuem Glauben. So starben sie. Sind sie nun nicht der menschlichen Mühsale enthoben und zur göttlichen Erquickung gelangt? Sie starben nach bitterer Trübsal wie jener Arme an der Tür des Reichen. Doch sie litten Hunger? Auch jener. Sie trugen Wunden? Auch er. Vielleicht haben die Hunde sie weniger abgeleckt. Sie starben? Auch er. Aber höre sein Ende: Es geschah, heißt es, daß jener Arme starb und von Engeln in den Schoß Abrahams getragen wurde.«

Rom ist im Begriff, ein zweites Jerusalem über den Wolken zu werden, oder vielmehr ein erstes, denn jenes himmlische Jerusalem erfanden sich ja erst die Kreuzfahrer, als sie zum hartnäckig verteidigten irdischen Jerusalem nicht vorstoßen konnten. »Rom, der Sitz Petri, überwand zuerst die anschleichende Pest; diese Stadt, für die Welt zum gefeierten Hauptsitz des Hirtenamtes geworden, besitzt durch den Glauben all das, was sie durch Waffengewalt nicht erobert hat«, schreibt der in Gallien lebende Prosper Tiro von Aquitanien, der nach 455 starb, also ebenfalls Alarich, Geiserich und die Ostgoten miterlebte und zuletzt noch Attilas Zug ins Herz Galliens und die Völkerschlacht auf den Katalaunischen Feldern. Und als ein rechter Schüler und Verteidiger des Augustinus sagt er es mit beinahe politisch-polemischer Unmißverständlichkeit: »Wir glauben, daß die Ausdehnung des römischen Reiches von der göttlichen Vorsehung geplant war. Die zur Einheit des Leibes Christi berufenen Völker sollten zuerst rechtlich in einem Reiche zusammengefaßt werden, obschon sich die Gnade Christi nicht damit begnügte, dieselben Grenzen zu haben wie Rom . . . Dennoch erlangte Rom durch den Primat des apostolischen Priestertums als Burg des Glaubens mehr Ansehen denn als Herrschersitz der Macht.«

Was siebenhundert Jahre heidnischer Eroberungs- und Machtpolitik geschaffen haben, das war also insgeheim und nach dem höchsten Willen bereits vorbestimmt, um dem neuen Rom Glanz und Ansehen zu geben. Und das heidnische Rom mußte sterben, damit es sich als ein christlicher Phönix aus der Asche erheben konnte.

Blicken wir heute um uns, so finden wir es beinahe natürlich, daß große Ereignisse um die Welt laufen, daß sie überall kommentiert werden, daß sie ihren Niederschlag in der Publizistik ferner Länder finden. Wie erstaunlich aber ist der universelle Widerhall von Alarichs Tat im Mikrokosmos des sterbenden römischen Reiches, wie tief fühlt sich jeder angerührt, der zu denken, zu schreiben und zu predigen veranlaßt ist. Keiner schweigt – außer dem einen Mann, der dies alles ins Werk gesetzt hatte, der gewiß zaudernd, überlegend, berechnend schließlich doch der Eroberer Roms wurde, genau achthundert Jahre nach dem Gallier Brennus.

Alarich, der Eroberer, von dem wir nach dem Fall der Stadt nichts mehr hören und auch nicht mehr viel wissen, zieht mit seinen Truppen in die spätsommerliche Hitze des südlichen Italien. Schwer beladen mit der Beute aus der Heiligen Stadt, wären die Soldaten gewiß lieber in ihre Heimat heimgekehrt, in feste Sitze in Noricum, wo man den Frauen die erbeuteten Geschmeide um den Hals hängen und im Schoß der Familie ausruhen kann. Aber noch ist kein Friede, noch hockt in Ravenna ein junger Mann, der mit allem und jedem spielt und darüber die Wirklichkeit vergißt, der seine Lieblingshenne *Roma* genannt hatte und der – als man ihm den Fall Roms berichtete – in Tränen ausbrach, weil er angenommen hatte, man habe dieses Gackertier zur Strecke gebracht.

Honorius aber bleibt am Leben, und Alarich stirbt. Honorius, der Rom ohne Not geopfert hat, wird die Weltgeschichte noch eine Weile durch seinen Schwachsinn komplizieren, Alarich aber erliegt in den heißen Lüften Kalabriens dem Tod, den vielleicht schon ein Pesthauch am Tiber in ihn pflanzte, wenn nicht Galla Placidia, die listige Schöne in seiner Beute, ihm irgendein Gift beibrachte, als er ihr einmal zu nahe kam. Niemand weiß es, und die Gebeine des Königs hat man nie gefunden, weil die Goten das Flüßchen Busento ableiten ließen – Gefangene zum Graben hatten sie ja genug –, das Grab in das Flußbett versenkten und danach die Fluten wieder darüber hinleiteten.

»Allzufrüh und fern der Heimat mußten sie ihn hier begraben, während noch die Jugendlocken seine Schultern blond umgaben«, dichtete August Graf von Platen, und Locken trug Alarich vielleicht wirklich noch, obwohl er ein guter Mittvierziger gewesen sein muß, ja wir möchten eigentlich sagen, daß sieben- oder achtundvierzig Jahre das wahrscheinlichste Alter sind und mit jenem »besten Mannesalter« durchaus harmonieren, von dem die Chronisten mangels genaueren Wissens sprechen.

»Und es sang ein Chor von Männern: Schlaf in deinen Heldenehren!/Keines Römers schnöde Habsucht soll dir je das Grab versehren«, ein Wunsch, der in Erfüllung ging, wenn wir auch nicht anzunehmen brauchen, daß Alarich mit einem nennenswerten Teil seiner Schätze bestattet wurde: es wäre zuviel gewesen. Denn wenn unser Dichter auch nur die Habsucht der Römer *schnöde* nennt, so hatte Alarich eben diesen Römern doch allerlei abgenommen, was uns zeigt, daß auch er den Wert edler Metalle zu schätzen wußte. Noch Jahre später wird Galla Placidia erröten, als man vor ihr mit vielen Händen in Silberstücken aus der Plünderung Roms wühlt. Ist es ein Erröten im späten Zorn über jene alte Untat, oder errötete sie in Gedanken an ihren ersten Entführer, an den größten König, der sich ihrer bemächtigte und der wenige Wochen darauf schon nicht mehr lebte?

DAS ERSTE REICH

Sieger zu sein ist wenig,
doch groß zu bleiben alles.

VICTOR HUGO

Der sagenberühmte Busento ist einer der kürzesten und dürftigsten Flüsse Italiens; er entspringt am Monte Cocuzzo und mündet bei Cosenza in den Crati-Fluß, und in manchen Sommern hat man den Eindruck, daß seine Wasseradern gar nicht abgeleitet zu werden brauchten: sie versickern in der kalabrischen Hitze, ohne daß jemand die Hand rühren müßte. Das ist die Stunde der Schatzgräber, die aus dem armen Italien, aber auch aus sehr viel reicheren Ländern in solcher Regelmäßigkeit alljährlich anreisen, daß Guido Piovene, der kürzlich verstorbene große Biograph von *Mamma Italia*, sich ausgiebig über sie lustig macht.
Wie Schatzgräber, gutgläubig und vor allem gotengläubig, betragen sich auch Cassiodorus, der Geheimschreiber des Theoderich, und Jordanes, der weitgehend auf ihm fußende Erzpropagandist gotischer Größe, wenn sie in den dunklen Jahrzehnten des ostgotischen Hunnenbündnisses nach Fakten suchen und diese Fakten zu Ruhmespyramiden auftürmen möchten. Man würde ihnen gern glauben, denn nichts ist reizvoller als das Zeugnis der Quasi-Zeitgenossen, zärtlich schwankend zwischen Sinn und Sage, zaghafte Annäherung an eine damals noch nahe Vergangenheit.
Stehen wir in Cosenza auf dem Ponte Mario Martire, so haben wir vor uns eine kleine, malerische Altstadt, hinter uns das neue Cosenza; vor uns den Dom mit dem Grabmal jener Isabella von Aragonien, die achthundert Jahre nach Alarich ebenfalls in Cosenza sterben mußte, weil sie guter Hoffnung gewesen war, als sie die mörderische Reise durch das mittelalterliche Kalabrien auf sich nahm. Und Casanova, das Weltkind, das in jungen Jahren hierher kam, um dem Bischof von Martorano als Abbé zu dienen, brauchte nur ein paar Stunden, um seinem Oberhirten vorzuschlagen, die Diözese mit ihm zu verlassen und das Heil in der Fremde zu suchen. »Über diesen Vorschlag lachte mein Bischof den ganzen Rest des Tages; hätte er ihn lieber angenommen, so wäre er nicht nach zwei Jahren in der Blüte seines Lebens gestorben.«

So alt wie Alarich, ging der rechtschaffene Mann also in den Himmel ein, weil er in einem Land leben wollte, das ihm offenbar nicht angemessen war und wo man mit schlechtem Öl kochte; das war dreizehnhundert Jahre nach Alarich, und damit wollen wir die Spurensuche abbrechen. Immerhin: Hier wenigstens gibt es Spuren, hier glitzert ein verborgener Schatz, hier leuchtet das Blondhaar eines Sagenkönigs, hier werden die Jahrhunderte durchsichtig, und die Vergangenheit scheint nicht so fern. Die Ostgoten hingegen sind in pannonisches Dunkel gehüllt, die Schwärze der Karpatenwälder und die wilde Geschichtslosigkeit ihrer Verbündeten stürzen nicht nur Cassiodor und Jordanes in Verzweiflung, sondern lassen selbst die geduldig forschenden deutschen Gelehrten unwirsch werden. Nirgends in seinem großen zweibändigen Germanenwerk, in diesem Monument vertiefter Faktenfülle, muß Ludwig Schmidt mit so vielen ihm untauglich scheinenden Hypothesen ins Gericht gehen wie auf den sechzehn Seiten, die er den Ostgoten zwischen Ermanarich und der Schlacht auf den Katalaunischen Feldern widmet. Von fünf Monaten altrömischer Innenpolitik haben wir mehr Fakten in der Hand als von den fünfzig Jahren gotischer Hunnenbündelei, und man kann es so bemühten Forschern wie dem österreichischen Archäologen Rudolf Egger nicht verdenken, wenn er gelegentlich mit Hilfe etwas spitzfindiger Hypothesen ein paar Knüppelpfade durch diesen Sumpf zu legen versucht.

Immerhin scheint die Gesamtsituation überblickbar. In dem ungeheuer grausamen und rücksichtslosen Ringen beinahe aller gegen alle haben manche Völker schon auf dem Anmarsch in das große Amphitheater Mittelmeerraum schweren Blutzoll zahlen müssen, die Burgunder etwa oder die Gepiden. Andere, zu groß, um vernichtet zu werden, teilen sich wie die Westgoten und suchen in Splittergruppen Schutz bei den Römern, ehe sie sich unter einem energischen König wieder vereinigen. Ähnliches darf man auch für die Ostgoten annehmen, ja als sicher festhalten. Auf den Tod des Ermanarich und die schweren Niederlagen durch die

Hunnen folgten kurze Selbstbehauptungskämpfe unter Herrschern, die uns im einzelnen nicht mehr interessieren können und die eigentlich nur genealogische Bedeutung haben, indem sie die Stammtafel der Amaler vervollständigen. Danach, als auch sie in Schlachten fallen, deren genauer Verlauf uns ebenso unbekannt ist wie die Orte, wo sie stattgefunden haben, gibt es auch für die Ostgoten nur zwei Möglichkeiten: entweder sich als Vasallen dem Räuberbund der siegreichen Hunnen anzuschließen oder, wie die Westgoten, ins Römerreich überzutreten und dort Kriegsdienste zu nehmen. Von einem solchen Versuch, der dank römischer Tücke katastrophal endete, wissen wir aus fünf verschiedenen Quellen, so daß die Ereignisse als gesichert anzusehen sind:

Der Winter von 385 auf 386 war so hart, daß die Donau zufror und sich eine größere Schar von Barbaren, vermutlich aber Goten, über die Donau nach Süden in römisches Gebiet wagte, bald aber wieder zurückzog. Das waren erste Versuche, denen etwa sieben Monate später ein Massenzug zur Donau folgte mit dem Ersuchen, friedlich ins (ost)römische Reichsgebiet einzuwandern und dort siedeln zu dürfen. Es war Herbstanfang 386, und die Goten fürchteten wohl einen neuerlichen harten Winter im Vorland der Karpaten und unter der Bedrängnis durch die Hunnen.

Der in Thrakien kommandierende Magister Militum Promotus, militärisch keine Leuchte, aber in allerlei Listen erfahren, lehnte den Übertritt ab, entsandte aber an das nördliche Donauufer ein paar des Gotischen mächtige Männer als *agents provocateurs.* Sie rieten den verzweifelten und halb verhungerten Goten, die Donau auf Einbäumen zu überqueren und die angeblich schwachen römischen Sicherungstruppen zu überwältigen, worauf dann einem Einzug des ganzen Stammes ins Römergebiet nichts mehr im Wege stehen würde. Die stets kampfwilligen Goten nahmen an, zwängten sich in die Boote, die sie auftreiben konnten, und wurden von den vorbereiteten Legionären Besatzung für Besatzung abgeschlachtet, als sie am Südufer an Land gehen wollten. In den

eroberten Booten setzten dann die Römer über, nahmen die zurückgebliebenen Frauen und Kinder der Goten gefangen und hatten damit Tausende von Sklaven eingebracht, zum größeren Ruhm des Römischen Reiches.
Der Ostgotenfürst Odothius, der diesen unglücklichen Stamm geführt und das Unternehmen befehligt hatte, fand den Tod, als er sich ins Wasser stürzte, um den Legionären zu entgehen. Kaiser Theodosius, genannt der Große oder auch der Germanenfreund, begab sich, begeistert über diesen großen Sieg, an Ort und Stelle und nahm am 12. Oktober 386 an dem Triumphzug in Konstantinopel teil, in dem die Ostgotenfrauen den Byzantinern vorgeführt wurden. Immerhin ermannte er sich zu der Anordnung, daß die Gefangenen dieses Feldzugs, soweit sie nicht für Bauernarbeit ungeeignet waren und darum als Sklaven auf den Markt kommen mußten, beisammen bleiben durften und in einem unwirtlichen Teil Anatoliens als Kolonen, also als Wehrbauern, siedeln konnten – woher die dazu nötigen Männer genommen wurden, sagen die Quellen nicht.

Die Goten vergaßen nicht, was ihnen angetan worden war, und als die Knaben jener Blutnacht von der Donau in Anatolien zu Männern herangereift waren, unternahmen sie unter der Führung eines Tribigild, der als *comes* (Graf) bezeichnet wird, im Jahr 399 oder 400 einen für das Regime in Konstantinopel sehr gefährlichen Aufstand. Nicht ganz geklärt ist das Zusammenspiel dieser in der alten Landschaft Phrygien ansässigen Goten mit dem berühmten Gotengeneral Gainas und dessen Kämpfen gegen den Eunuchen Eutropius. Tribigild jedenfalls scheint das Jahr 400 nicht lange überlebt zu haben, womit die Sondergeschichte seines Stammes wieder aus der Weltgeschichte zurückfällt in das Dunkel, das so viele Stammesschicksale umgibt.
Das also war das erste Ergebnis einer Hinwendung zu den Römern, und niemand konnte es ermutigend nennen. Viel schlimmer konnte die gemeinsame Kriegführung mit den Hunnen auch nicht sein, um so mehr, als damals auch die

Hunnen noch keine so straffe und zentrale Führung hatten wie später unter Attila.
Während diese erste geschichtliche Episode aus dem dunklen Halbjahrhundert über Gainas wenigstens eine gewisse Verbindung mit der allgemeinen Gotengeschichte aufweist, präsentiert sich uns das geschichtliche Großereignis aus ostgotischer Wurzel überraschend, folglich isoliert und auch in den Nachwirkungen unerfaßbar – der Masseneinfall ostgotischer Krieger mit ihren Familien in Norditalien unter dem heidnischen Heerkönig Radagaisus.
Wir haben die reinen Fakten schon im Zusammenhang mit Stilicho berichtet, in dessen Laufbahn der große Sieg über das zahlenmäßig stärkste aller germanischen Heere zweifellos einen Höhepunkt darstellte. Aber während wir ziemlich genau wissen, daß Stilicho zu seiner Verstärkung westgotische Kontingente unter Sarus heranzog, alanische Reiterei und vor allem die Hunnen unter ihrem Fürsten Uldin oder Huldin, ist die Herkunft einer germanischen Wanderschar, die von manchen Autoren auf 400000 Köpfe geschätzt wird, bis heute ungeklärt.
Radagaisus und seine heidnischen Gefolgsleute waren zweifellos Ostgoten und bildeten den Kern der Wanderschar; aber es sollen auch Germanen von jenseits des Rheins mitgezogen sein, und dieses ›jenseits‹ muß man wohl vom römischen Gallien aus sehen. Es handelte sich also um Germanen aus dem Herzraum Deutschlands zwischen Weser und Elbe, die sich vielleicht erst im heutigen Niederösterreich mit den Ostgoten des Radagaisus vereinigt hatten. Denn einzelne Forscher setzten die Zerstörung von Vindobona (Wien) und Carnuntum (beim Bad Deutsch-Altenburg) auf das Konto dieses offenbar sehr aggressiven Wanderbundes. Auch die östlich von Linz an der Donau gelegene uralte Römerstadt Lauriacum, heute der Stadtteil Lorch von Enns, hatte damals schwere Stürme zu bestehen, scheint sich aber behauptet zu haben, vielleicht, weil sie zu weit westlich für Radagaisus lag und nur die aus dem Norden kommenden Stämme an ihr vorbeizogen. Hundert Jahre später ereilte freilich auch diese

ehrwürdige Stadt das Schicksal der Zerstörung, obwohl sie als Sitz des Metropoliten für Ufernoricum gewiß auch unter den sogenannten Barbaren ein gewisses Ansehen genoß und auf Schonung rechnen konnte.
Mit Sicherheit ging damals Flavia Solva beim heutigen Leibnitz in Flammen auf, die um 70 nach Christus von Vespasian gegründete, eine ältere keltisch-illyrische Siedlung einbeziehende Römerstadt an der Mur. Nach einer ersten Zerstörung durch die Markomannen um 170 war Flavia Solva erneut aufgeblüht, hatte dann aber 405/406 die volle Wucht der unter Radagaisus nun bereits vereint nach Süden ziehenden Germanenstämme gegen sich und damit keine Chance. Grabsteine und Mosaiken, die seit 1911 bei Klein-Wagna an der Mur ausgegraben werden, lassen uns ein wenig von der Tragödie ahnen, die nun für so viele Städte heraufkam. Die meisten von ihnen waren an den großen Heerstraßen entstanden, dort, wo die Legionen und die Händler durchzogen, wie Carnuntum an der Bernsteinstraße. Und nun kam auf den alten Römerstraßen statt der Händler das Verderben daher.
Flavia Solva zeigt uns, wo die vielleicht tatsächlich 400 000 Menschen starke Raubgenossenschaft des Radagaisus die Alpen bezwungen hat, und wie sie, den Flußtälern folgend, mit großem Troß nach Norditalien hereinbrach. Die Flucht der Einwohner dieser Provinzen nach Süden stellte das Westreich vor ernste soziale Probleme, noch ehe das militärische akut wurde.
Wie Stilicho immer mehr Truppen zusammenzog, wie die Germanen unter Radagaisus offenbar ohne Flankenschutz und ohne genügende Aufklärung raubend und brennend in ihr Verderben zogen, wissen wir. Tod, Sklaverei, Auflösung der Stammesgemeinschaft, Vernichtung des gewohnten Lebens und Zerstörung aller Familien – das war eine Katastrophe von so überdeutlicher Sprache, daß es des Todes eines Gotenfürsten gar nicht mehr bedurft hätte, um dem Volk zu zeigen, wie falsch dieser Weg war. Und als schließlich Radagaisus bald nach der Niederlage von Fiesole in Ketten hinge-

38 *Nocera, Umbrien. Bei Tadinae (Gualdo Tadino), 14 km von Nocera entfernt, wurde Totila im Jahre 552 von Narses geschlagen.*

39 *Landschaft bei Palencia, Spanien.*

40 *Toulouse, das 419 die Hauptstadt des Tolosanischen Reiches der Westgoten wurde.*

richtet wurde, da hatte das damals allmächtige Gerücht wieder Nahrung, meldete den Untergang eines großen Ostgotenverbandes nach Norden und Nordosten und ließ fortan zumindest den Ostgoten oder Ostrogoten die Unterwerfung unter die Hunnen als das kleinere Übel erscheinen. »Die Zurückgebliebenen, geschwächt durch den starken Abfluß, haben sich nunmehr widerstandslos dem hunnischen Joch gebeugt«, sagt auch Ludwig Schmidt, der in dieser Phase der Gotengeschichte besonders viel Skepsis an den Tag legt. Es ist zu offensichtlich, daß es eine dritte Möglichkeit eben nicht gegeben hat.

Man möchte nun natürlich wissen, wie dieses hunnische Joch ausgesehen hat, und da muß man zunächst sagen, daß sich das Wort wohl schlimmer anhört, als die Sache war. In jenen unruhigen Zeiten hatte niemand größeren Wert als der Krieger, und da die Goten gute Kämpfer waren, bedeutete die Unterwerfung unter die Hunnen keinesfalls Rechtlosigkeit, sondern eben nur den Verlust der vollen Souveränität über die politische und militärische Entscheidung. Aber wie frei ist ein Volk, das kein Land hat und keinen König? Mußte es nicht ohnedies sich irgendwo anlehnen, wie es ja sogar Alarich hartnäckig versuchte, obwohl er doch ein Riese war gegenüber dem kläglichen Honorius und sein Heer das einzige militärische Machtinstrument im ganzen Raum der italienischen Halbinsel. Es war beinahe so, als habe die Völker, die aus dem Norden, Nordosten und Osten gegen das Römerreich anrannten, angesichts der festgefügten und noch in der Schwäche imposanten militärischen und zivilen Organisation des Römerreiches die Einsicht übermannt, daß sie ganz einfach unfähig seien, sich selbst an die Stelle der Römer zu setzen und dieses Reich im ganzen zu übernehmen. Der erste, der wütend und überzeugt seine Gleichwertigkeit mit den römischen Kaisern behaupten wird, ist Attila. Bis dahin suchen sie alle die Stütze und den Schatten der Römermacht, die Siedelräume, die Bundesgenossenschaft, die Militärränge.

Die Hunnen der Vor-Attila-Zeit, der Zeit erster Bündnisse

mit den vielfach geschlagenen Ostgoten, sind Räuber, wie die Goten selbst es wenige Jahrzehnte zuvor so begeistert gewesen waren; sie sind Heiden, was sie den überwiegend heidnischen Ostgoten stärker annähert als den arianischen und schon länger auf römischem Boden lebenden Westgoten. Und die Ostgoten haben seit dem vielumraunten Tod des großen Ermanarich eigentlich keinen König. Natürlich gibt es noch Amaler, zum Herrschen berufene tüchtige Krieger, Hunnenfeinde, die den Widerstand fortzusetzen wünschen. Aber es gibt eben auch andere, die sich geschlagen geben und als Vasallen kämpfen. Selbst Jordanes hat das Dickicht der genealogischen Bezüge ebensowenig zu entwirren vermocht wie die seine Angaben überprüfenden und ergänzenden späteren Forscher (vgl. Stammtafel S. 350).

Es ist wahrscheinlich, daß die Hunnen sich zumindest auf eine Linie der Amaler stützen konnten, daß eine Linie des alten gotischen Königshauses mit ihrer Gefolgschaft bereit war, in einem großen Raubverband mit den Hunnen zu kämpfen und gemeinsam gegen andere, auch gegen germanische Völker vorzugehen.

Ja es scheint nicht ausgeschlossen, daß ein besonders tüchtiger Gotenfürst zeitweise das Oberkommando über den ganzen Räuberbund führte, also auch Autorität über die hunnischen Verbände ausübte oder doch über jene Hunnenstämme, die (ehe Attila sie einigte) sich mit den Ostgoten zu kriegerischen Zwecken zusammenschlossen. Auf diese Vermutung kommt man durch den seltsamen Namen Balamber eines Hunnenfürsten (oder Königs?), der uns bei Jordanes überliefert wird, und von dem schon Ludwig Schmidt sagt, daß der Name nicht hunnisch klinge. Das wäre nun zwar noch nicht schlüssig, wir finden, allerdings vor allem in der zweiten Hälfte des fünften Jahrhunderts, nicht wenige Hunnenworte und -namen bei den Germanen und umgekehrt manchen wohlklingenden gotischen Namen bei Hunnenfrauen und -mädchen. Warum also soll ein Hunnenfürst sich das germanische Wort Walamir, einen gotischen Königsnamen, nicht auf hunnisch zurechtgemacht und geführt haben,

um so mehr, als wir lesen, daß er eine Gotenprinzessin geheiratet habe, und zwar die Nichte des gefallenen Gotenfürsten Winithar, die Waladamarca hieß. Ein Zweifel aber bleibt doch, und man möchte gerade den illusionslos und zweckhaft agierenden Hunnen durchaus zutrauen, ohne Überbewertung der Volkszugehörigkeit eben jenen Anführer zu wählen und gelten zu lassen, der sich im Kampf besonders bewährt hat. Das würde den so seltsam germanisch klingenden Hunnenfürsten Balam(b)er-Walamir in ein neues Licht rücken und das Vasallentum der Ostgoten ebenfalls.
Es ist klar, daß so unsichere und unstabile Verhältnisse zu einer Vielzahl von Kampfkombinationen, zu bald länger, bald kürzer währenden Kampfbündnissen und Interessengemeinschaften führen müssen, die in ihrer schnell wechselnden Buntheit nicht mehr zu überblicken sind. Das Bild wäre selbst dann sehr kompliziert zu nennen, wenn wir über die einzelnen Völker, Stämme, Herrscher und Schlachten zuverlässige Nachrichten besäßen, so etwa wie für das Gewirr der Städtekämpfe in der italienischen Renaissance. Da dies also nicht der Fall ist, da die einzige einigermaßen zusammenhängende und durchgehende Gotengeschichte aus der Feder des Jordanes angesichts dieser Sachlage naturgemäß Widerspruch auf Widerspruch häuft, sitzen die Gelehrten Deutschlands, Österreichs und Ungarns seit mehr als hundert Jahren über einem gigantischen und wohl kaum lösbaren Puzzle, in dem eben allzu viele Steine fehlen.

Inmitten der nicht zu enträtselnden Flucht dieser Ereignisse bündelt die Völkerschlacht auf den Katalaunischen Feldern auf der Höhe des Jahrhunderts die große Masse der mittel- und osteuropäischen Wandervölker und führt sie am Westrand des gemeinsamen Aktionsgebietes in einer großen Begegnung zusammen. Man schreibt das Jahr 451. Neben die beiden Römerreiche ist ein straff geführter und schlagkräftiger Völkerbund getreten, nämlich der Befehlsbereich des Hunnen Attila, den man zwar kein Reich nennen kann, der aber militärisch eine Vorrangstellung einnimmt. Eben dies, die hunnische Übermacht, ist von manchen Forschern bestritten worden; aber eine Römermacht im eigentlichen Sinn gab es ja gar nicht mehr: Den Hunnen ließen sich immer und überall nur germanische Kontingente entgegenstellen, und als Attila nach und nach die hunnischen Söldnertruppen, die unter römischem Oberbefehl gekämpft hatten, in seine Armee zurückrief, veränderte sich das militärische Gleichgewicht zwangsläufig zugunsten der Hunnen.

Der römische Oberfeldherr Aetius, gewiß kein Stilicho, auch kein Germane, sondern Offizierssohn aus einer römischen Balkankolonie, hatte darum für die große Auseinandersetzung ein Schlachtfeld gewählt, das mitten in Roms wertvollster Provinz, in dem vollkommen romanisierten Gallien lag. Es war damit sehr weit von der Basis der Hunnen wie der Ostgoten entfernt. Da die Kampfkraft der Gallier schon längst jener der Italiener überlegen war, da zudem in Gallien nun die Westgoten zur Verfügung standen, die sich auch nach Alarich von der Verbindung mit Rom nicht hatten lösen wollen, bestand eine gewisse Chance, dem unverbrauchten Impetus der hunnisch-ostgotischen Entente erfolgreich entgegenzutreten.

Die spätsommerliche Monsterschlacht unweit Châlons-sur-Marne, dort, wo heute Zuckerrübenfelder ein französisches Militärtrainingslager umgeben, endete – fast möchte man sagen: erwartungsgemäß – unentschieden. Vielleicht war sie auch den beiden Oberkommandierenden aus den Händen geglitten, weil gerade die Germanen, welche die Hauptlast des Kampfes getragen hatten, in ebendieser Schlacht eigene Entscheidungen suchen mußten: Zwei burgundische Parteien standen gegeneinander, zwei Gruppen von Franken kämpften auf verschiedenen Seiten um die Nachfolge für einen verstorbenen König, und das Brudervolk der Goten, am Schwarzen Meer noch einigermaßen in gemeinsamen Aufgaben einig, rang mörderisch: Theoderich I., König der Westgoten, fiel durch einen Wurfspeer, den der Amaler Andag, also ein Ostgote fürstlichen Blutes, nach ihm geschleudert hatte.

Theoderich wurde bestattet, und zwar unweit des Schlachtfelds; die Westgoten zogen ab, um im Frieden ihrer Sitze in Aquitanien und Tolosa einen neuen Herrscher zu wählen, und Aetius allein war naturgemäß nicht fähig, Hunnen und Ostgoten noch irgendwelchen Schaden zuzufügen. Aber auch diese, leicht aus dem Konzept gebracht, weil sie bis dahin doch in erster Linie Raubkriege geführt hatten, dachten keineswegs daran, nun Gallien zu erobern, sondern kehrten zurück nach Pannonien: mit blutigen Köpfen, wie man zweifellos sagen könnte, und ganz sicher ernüchtert, denn sooft die Hunnen auch gekämpft hatten, diese gewaltige Feldschlacht, in der sie ihre gewohnten Waffen, Überraschung, Schnelligkeit, Schrecken und Grausamkeit, nicht hatten ins Spiel bringen können, war doch mehr als eine Warnung gewesen – nämlich ein Vorgeschmack dessen, was ihnen bevorstand, wenn sich eines Tages Europa gegen die Nomadeninvasionen organisiert verteidigen würde.
Solch einem geeinigten, unter einem tüchtigen Befehlshaber vereint schlagenden römisch-germanischen Bundesheer wären die Hunnen selbst unter Attila nicht überlegen gewesen, das stimmt; es ist nur, wie die Geschichte zeigt, eine durchaus theoretische Annahme. Nicht einmal die Ostgoten hatten sich aus dem Räuberbund Attilas herausbrechen lassen, sondern waren gegen die Westgoten angetreten, und mit welcher Tapferkeit!
Dieser unentschiedene Ausgang der in ihren Einzelheiten und in ihrem Austragungsort gewissen Diskussionen Raum gebenden Schlacht hat den einen oder anderen Skeptiker dazu verleitet, sie überhaupt zu leugnen, also zu bezweifeln, daß sie je stattgefunden habe. Und in einem Brief von Professor Dr. Bernard Chertier, Directeur des Antiquités Préhistoriques de la Région Champagne-Ardenne, besitze ich den bezeichnenden Notschrei des Gelehrten, der glauben möchte, aber nicht glauben darf: »Il n'y a aucune preuve pour placer cette Bataille dans les plaines aux environs de Châlons. Y a-t-il seulement eu bataille? Je me le demande souvent. N'y a-t-il pas seulement eu des combats sporadiques entre petits

groupes isolés, combats, qui ont été par la suite grossis par l'imagination populaire?« (Es gibt keinen Beweis dafür, daß diese Schlacht auf den Ebenen in der Umgebung von Châlons geschlagen wurde. Ja – hat es überhaupt solch eine Schlacht gegeben? Ich frage mich das oft. Gab es nicht nur verschiedene kleinere Scharmützel zwischen isolierten Truppenteilen, Kämpfe, die später von der Phantasie der Bevölkerung zu einer großen Schlacht gemacht wurden?)

Wozu bei aller Verehrung für den hingebungsvoll arbeitenden Konservator des Museums von Châlons-sur-Marne zur Beruhigung aller Lehrbuch-Schreiber und Lehrbuch-Leser zu sagen ist, daß wir auch von der Verteidigung der Thermopylen durch Leonidas keine Waffenfunde und Skelette besitzen, auch nicht von den Seeschlachten bei Actium oder bei Lepanto und zahllosen anderen kriegerischen Ereignissen. Man darf durchaus auch Dinge glauben, die nur von einigen Chronisten oder Historikern berichtet werden, sich aber auf naturwissenschaftliche Weise nicht rekonstruieren lassen. Vor Schlachten werden eben keine Grundsteine gelegt, etwa Kanonenrohre in Zement eingegossen mit Zettelchen über die Truppenstärke und so fort. Attila wie Aetius hatten sich bei Châlons oder bei Troyes oder irgendwo dazwischen jedenfalls getroffen und nach beträchtlichem Blutvergießen wieder voneinander gelassen, wie es ja auch zwischen Stilicho und Alarich vorkam.

Es hält auch schwer, eine Schlacht zu leugnen, in der immerhin die Entscheidung zugunsten der Merowinger fiel (der Bewerber des konkurrierenden fränkischen Fürstengeschlechts blieb in der Schlacht), so daß also die Franken fortan und für Generationen ein historisch durchaus greifbares Königshaus hatten, dessen Macht bei Châlons begründet wurde. Es hält schwer, eine andere Todesart für den Westgoten Theoderich zu finden, dessen Schlachtentod alle in Frage kommenden Quellen bestätigen. Und es hält schwer, nicht nur den Chronisten zu mißtrauen, sondern auch noch den Heiligenlegenden, die über die Hunnen in Reims, in Châlons, in Orléans, in Metz und in Trier mehr als genug zu be-

richten wissen. Da müßte man dann schon konsequent sein und die Heiligenviten aus der Frühgeschichte des europäischen Mittelalters überhaupt streichen, was eine radikale Verminderung unserer Quellen und eine katastrophale Verschlechterung in der gesamten Materiallage für die dunklen Jahrhunderte zwischen Römerreich und Nationalstaaten zur Folge hätte. (Wattenbach, die unbestrittene Autorität in Quellenfragen, weist in seinem Buch über das Schriftwesen im Mittelalter darauf hin, daß vor allem religiöse Texte wie zum Beispiel die Viten mit ungleich größerer Sorgfalt behandelt und nach Abschriften überprüft wurden als profane, weswegen manches alte Rechtsbuch viel mehr Fehler mit sich herauf in die Gegenwart nehmen mußte als die sogenannten heiligen Texte.)
Die allgemeine Aufmerksamkeit galt der Schlacht auf den Katalaunischen Feldern wohl auch, weil Hunnen und zum Teil auch die Ostgoten Heiden waren, die Römer und die Westgoten aber Christen, so daß sich gleichsam die große Entscheidungsschlacht wiederholte, die Konstantin der Große für das Christentum schlug – nur daß an *seinem* Sieg niemand zweifeln konnte.

Nach der großen Schlacht wird die Gesamtlage zwar nicht einfacher, aber die nun aufgerüttelte Welt versorgt uns fortan ein wenig reichhaltiger mit Nachrichten, so daß man die Verflechtungen nun wenigstens teilweise lösen kann. Die erste dieser Lösungen besteht darin, daß wir die seit Jahrzehnten in verschiedenen Quellen angedeutete, aber nie recht glaubhaft gewordene Dreiteilung der Ostgoten gleichsam leibhaftig vor uns haben: An der Geschichtlichkeit der Könige Valamir, Thiudimir und Vidimir ist ebensowenig zu zweifeln wie an der Tatsache, daß sie Amaler sind. Ja vermutlich sind sie sogar Brüder – Söhne eines Vaters, dessen Namen wir allerdings ebensowenig kennen wie seine geschichtliche Rolle. Daß er Vandalarius hieß und der Sohn des 376 gefallenen Vinitharius war, muß mit einem großen Fragezeichen versehen werden.

Auf die Dreiteilung der Ostgoten folgt bald eine Teilung auch des Hunnenreiches: In der Nacht nach seiner Hochzeit mit einem vermutlich germanischen Mädchens namens Hildico erliegt Attila einem Blutsturz, ein Ereignis, das ziemlich übereinstimmend ins Jahr 453 verlegt wird; er hat die Schlacht bei Châlons also nur um zwei Jahre überlebt.
Das Heer seiner Söhne, wie einzelne Forscher es genannt haben, mag zunächst zwei Dutzend Namen vereint haben. Bedeutung erlangten aber nur der tapfere Ellak und der unbändig zähe, ja beinahe heroisch weiterkämpfende Denghizik, während der strahlende Prinz Gheism, den Attila mit einer Schwester des Gepidenkönigs Ardarich gezeugt hatte, die Linie bis weit ins sechste Jahrhundert herauf fortleben läßt und uns noch mindestens zwei ruhmreiche Attiliden beschert.
Nach einer Generation, in der die Goten offensichtlich dem Attila niemanden entgegenzusetzen hatten, treten nun die Ostgotenkönige zu dritt und geschlossen gegen die Attila-Söhne an und haben nicht nur fortgesetzt das größere Schlachtenglück, sondern zeigen schließlich eine so deutliche Überlegenheit über die Hunnen, daß es einmal sogar einem einzigen der drei gelingt, die Hunnen zu schlagen, ehe seine Brüder ihm zu Hilfe eilen können.
Das mag daran liegen, daß die Hunnen mit Attila eben doch sehr, sehr viel verloren haben, während die Ostgoten ihr verlorenes Königtum, wenn auch dreigeteilt, zurückgewannen; und es lag natürlich daran, daß ein ganzer Clan friedlicher Attila-Söhne, nämlich die von einer anderen Mutter als Ellak und Denghizik stammenden Prinzen Ernak, Emnedzar und Uzendur, am Kriegführen überhaupt wenig Geschmack fanden. Sie hatten sich als wehrhafte Grenzbauern und einsatzbereite Nomaden an der unteren Donau wieder in den Schutz des oströmischen Reiches begeben.
Einigermaßen ausgeglichen war nur die erste, die größte der zahlreichen Schlachten, mit denen die Hunnen die Ostgoten in die alte Botmäßigkeit zurückzwingen wollten, in denen aber auch der kluge Gepidenkönig Ardarich, der erste Bera-

41 *Motiv aus Narbonne, dem antiken Narbo, das 413 von den Westgoten erobert wurde.*

42 *Palast Ramiros I. (842–850) bei Oviedo, Spanien. Ostseite der Nordfassade. Die Treppe führte zur Königshalle.*

ter Attilas, für seinen Neffen Gheism um das Attila-Erbe kämpfte. Diese große Schlacht fand 454, also bald nach Attilas Tod, am Fluß Nedao statt, einem pannonischen Wasserlauf, der bisher noch nicht eindeutig identifiziert werden konnte. Ich habe in meinem Hunnenbuch p. 316 ff. den ungarischen Fluß Kapos, einen rechtsufrigen Nebenfluß der Donau, als Lösung des alten Rätsels vorgeschlagen. Am Nedao fiel Ellak, Attilas Ältester, und seither erscheinen die Hunnen nach Osten abgedrängt, Ostgoten und Gepiden aber treten in Pannonien auf.

So gravierende Ereignisse werden auch bei den alten Geschichtsschreibern selten verfälscht, und so hat uns denn auch Jordanes, auf Cassiodor fußend, eine schlüssige Darstellung jenes ersten großen Kampfes zwischen Ardarich und den Attila-Söhnen vermittelt, aus der schließlich die Befreiung der Ostgoten vom Hunnenjoch folgte:

»Es teilten sich die Reiche und die Völker, und so wurden aus einem Körper viele Glieder, die sich aber nicht in gegenseitiger Duldung schonten, sondern, nachdem ihr Haupt abgeschlagen war, gegeneinander wüteten. Niemals hätten diese gewaltigen Nationen ebenbürtige Gegner gefunden, wenn sie sich nicht in Selbstzerfleischung Wunden geschlagen hätten.«

Jordanes schildert dann den Kampf in der klassisch-rhetorischen Manier, wobei er auch Goten auftreten läßt. Die Forschung steht jedoch inzwischen auf dem Standpunkt, daß es am Nedao zwar um die Ostgoten ging, daß diese selbst aber nicht mitkämpften, sich vielmehr abwartend verhielten. Aus dieser Haltung erklärt sich auch die sicher überlieferte Wut der Attila-Söhne über die ungetreuen Vasallen und die Bemerkung eines Chronisten, fortan hätten die Hunnen auf die Ostgoten Jagd gemacht wie auf entlaufene Sklaven: Mit den ostgotischen Stämmen als Verbündete hätten die Hunnen zweifellos Ardarich geschlagen, so tapfer und schlagkräftig sich die Gepiden auch stets erwiesen hatten, wo sie antraten.

»Endlich«, schließt Jordanes seinen Schlachtbericht, »fiel nach hartem, langem Ringen der Sieg unvermutet den Gepiden zu. Denn das Schwert des Ardarich und der mit ihm Verschworenen raffte ungefähr dreißigtausend Mann von den Hunnen und deren Hilfsvölkern hinweg. In jener Schlacht fiel auch Ellak, der älteste Sohn Attilas. Ihn hatte sein Vater mehr als die übrigen Kinder geliebt und wollte ihn deshalb auch zu seinem Thronfolger haben; aber das Schicksal bestimmte anders, als es der Vater gedacht . . . Diese Unternehmung des Gepidenkönigs Ardarich ward all den verschiedenen Völkern zum Heile, die ganz wider ihren Willen den Hunnen untertan gewesen waren. Lange Zeit hatten sie in Trauer und Niedergeschlagenheit dahingelebt, nun richtete sie die frohe Hoffnung auf Freiheit wieder auf. Viele von ihnen entsandten Boten ins Römische Reich und wurden von dem damaligen Kaiser Marcian huldvoll aufgenommen, der ihnen auch Wohnsitze und Ländereien anwies. So bemächtigten sich die Gepiden als Sieger des bisherigen Gebietes der Hunnen und verlangten vom Römischen Reich lediglich Frieden und Jahrgelder. Der Kaiser bewilligte ihnen dies sogleich, und so erhalten sie von den römischen Herrschern bis heute (d. h. bis zu den Zeiten des Jordanes) jährlich ihr übliches Geschenk . . . Die Goten aber erhielten Pannoniens Gebiete zwischen den berühmten Städten Sirmium (Mitrowitz an der Save) und Vindobona (Wien).«

In diesem Gebiet also lagen die neuen Herrschaftsbereiche der Amaler-Brüder Valamir, Vidimir und Thiudimir (von Süden nach Norden aufgezählt), wobei Thiudimir für uns wichtiger wird als die beiden anderen. Denn in seiner Residenz, die vermutlich am Neusiedler See lag, wurde 454, also im Jahr der Schlacht am Nedao, Theoderich geboren, der später den Beinamen der Große erhielt.

DAS GERMANISCHE JAHRHUNDERT

Kein Zeitalter hat die Völker schneller verbraucht als das der Völkerwanderung, und die bis heute ungebrochene Kraft der Slawen beruht gewiß zu einem Gutteil darauf, daß sie an diesem mörderischen Kampf aller gegen alle, an dieser sorglosen, ja oft ziellosen Vertauschung der Lebensräume ganzer Völker, so gut wie gar nicht teilgenommen haben. Italiener und romanisierte Untertanen des großen Doppelreiches hatten keine Wahl, sie waren im Raum des Geschehens ansässig, sie kamen unter die Räder. Nur die Germanen warfen sich begeistert und mit immer neuem Kampfeseifer in die zahllosen Schlachten, die etwa von 270 nach Christus an bis zum Ende des sechsten Jahrhunderts das ganze Europa südlich des Mains mit Blut düngten.

Die Männer, die sich aus diesem Getümmel erheben und das Geschehen überragen, kommen nicht aus dem völligen Dunkel der Anonymität, wie es bei den Usurpatoren späterer Zeiten noch oft der Fall sein wird; aber sie werden auch nicht von der Legitimität auf den Thron gehoben, von den Automatismen des Erbrechts, das dem Römerreich seine schwächsten Kaiser bescherte. Die fürstlichen Helden dieser Zeit wären sehr schnell untergegangen, hätten sie an Intelligenz, Kraft und Mut nicht wesentlich mehr zur Verfügung gehabt als die hochwohlgeborenen Kretins. Es sind Männer mit der tauglichsten Ausgangsposition, die man sich denken kann: Aus den zum Herrschen berufenen Geschlechtern stammen sie vom Vater her, so daß ein Großer die Hand schützend über sie hält, solange jeder Palasteunuch, jede bestochene Amme sie beseitigen könnte. Die Mütter aber sind Sklavinnen wie bei Geiserich, Kebsweiber wie im Fall von Attila, Königsliebchen wie jene Elivira, die dem Thiudimir im Jahr 454 den Knaben Theoderich gebar.

Bei diesen Frauen zur linken Hand oder zum gelegentlichen Vergnügen fragte niemand nach der Herkunft, nach der Rasse, nach der Hautfarbe. Ihr Reiz, ihr Temperament, ein wohlgestalteter Leib und andere weibliche Vorzüge entschieden über die Position der Schönen, und so kam es denn zu jenen Mischungen zwischen Völkern und Rassen, die so oft eine besonders glückliche Summation der elterlichen Grundeigenschaften mit besonderer Zähigkeit, mit unermüdlicher Kraft im Lebenskampf kombinieren. Geiserich soll afrikanisches Blut von der Mutter gehabt haben, Odoaker hatte den Hunnen Edekon und eine unbekannte Skirendame aus angesehener Familie als Eltern, Attilas Vater Mundzuch hatte aus einem ganzen Kreis von Weibern wählen können, die sich während stürmischer Wanderjahre in seinen Wohnkarren niedergelassen hatten, und Elivira, die Mutter des Theoderich, war wohl auch keine Germanin, sondern eher ein schönes Mädchen aus der Gotenbeute aus jener Zeit, da Ostgoten und Hunnen noch Schulter an Schulter vor allem auf dem Balkan und im griechisch-römischen Gebiet raubten und plünderten.

Als Theoderich schon im Knabenalter nach Byzanz geschickt und dort als Prinz sorgfältig erzogen wurde, wiederholte sich nun mit umgekehrtem Vorzeichen ein Vorgang, der schon Früchte getragen hatte, als er Jahrzehnte zuvor eben erst anhob: Der Gotenbischof Ulfila, Haupt der friedlichen Goti minores, der Kleingoten, entstammte einer Mischung aus griechisch-anatolischem mit gotischem Blut. Theoderich nun, der vom Vater her Gote aus dem alten Königsgeschlecht der Amaler war, trat den umgekehrten Weg an, indem er sich in die Stadt am Bosporus begab, wo die römische Kaisermacht, von griechischer Kultur durchtränkt, eine reizvolle Spätblüte der Antike bewirkte.

Der Knabe trat hier also in ein Begegnungsfeld vielfältiger Einflüsse. Die herrschende Religion war die katholische, auf die seine Mutter getauft worden war (ihr Taufname Eusebia ist überliefert und könnte gewählt worden sein, weil Elivira wie ihre Namenspatronin griechisch-karischer Herkunft war). Theoderich selbst war Arianer und blieb es auch als Herrscher. Auch in allem übrigen bewahrte er sich eine gewisse Distanz zum byzantinischen Lehrbetrieb und scheint sich eine Schulbildung im üblichen Sinn nicht erworben zu haben, was ihm manche Kommentatoren der Zeit und der späteren Jahrhunderte nicht verzeihen konnten. Immerhin gewann er in diesen Jahren vor allem den Sinn für Bildung, für die geistigen und kulturellen Leistungen der Antike und damit jenes Rüstzeug, ohne das sich seine spätere, in vielem epochemachende Herrschaft über Italien nicht denken ließe. Sehr günstig wirkte sich für ihn auch aus, daß einerseits in Byzanz noch Germanenwetter herrschte, andererseits aber Kaiser Leo Gefallen an dem aufgeweckten Knaben fand.

Die ältere deutsche Theoderich-Forschung vermutet, daß auch der Gote Aspar, der unter drei Kaisern hohe Befehlshaberstellen bekleidete und große Macht ausübte, sich für Theoderich interessierte. Es war ein ganzer Goten-Klan, in dem die Frauen ebenfalls eine Rolle spielten. So gab es einen anderen, älteren Theoderich, auch Theoderich Strabo genannt, der aus vornehmer gotischer Familie stammte, aber kein Amaler war. Seine schöne Schwester war die Geliebte des Aspar und wird von der schonungslosen Sprache der älteren Lexika ebenso Beischläferin genannt wie Theoderichs Mutter Elivira-Eusebia.

Wann diese byzantinische Phase Theoderichs zu Ende ging, ist nur unwesentlich strittig: Die Jahre 471 und 472 werden dafür genannt, und Theoderich ist also siebzehn oder achtzehn Jahre alt, als er, ein für einen Goten relativ gebildeter Prinz, an die Seite seines Vaters zurückkehrt. Wenn Byzanz erwartet hat, daß dieser Jüngling nun für ein besseres Verständnis zwischen den Goten und Ostrom sorgen werde – da doch die Goten die einzigen Barbaren waren, die für eine weitergehende Integration in die römischen Traditionen in Frage kamen –, so hatten die Kaiser am Bosporus sich bitter in ihm getäuscht. In Feldzügen, die wir im einzelnen nicht verfolgen wollen, bekriegt Theoderich bald den älteren Theoderich (Strabo), der sich zeitweise als Gegner der Byzantiner, zeitweise als ihr Schildträger zeigt. Und vielleicht wäre das Ränkespiel der Kaiser, die beiden Gotenfürsten gegeneinander zu hetzen, tatsächlich ruinös für das ganze Gotenvolk ausgegangen, hätten nicht die Soldaten selbst gegen diese Art von Bruderkriegen gemeutert, in denen zwar die beiden Theoderiche abwechselnd hohe oströmische Militärränge und Belohnungen erhielten, in denen die Truppen jedoch beutelos ausgingen.

Irgendein Krieg mußte jedoch geführt werden, weil die Ostgoten es dank beträchtlicher Faulheit und immerwährender Miniaturfehden zuwege brachten, selbst im reichen Pannonien an Hunger zu leiden. Da fiel der alte Thiudimir in einem nicht genau zu identifizierenden Ort, vermutlich im Raum der Grafschaft Görz, einer Krankheit zum Opfer und hatte eben noch Zeit, seine Getreuen an seinem Krankenlager zu versammeln und ihre Zustimmung und Treuegelöbnisse für eine Thronfolge Theoderichs zu verlangen. Der Jüngling hatte sich – wie Birt sagt: schon im Siegfriedalter – beachtlich mit Ruhm bedeckt; er war mit der Gegenwelt der Römer und Griechen hinreichend vertraut, um nicht blindwütig wie andere Barbaren gegen sie anzurennen, kurz, es gab keinen Besseren als ihn, vor allem gewiß nicht unter den Amalern, und so übernahm Theoderich wohl 474 (nur Ludwig Schmidt ist für 471) die Herrschaft über die Ostgoten.

Die erste Frage, die er zu beantworten hatte, war nun also, wo sein Volk Beute und danach Land finden könnte, womöglich Land, das man nicht selbst bebauen oder doch nicht allein bewirtschaften mußte; denn nach einem Vierteljahrtausend der Wanderschaft und der immerwährenden Kriege waren die Tugenden des friedlichen Erwerbs, wie sie das Gotenvolk noch in Südschweden, auf Bornholm oder an der Weichselmündung besessen haben muß, offenbar abhanden gekommen. Und eben darum fiel der Blick Theoderichs auf Italien.

Dort hatte nämlich die unvermeidliche und immer weitergehende Germanenintegration inzwischen einen Höhepunkt erreicht, der als Modellfall für Theoderich sehr lehrreich war. In seltsamem Nachklang hunnischer Verhältnisse hatten zwei Minister Attilas in Italien Einfluß gewonnen. Der eine hieß Orestes und hatte am Hunnenhof eine nicht sonderlich geachtete Rolle gespielt, ein Mittelding zwischen Protokollchef und Chefdolmetscher. Vielleicht war er auch, modern gesprochen, eine Art Rechtsbeistand des Auswärtigen Amtes. Dieser Orestes war dann nach Ravenna übergewechselt, hatte dank seiner guten Hunnenbeziehungen Einfluß auf germanische Truppen gewonnen und mit ihrer Hilfe seinen Sohn Romulus zum Kaiser von (West-)Rom ausrufen lassen.

Der andere Hunnenminister war Edekon, ein Vertrauter Attilas, der sich in wiederholten Gesandtschaften, vor allem in Byzanz, ausgezeichnet und ein Mordkomplott gegen den Hunnenkönig aufgedeckt hatte, durch das er hätte reich werden können. Edekon hatte von Gnaden Attilas die Herrschaft über den germanischen Skirenstamm übernommen, eine Skirenprinzessin geheiratet und mit ihr (wohl unter anderen Kindern) einen Knaben namens Odoaker in die Welt gesetzt. Dieser energische, großgewachsene und rücksichtslose Krieger trat zunächst in die Leibwache des weströmischen Kaisers ein, stieg dann zum Führer der germanischen Hilfstruppen auf und hatte damit die einzige nennenswerte militärische Macht in Italien unter sich. Er schlug den Orestes in einer Schlacht bei Pavia, tötete ihn und verbannte dessen schwächlichen, zum Gespött gewordenen Sohn Romulus Augustulus nach Kampanien.

Wie alle Germanen vor ihm, strebte auch Odoaker offenbar nicht selbst nach der Kaiserwürde, sondern huldigte dem oströmischen Kaiser Zeno(n) und ließ sich von ihm als Patrizius anerkennen. Das Modell der Besitzverteilung, ja der neuen Verhältnisse in einem germanisch-romanischen Italien ist beinahe genial zu nennen und vermutlich eine Schöpfung Odoakers selbst. Da Italien zum Unterschied von Pannonien, Thrakien oder Anatolien dicht besiedelt und vollkommen kultiviert war, gab es praktisch keine Leerräume oder erledigten Güter, mit denen Odoaker seine Soldaten, also die Skiren, Heruler, Turcilinger, Alanen und einzelne Rugier, hätte entlohnen können. Also bestimmte er, daß jeder römische Grundbesitzer ein Drittel seiner Erden an einen

Germanen abzugeben habe. Im übrigen blieb das römische Recht gültig, die römische Verwaltung intakt, der Senat in Rom in seinen Funktionen unbehindert. Selbst die Steuergesetze blieben unverändert, und auch die katholische Kirche hatte unter dem Arianer Odoaker nicht zu leiden.
Aus all diesen Gründen wird seine Regierung im allgemeinen als weise und gerecht bezeichnet, auch wenn an ihrem Anfang ein gigantischer Raub stand. Aber es waren gleichsam Lasten, die das römische Volk für seine Verteidigung auf sich nahm, denn nennenswerte eigene Abwehrkräfte besaßen die Römer nicht mehr. Und da die mit einem Drittel des Grundbesitzes beteilten Germanen ohnedies meist unter Waffen standen, lief die Umverteilung des Besitzes meistens darauf hinaus, daß der römische Landmann seinen bisherigen Besitz weiter bewirtschaftete, mit einem Drittel des Ertrages aber die Familien der germanischen Söldner und Offiziere unterhielt. Das war also eine Vorstufe jener Verhältnisse, wie sie zwischen Bauern und Rittern im Mittelalter eintreten sollten. (Auch heute gibt es kein NATO-Land, in dem das Militärbudget in seiner Höhe unter einem Drittel der Agrar-Erträge läge.)
Diese im ganzen gut funktionierende Lösung für seine Goten zu übernehmen, sich gleichsam ins gemachte Bett zu legen, hatte viel Verlockendes für Theoderich, der in Odoaker nur einen Emporkömmling sah.
Da Odoaker sich in erster Linie auf Heruler und Skiren stützte und nichts gegen Ostrom unternahm, war es nicht ganz einfach, einen Vorwand für einen Feldzug gegen Italien zu finden. Auch scheint das persönliche Verhältnis der beiden mächtigen Männer, des ein wenig älteren Odoaker und Theoderichs, zunächst gut gewesen zu sein, lediglich die (späteren) Sagen wollen von Feindschaften wissen. Aber Theoderich hatte lange genug in Byzanz gelebt, war nun auch schon mehr als ein Jahrzehnt König und mit allen Ränken und Listen der ihn umgebenden Völker vertraut, so daß er gemeinsam mit Zeno, dem Kaiser, und einem von Odoaker verjagten Rugierfürsten Vorwände genug zimmern und

sich von Zeno den Befehl zur Eroberung Italiens geben lassen konnte. Wie so manche spätere Eroberung wird auch sie als Rückeroberung bezeichnet, und der für sein Volk auf Raub ausgehende Ostgotenkönig sieht sich oder bezeichnet sich als Vollzieher eines kaiserlichen Befehls, durch den ein rechtlicher Zustand wiederhergestellt werden soll.
Aber Odoaker ist nicht Romulus oder Honorius, und wenn auch Aetius längst – wie einst Stilicho – seiner kriegerischen Erfolge wegen von Neidern ermordet worden ist, so wehrt sich doch Odoaker selbst standhaft, und Theoderich hat trotz des ständigen Waffentrainings seiner arbeitsscheuen Krieger beträchtliche Mühe, sich überhaupt Zugang zu Italien zu verschaffen. Im Herbst 488 gelingt es nach mühsamem und langwierigem Marsch über Mitrovitz nach Westen, sich wenigstens die für einen Kriegswinter nötigsten Vorräte zu erobern; bei diesen Schlachten am Flüßchen Ulca haben die Ostgoten Gepiden als Gegner und wären dem tapferen Widersacher gewiß unterlegen, hätte nicht Witiges (der Wittich der Sage) wahre Wunder an Kampfesmut vollbracht.
Man muß sich angesichts dieser Schwierigkeiten, zu denen im Winter noch Krankheiten und Verluste durch Odoakers Streifscharen kamen, die Frage stellen, warum Theoderich sein Unternehmen denn nicht abbrach. Die Goten hatten ja seit dem Sieg über die Attila-Söhne ausgezeichneten Siedelraum, den besten, der in Südosteuropa zu haben war, und Theoderich, der nach den Quellen »in der Nähe von Wien« geboren wurde, hätte dank seiner Intelligenz und Bildung aus den freundlichen Landschaften zwischen Wienerwald und mittlerer Donau gewiß ertragreiches Bauernland machen können. Aber das sind eben anachronistische Überlegungen. Ging es nicht um kurze Raubzüge ausgesuchter Truppenteile, wie im vierten Jahrhundert am Ostrand des Mittelmeers, dann führten die Goten genau wie die anderen Germanen stets ihre Familien und ihre ganze Habe mit sich. Radagaisus war mit seinem ganzen Volk ausgezogen, geschlagen und vernichtet worden, und Theoderich hatte sich ebenfalls zur Eroberung von Italien mit Tausenden von Kar-

ren aufgemacht, mit einem Volk auf der Wanderschaft, das langsam und mühsam seines Weges zog und nur umkehren konnte, wenn eine Katastrophe keine andere Möglichkeit offenließ.

Also griffen sie an, immer wieder, ja sie versuchten sogar, eine starke Vorhut auf Schiffen über die Adria zu setzen, um auf diese Weise die Armee zu umgehen, die Odoaker in Norditalien stehen hatte. Aber auch dieses Unternehmen, im Frühjahr 489 ins Werk gesetzt, schlug fehl, und so mußte Theoderich den mächtigen und jedenfalls gleichwertigen Gegner frontal annehmen, mußte sein Volk dem Risiko einer offenen Feldschlacht und damit der Gefahr völliger Vernichtung auch des Trosses und der Nichtkombattanten aussetzen. Das war das besondere Schicksal der Wandervölker seit Moses: siegten sie nicht, so gingen sie unter.

Theoderich siegte »in mancher unbekannt gebliebenen blutigen Schlacht, bis er endlich, nachdem er jeden Widerstand durch geschickte Führung und durch ausharrenden Mut bewältigt hatte, von den Julischen Alpen niederstieg und seine siegreichen Fahnen an den Grenzen von Italien entfaltete« (Gibbon). Hymnen wie diese, die der große britische Historiker anstimmt, begleiten Theoderich fortan auf seinem ganzen Marsch und in allen seinen Kämpfen. Der später mit dem Beinamen ›der Große‹ ausgezeichnete König genießt wie kaum ein anderer die Sympathie der Historiker, woraus uns hervorzugehen scheint, daß der schließliche Erfolg selbst in den Augen kluger und unterrichteter Männer eine ganze Reihe von Verbrechen überdecken kann. Theoderich nämlich beträgt sich in Italien weit eher byzantinisch als germanisch und ist in der Wahl seiner Mittel so bedenkenlos, daß man ihm als einem Herrscher, auf den ganz Europa blickte, eine Mitschuld an der Verwilderung der Sitten im frühen Mittelalter beimessen muß.

Nach zahllosen Scharmützeln kam es am Isonzo zur ersten großen Schlacht. Die Ostgoten waren mit allem aufgefahren, was sie hatten. Die zweitausend Wagen, die sie bei den ersten Mißerfolgen verloren hatten, waren durch Beutegut ersetzt; die Getreidemühlen, die jede Familie mit sich führte, hatten eben noch Körner genug für ein paar Kampftage. Fleisch war hingegen in ausreichendem Maß vorhanden, denn man hatte in der Erwartung großer Beute und des reichen Venetien sorglos ein Gutteil der mitgeführten Tiere geschlachtet.

Im Rücken den Hunger, vor sich das Land der Sehnsucht, kämpften Theoderichs Ostgoten wie Besessene. Die Reiterei überwand die Ermüdung des langen Anmarsches, die Fußtruppen bezwangen die eilig aufgeworfenen Feldbefestigungen des Odoaker, die sich mit ihrem rechten, also nach Süden weisenden Flügel auf die Ruinen der von Attila zerstörten Stadt Aquileja stützten. Odoaker wich zurück, bis unter die Mauern von Verona und an die reißende Etsch. Damit war für die Ostgoten ein großer Erfolg errungen, denn hatte man auch Italien noch nicht erobert, so war durch die Eroberung der reichen Provinz Venetien die Ernährung für Soldaten und Familien zunächst gesichert.

Die Schlacht bei Verona war noch blutiger und stand zeitweise sehr schlecht für Theoderich, dessen Reiterei sich in eine Falle hatte locken lassen. Ja, in einem krisenhaften Augenblick, als Theoderich mit seiner Leibgarde selbst gefährdet erschien und sich zurückziehen mußte, soll er auf Mutter und Schwester gestoßen sein, die seiner Flucht Halt geboten und ihn mit harten Worten ermahnten, ob er sie denn zu einer Beute Odoakers werden lassen wolle. Darauf habe sich Theoderich ermannt, ein Häuflein treuester Soldaten zu sich gerufen und mit ihnen den entscheidenden Gegenangriff begonnen.

Die Episode kann Wahrheit sein, und daß die Witwe Thiudimirs mit Theoderichs Geschwistern im Troß mitzog, ist nach allem, was wir auch von Alarich wissen, nicht nur wahrscheinlich, sondern so gut wie sicher. Auch Alarich verlor ja in Norditalien seine Angehörigen an den siegreichen Stilicho.

Diese Herbstschlacht bei Verona machte Theoderich zum Herrn Norditaliens. Odoaker zog zunächst gegen Rom, dann aber, als er dort weder Unterstützung noch Sympathien fand, nach Ravenna. Gestützt auf diese starke Festung, griff er im nächsten Jahr, 490, so energisch an, daß ein Gutteil Norditaliens wieder unter seine Herrschaft kam und Theoderich ins Tessin ausweichen mußte. Erst als Waffenhilfe aus Gallien zur Stelle war, konnte Theoderich, verstärkt durch diese westgotischen (!) Kontingente, eine entscheidende Schlacht am Alpenflüßchen Addua gewinnen und Odoaker endgültig auf die Festung Ravenna zurückwerfen.

Die militärische Entwicklung in diesen hier nur ganz kurz reportierten zwei Jahren ist – stärker, als wir es nachzuerzählen vermögen – durch Verrat, Heuchelei und Intrigen gekennzeichnet. Generale liefen von Odoaker zu Theoderich über, verließen ihn dann aber im entscheidenden Augenblick und lieferten dabei eine ganze Gruppe tüchtiger Ostgoten-Offiziere ans Messer; ein Rugierfürst, der an der Seite Theoderichs gekämpft hatte, wechselte die Fronten und ging zu Odoaker über, und Theoderich selbst ließ in einer zornigen Aufwallung sämtliche Überläufer aus dem Lager des großen Gegners wie Tiere abschlachten, um vor weiterem Verrat sicher zu sein.

Während Ravenna sich heldenhaft verteidigte, eroberte Theoderich nach und nach ganz Italien von den Alpen bis Kalabrien, und als er somit als neuer Herr der Halbinsel feststand, machten ihm die stets opportunistischen Vandalen die Insel Sizilien zum Geschenk.

Ravenna freilich war mit Waffengewalt nicht beizukommen, das hatte schon Alarich feststellen müssen, und darum griff Theoderich nach beinahe dreijähriger erfolgloser Belagerung und immerwährender Beunruhigung durch Odoakers kühne Ausfälle zu einer List. Durch Johannes II., Bischof von Ravenna, ließ Theoderich dem eingeschlossenen Odoaker ein sehr günstiges Friedensangebot zustellen, in dem sogar, nach Meinung der meisten Forscher, von einer gemeinsamen Regierung der beiden Germanenkönige in Italien die Rede war.

Der Streit um die Übersetzung und Auslegung der diesbezüglichen Bemerkung des Geschichtsschreibers Prokopios ist müßig, denn wenn Theoderich, der alle Trümpfe in der Hand hatte und die Hungersnot in der Festung Ravenna kannte, dennoch ein so günstiges Friedensangebot machte, dann geschah das zweifellos in der Absicht, es nicht oder nur für kurze Zeit einzuhalten. Dennoch enthielt der Friedensschluß eidliche Zusicherungen für Freiheit und Leben Odoakers.

»Der Erfolg eines solchen Übereinkommens läßt sich leicht vorhersehen«, schreibt Gibbon, dem wir uns hier anschließen, weil er uns besonders unparteiisch zu sein und nur der vernünftigen Überlegung zu folgen scheint. »Nachdem einige Tage dem trügerischen Glanz der Freude und der Freundschaft gewidmet worden waren, wurde Odoaker inmitten eines festlichen Gelages von der Hand oder mindestens auf Befehl seines Nebenbuhlers erstochen (März 493).« Im gleichen Augenblick wurden in allen Garnisonen, wo nach dem Friedensschluß Truppen Odoakers noch zusammengezogen waren, diese überwältigt und nicht etwa gefangengenommen, sondern getötet, was um so leichter war, als sie, im Vertrauen auf den endlich zustandegekommenen Vertrag mit den germanischen Brüdern, völlig sorglos gewesen waren.

»Der Plan einer Verschwörung (gegen Theoderich) wurde nach herkömmlicher Sitte dem getöteten Odoaker in die Schuhe geschoben, aber seine Unschuld wird dadurch hinreichend bewiesen, daß er kein Interesse haben konnte, einen so vorteilhaften Vertrag zu brechen; und die Schuld Theoderichs geht daraus hervor, daß er als der Mächtigere diesen Vertrag in allen seinen praktischen Folgen niemals ernsthaft durchgeführt hätte.« Ein wahrhaft übler Beginn für eine gute Sache.

Obwohl Theoderich im Lauf seiner langen Regierungszeit noch eine ganze Reihe von Verbrechen beging oder befahl und – zumindest nach der Meinung eines der alten Geschichtsschreiber – durch Gewissensbisse darüber und Gesichte in eine tödliche Krankheit verfiel, bleibt die Ermordung des Odoaker, der sich ihm auf einen Eid hin in die

Hand gegeben hatte, das Initialereignis, das Vorzeichen für Jahrzehnte einer Herrschaft, die nach Dauer und Erfolg in diesen bewegten Jahrhunderten nichts ihresgleichen hat. Angesichts der großen Unsicherheit aller Nachrichten aus jener Zeit könnte nun die Frage auftauchen, ob Theoderich dieses Verbrechen tatsächlich anzulasten ist, erweist er sich doch mehr als drei Jahrzehnte lang als ein weiser, ja überragender Herrscher, dem man eigentlich auch für die Lösung des Problems Odoaker andere Möglichkeiten zutrauen würde als brutalen Eidbruch und Mord. Dennoch ist unter allen Geschichtsschreibern, auf denen die Beurteilung Theoderichs fußt, lediglich strittig, ob er selbst den tödlichen Streich führte oder ob er die Ermordung Odoakers bloß befahl.

Plausibler als die Version einer Ermordung bei einem festlichen Mahl, wo doch immer sehr viele Menschen beisammen sind und wo auch Odoaker gewiß nicht ohne Suite erschienen wäre, erscheint mir die Darstellung, die Johannes von Antiochia gibt. Kein Geringerer als Theodor Mommsen hat sich für diesen Byzantiner des siebenten Jahrhunderts eingesetzt, seinen Bericht erstmals veröffentlicht und dargelegt, daß diese Darstellung sowohl vor der offiziellen gotischen als auch vor der römischen die größere Wahrhaftigkeit und Unparteilichkeit voraus habe:

»Theoderich und Odoaker machten einen Vertrag, miteinander über das römische Reich zu regieren, und häufig trafen sie sich, da einer beim andern ein- und ausging. Noch war der zehnte Tag (nach dem Vertragsschluß) nicht um, da faßten, als Odoaker bei Theoderich eintrat, zwei Mannen desselben seine Hände, wie Bittende zu tun pflegen. Auf dies Zeichen kamen die, welche sich in den Zimmern zu beiden Seiten der Halle verborgen hatten, mit gezückten Schwertern hervor, stutzten aber doch bei dem Anblick und wagten nicht, den ersten Streich zu tun. Da stürzte Theoderich herzu und stieß dem Odoaker das Schwert am Schlüsselbein in den Leib. Der rief aus: ›Wo ist Gott?‹, worauf jener erwiderte: ›Ich tu dir, wie du den Meinigen getan!‹«

Auf welches besondere Ereignis Theoderich mit diesen Worten anspielt, ist unklar geblieben, doch wird eine ähnliche Äußerung Theoderichs, daß nämlich Odoaker Angehörige des Theoderich getötet habe, auch von anderen Geschichtsschreibern als Grund des Zerwürfnisses zwischen den beiden Königen angesehen. Johannes von Antiochia fährt dann fort:

»Da aber der Stoß tödlich war und das Schwert bis zur Hüfte den Körper des Odoaker durchdrang, soll Theoderich noch gesagt haben: ›Nicht einmal Knochen scheint das Scheusal im Leibe gehabt zu haben.‹ Er ließ den Leichnam hinausschaffen und an der Synagoge der Hebräer in einem steinernen Sarge begraben. Odoaker war sechzig Jahre alt geworden und hatte vierzehn Jahre regiert. Sein Bruder (Onulf) fand auf der Flucht im Fichtenhain von Ravenna den Tod. Theoderich ließ auch Sunigilda, die Gattin Odoakers, und der beiden Sohn Oklan (richtig: Thelan), den sein Vater bereits zum Cäsar erhoben hatte, festnehmen. Den Sohn schickte er nach Gallien in die Verbannung und ließ ihn (dort, wo es unauffällig geschehen konnte) umbringen, angeblich, weil jener sich heimlich nach Italien zurückbegeben wollte. Sunigilda ließ Theoderich in einem Kerker verhungern.«

Gründliche Arbeit also, nur die Geschichtsschreiber hat Theoderich vergessen, die hätte er, soweit sie in seiner Umgebung lebten, am besten auch gleich beseitigen lassen, um so mehr, als – wie Gibbon es eindeutig sagt – unter den Zeitgenossen beklommenes Schweigen herrschte und kein Wort des Lobes oder des Rühmens laut wurde; das besorgte erst die Nachwelt, als der Blutgeruch verweht war und das Werk Theoderichs die Verbrechen überstrahlte, als die Zeitgenossen tot waren, aber die Bauwerke noch standen und für den großen Ostgotenkönig zeugten. Unvermutet regen sich zu diesem Zeitpunkt auch die Gegner der Ostgotenherrschaft, und zu denen, die viel Gutes über Theoderich zu sagen haben, gehört auch Prokopios von Cäsarea, der um 500 geborene Ratgeber des oströmischen Feldherrn Belisar, dem wir noch begegnen werden. Prokopios schildert, nur in den Jahreszahlen gelegentlich ungenau, mit anekdotenhaftem Witz und vielen Einzelzügen in den acht Büchern seiner *Zeitgeschichte,* was sich im fünften und sechsten Jahrhundert im Machtbereich Ostroms begab. Er sagt von Theoderich unter anderem:

»Nach der Ermordung des Odoaker herrschte Theoderich unangefochten über Goten und Italiker. Namen und Insignien des Kaisers anzunehmen, hielt er nicht für angezeigt, sondern ließ sich zeitlebens (nur) König nennen – so pflegen nämlich die Barbaren ihre Heerführer zu bezeichnen. In Wirklichkeit jedoch war das Verhältnis seiner Untertanen zu ihm ganz wie zu einem Kaiser. Seine gewaltige Hand sorgte für Gerechtigkeit allerwegen und war ein starker Schirm für Recht und Gesetz. Vor Einfällen benachbarter Barbaren bewahrte er sein Land; seine Weisheit und Tapferkeit waren gefürchtet und geehrt im Erdenrund. Weder ließ er sich irgendein Unrecht gegen seine Untertanen zuschulden kommen, noch ließ er einem anderen derartiges durchgehen. Nur den Teil der Landgüter, den (bereits) Odoaker seinen Parteigängern zugewiesen hatte, überließ Theoderich seinen Goten. So war Theoderich dem Namen nach ein widerrechtlicher Eindringling, in Wirklichkeit aber ein rechter Kaiser, nicht um Haaresbreite geringer als irgendeiner von denen, die sonst diese Würde bekleidet haben. Obgleich es dem menschlichen Charakter zu widersprechen scheint, liebten und verehrten ihn tatsächlich Goten und Italiker ohne jeglichen Unterschied.«

Das, was schon Prokopios so verwunderte, ist auch wirklich das eigentlich Wunderbare an dem Reich, das Theoderich in Italien zwar nicht begründet, aber doch erst zu dem gemacht hat, was einem Odoaker und vielleicht sogar einem Alarich lediglich vorschwebte. Daran, daß Rom im Verlauf von annähernd achthundert Jahren einen einzigartigen Verwaltungsapparat mit allen nötigen Gesetzen geschaffen hatte, kann niemand zweifeln: Vieles, was zwischen den Zwölftafelgesetzen und Justinian geschaffen wurde, ist der Welt

43 *Blick zur westlichen Loggia des Palastes Ramiros I.*

44 *San Pedro de la Nave (Prov. Zamora, Spanien). Erbaut um 691 unter König Egika. Kapitell an der Nordwestecke der Vierung: Daniel in der Löwengrube.*

heute noch unentbehrlich. Es hatte nur allzuoft an den Männern gefehlt, die sich dieses herrlichen Instruments zu bedienen wußten, die als Persönlichkeiten seiner würdig waren. Das war nicht so sehr eine Frage der Intelligenz, ja nicht einmal eine der Bildung – Theoderich bediente sich bekanntlich einer Schablone, die er nachmalte, um die ihm vorgelegten Akten zu signieren. Es war tatsächlich eine Frage, die den ganzen Menschen betraf, an alle seine Energien und Fähigkeiten zugleich appellierte, weswegen ja auch die großen Ordner ihrer Reiche stets etwas tyrannisch Unbedenkliches haben, jene imponierende Rücksichtslosigkeit, bei der man besser tut, nur die Ergebnisse zu zählen, nicht die Verluste. Das gilt für Augustus ebenso wie für Theoderich, für Karl den Großen wie Ludwig XI. von Frankreich, für Wilhelm den Eroberer wie für Heinrich VIII., für Elisabeth I. wie für Katharina II., Monarchen, an deren geschichtlicher Größe kein Zweifel besteht und die doch alle mindestens soviel Blut an den Händen hatten wie Theoderich.

Andererseits war eben jenes unwandelbare Skelett des großartigen römischen Verwaltungs- und Justizapparates eine Stütze für das ganze Reich. Von dem Augenblick an, da in Italien selbst Goten wie Italiker erkannten, daß das Monopol des Mordens beim König liege, funktionierte die geniale, wenn auch alte und rostige Maschinerie wieder, und Theoderich konnte sich der Außenpolitik zuwenden. Und hier bewies er, daß er nicht wie andere Usurpatoren unersättlich stets nach neuen Eroberungen strebte. Im warmen Italien neben einer im ganzen botmäßigen Vorbevölkerung angenehm untergebracht, gaben auch die Goten Ruhe und begehrten keine neuen Kriegszüge, die ja doch das Erreichte gefährdet hätten. Die rund um Theoderichs Machtbereich angesiedelten Germanenvölker aber beeilten sich, den Mächtigen, der Odoaker so kaltblütig erledigt hatte, nicht zum Anmarsch zu reizen.

Wie in späteren, gesitteten Zeiten traten Prinzessinnen den Weg in fremde Länder an und banden die verschiedenen germanischen Völker wieder aneinander; zarte Bande also, die Jahrhunderte des wechselseitigen Köpfeeinschlagens vergessen machen sollten und dies auch in verblüffender Weise schafften. Damit aber war eine Hauptvoraussetzung für die Wiederaufnahme produktiver Arbeit gegeben, denn welcher Bauer wollte pflügen und säen, wenn er nicht hoffen durfte, die Ernte zu erleben? Das große Unbehagen und die Arbeitsunlust, wie sie in den vom Krieg erfüllten Jahrhunderten nur zu verständlich waren, wichen dem normalen Erwerb, und dieses allgemeine Bestreben, wieder gesunde wirtschaftliche Verhältnisse und friedlichen Gewinn walten zu lassen, halfen natürlich auch dem König. Er sorgte mit harter Hand für innere und äußere Sicherheit in einem Maß, wie Italien sie kaum je gekannt hat, gab es doch selbst in der Blüte der Kaiserzeit Straßenräuber in Massen. Unter Theoderich aber, so wird berichtet, war jeder seines Eigentums so sicher, daß man keine Türen abzusperren brauchte und daß die Städte ohne Stadttore auskamen.

Schwer vorstellbar bleibt lediglich, neben all diesen natürlichen Verbesserungen des Alltagslebens, das Nebeneinander der verschiedenen Völker auf der Halbinsel, denn ein Neben-, nicht Miteinander war es wohl. Von den Rugiern wird eindeutig berichtet, daß sie es strikt abgelehnt hätten, sich mit Italikern oder auch nur Goten zu vermischen. Sie siedelten geschlossen, und kein Rugier heiratete ein Mädchen eines anderen Stammes. Doch scheint gerade diese Hervorhebung bei Prokopios zu beweisen, daß es die Goten nicht so hielten und als großes, über ganz Italien verteiltes Volk wohl auch nicht so halten konnten. Plante Theoderich vielleicht eine absichtliche Vermischung zwischen Goten und Italikern? Hatte er auf römischem Boden im Sinn, was Alexander der Große zwischen den Kontinenten Europa und Asien herbeiführen wollte und in den Reichen der nachalexandrinischen griechisch-mittelasiatischen Mischkulturen auch tatsächlich zustande brachte? Es mußte letztlich den Untergang der Goten als Volk bedeuten, weswegen die deutschen Historiker nicht recht daran glauben wollen:

»Die Einwanderer waren zum weitaus größten Teil Ostgoten, wiewohl auch Rugier, Gepiden, ja selbst einzelne Byzantiner sich angeschlossen hatten«, schreibt Felix Dahn in seinem Monumentalwerk *Die Könige der Germanen.* »Die Rugier nun hatten sich der Vermischung mit Goten und Italikern enthalten und innerhalb des Gotenreiches ihre Sondertümlichkeit bewahrt. Dies setzt voraus, daß sie nebeneinander angesiedelt waren: denn nimmer hätten sie sich der Verschmelzung mit ihren Nachbarn entziehen, nimmer hätte ein rugischer Mann stets auch ein rugisches Weib freien können, wenn die rugischen Familien auseinandergerissen und über das ganze Reich vereinzelt worden wären. Was aber dem kleinen Stück eines Nebenvölkleins war eingeräumt worden, hatte man gewiß den als Nation eingewanderten Goten nicht versagen können, und wie die Rugier hatten sich gewiß auch die zusammengehörigen Geschlechter, Gaue usw. der Goten zusammen angesiedelt, wie hundert Jahre früher die Westgoten, später die Langobarden ins römische Reich eingetreten waren oder eintraten . . . Es wäre ein ganz törichter, ein äußerst gewaltsamer, ja fast unmöglicher Schritt gewesen, die *familiae et propinquitates*, auf denen das Leben des Volkes ruhte, ohne Grund zu zerreißen.«

Nun, so ganz ohne Grund wäre das eben nicht geschehen, wenn Theoderich tatsächlich die Verschmelzung als Ziel vor Augen gehabt hätte. Aber aus dem einzigartigen Dokument der Reichsgeschichte, das wir in den Briefen des Cassiodor besitzen, geht hervor, daß Theoderich sehr viel auf seine Goten hielt, daß er sie nicht nur den anderen Barbaren als Vorbild hinstellte, sondern auch den Römern, und daß seine Staatsidee sich mit einer gewaltsam herbeigeführten oder auch nur durch Siedelpolitik geförderten Verschmelzung der verschiedenen auf italienischem Boden anwesenden Völker sehr schlecht vertragen hätte. Und wenn einem großen Volk wie den Goten auch kein zusammenhängender Lebensraum angewiesen werden konnte, weil dies große Vertreibungen zur Folge gehabt hätte, so kann es doch sehr gut so gewesen sein, wie Felix Dahn sich praktisch die Verhältnisse erklärt:

»Man hat sich nun die Ansiedlung zwar nicht so vorzustellen, daß zum Beispiel ein Drittel der Provinz Aemilia in zusammenhängender Linie einem gotischen Bezirk zugewiesen worden wäre. Vielmehr wurden die gotischen Ankömmlinge über alle drei Drittel der Provinz Aemilia zerstreut, von jedem römischen verfügbaren Fundus wurde ein Drittel einer gotischen Familie zugeteilt, aber diese gotischen Familien, die in der Aemilia oder in Ligurien usw. unter die Römer zerstreut angesiedelt wurden (Cassiodor: *cum sciamos Gotos vobiscum habitare permixtos)*, gehörten je zu einer gotischen Geschlechtergruppe, zu einem Gau, so daß unter den Goten in jeder Provinz die alten Wirkungen der Sippe und des Gauverbandes fortbestehen, daß sie sich als ein kleines Ganzes fühlen konnten.«
Beweise dafür finden sich nicht nur in den Briefen Cassiodors, der als der erste Schreiber Theoderichs dessen Willen und Entscheidungen unzählige Male zu Papier brachte, sondern auch in dem Umstand, daß nach dem Ende des Gotenreiches, in der Auseinandersetzung mit Byzanz, solche Goten-Gruppen in erstaunlicher Geschlossenheit und Selbstständigkeit noch vorhanden sind, also Generationen überdauert haben. »Tiefe Wahrheit liegt in einer schon in jenen Tagen entstandenen Allegorie, welche das Volk der Goten die Füße Theoderichs nennt« (Dahn nach Prokopios).
Der Vorgang ist in der Geschichte nicht völlig einzigartig. Das Beispiel des Hellenismus haben wir schon zitiert, ein anderes wären die Kelten Irlands und der Hebriden, die sich zu Missionaren des Christentums im übrigen Europa machen, ein modernes Beispiel ist Frankreich, das in die Union seiner Kolonien europäischen Geist exportierte, ohne Rassenvorurteile arbeitete und zum Unterschied von allen anderen Kolonialmächten in einer beinahe zärtlich gehüteten Verbindung mit den nun selbständigen afrikanischen Staaten geblieben ist, während das stolze Albion, das den Kolonialismus erfunden zu haben glaubte, in der ganzen Welt die schlimmsten Krisen anzettelte – vom Hidalgo-Dünkel der iberischen Kolonialherren ganz zu schweigen.

Theoderich also fußte auf den Goten und war stolz auf sie, nicht so sehr, weil sie kräftig, gesund, ein junges, tapferes Volk waren, sondern weil sie sich durch ihren Bildungswillen und ihre Geschicklichkeit in der Annahme antiken Kulturgutes aus den anderen Barbaren deutlich herausgehoben hatten. Das, was mit Bischof Ulfila begonnen hatte, war inzwischen nämlich eine Tatsache geworden, die in Byzanz sichtbar, in Ravenna aber geschichtsbildende Wirklichkeit war.

Obwohl man nie so recht weiß, ob in den *Varia* des Cassiodor ein in seine Rhetorik und seinen Briefstil verliebter Gelehrter oder Theoderich selbst spricht, so sind doch die unverfälschbaren Fakten deutlich genug, wenn Theoderich einen seiner Gesandten so anspricht: »Königen hast du als ein an Kraft ebenbürtiger Gegner widerstanden und, von uns gesandt, auch solchen unsere Gerechtigkeit gewiesen, die in roher Verstockung kaum deine Argumente begriffen. Nicht hat dich eingeschüchtert die königliche Würde, die sich durch Widerspruch im Zorn entflammt: Du hast ihre Kühnheit der Wahrheit unterworfen und das Gewissen der Barbaren erschüttert, so daß sie unsern Geboten willfährig wurden.«

Der missionarische Charakter der Absichten Theoderichs wird klar, wenn er barbarischen Völkern wohlerzogene Mädchen aus seiner Verwandtschaft als Königinnen zusendet, ein Schicksal, das diese in Byzanz oder Ravenna oder Rom gebildeten Prinzessinnen mit so mancher anderen Fürstentochter teilten, etwa jenen chinesischen Prinzessinnen, die um des lieben Friedens willen an die rauhen Nomadenhäuptlinge in Chinas wildem Westen verheiratet wurden.

An den »König« der Thüringer, dem Theoderich eine Nichte zur Frau gibt, geht folgendes Begleitschreiben:

»Das glückliche Thüringen wird fortan mit dem Mädchen sich schmücken, welches das reiche Italien zu Wissenschaft und feiner Art herangebildet hat, und fortan wird Thüringen durch die Sitten seiner Königin nicht minder glänzen als durch seine Siege . . .!«

Ein streitsüchtiger Pannonier muß sich sagen lassen:

»Warum greift ihr zum Zweikampf, da ihr doch nun Richter habt, die unbestechlich sind? Wie soll man merken, daß Friede ist, wenn unter der Herrschaft der Ordnung gefochten wird? Ahmt unseren Goten nach, die im Felde den Mut, daheim aber den Gesetzesgehorsam bewähren!« Und in einem anderen Brief heißt es in ähnlichem Sinn: »Mitten unter der verkehrten Sitte der barbarischen Völker zeigen die Goten ihre Gerechtigkeit und ihre Liebe zum Recht, Eigenschaften, welche von jeher doppeltes Lob verdient haben; auf diese Weise nahmen die Goten die Verständigkeit der Römer an, ohne doch die Kraft der Barbaren darum zu verlieren.« Das sind Urteile, aus denen man eine Staatsräson ableiten kann.

Das staunenswerte steinerne Denkmal dieser Herrschaft, in der sich die barbarische Kraft der Goten mit Byzanz, Rom und dem Arianismus verschwisterte, ist die Stadt Ravenna, das Raben der Sage, in der Verona den Namen Bern führt und Theoderich Dietrich heißt. Während aber alle anderen Elemente dieser ins Sagenhafte gesteigerten wunderbaren Geschichte von dem großen germanischen Heldenkönig auf einem Römerthron halbvergessen in abgegriffenen Schulbüchern schlummern, ist Ravenna ein Stadt-Wunder unserer Tage geblieben: eine heiße und helle Wirklichkeit, in der brummende Fiats an den Kirchen und Baptisterien vorbeisausen, die schon auf Theoderich, Cassiodor, Jordanes und ein ganzes bewegtes Gotenjahrhundert blickten, und in der Galla Placidia, die stolze Kaiserschwester, die übelriechende Nähe der Raffinerien und Kautschukfabriken der Mattei-Gruppe dulden muß.

Die kurze Straße, die uns zum Baptisterium der Arianer führt, beginnt an einem *Upim*-Laden, aber siehe da, alles verträgt sich: Die uralten Bauten, die ältesten Kirchen Europas, schützen sich dadurch, daß sie einen Meter bis 215 Zentimeter unter der Oberfläche der modernen Stadt liegen; sie haben sich ohne zu schmollen ein wenig zurückgezogen in diese andere Ebene und hinter die Schmucklosigkeit ihrer Fassaden, wie dieses unscheinbare Taufhaus, das Theoderich gegen Ende des fünften Jahrhunderts errichten ließ. Der Umgang, der das achteckige Gebäude an sieben Seiten umgab, ist ebenso verschwunden wie die meisten der Mosaiken, die das Innere festlich-bunt gemacht haben müssen. Nur von der Kuppel blinkt noch das alte Mosaik, eindrucksvoll und von exotischer Pracht: Das nicht zu große, in der Proportion sorgfältig beachtete Rundbild in der Mitte zeigt die Taufe Christi. Nach arianischer Sitte steht er völlig nackt in den Wellen, die ihn durchsichtig umspülen, am Schienbein des taufenden Priesters aber durchaus naiv urplötzlich enden, so als könnte Wasser sich in der Luft halten, wenn es die Lenden des Heilands bedeckt. Die Gestalt des Christus selbst ist weich, ungermanisch, eher levantinisch, mit knabenhaft abfallenden Schultern, der Blick der großen Augen in sich gekehrt.

Um das Rundbild läuft ein Figurenreigen, der die Apostel darstellt, wie sie in zwei Gruppen zu je sechs Männern mit Lorbeerkränzen, Palmzweigen, symbolischen Kronen, Schriftrolle (Paulus) und den Schlüsseln (Petrus) dem Thron Gottes zustreben. Es gibt auch Deutungen, die das an sich klare Mosaikbild zwischen den Aposteln Petrus und Paulus als ein offenes Grab ansehen, über dessen Rand noch das Leichentuch Christi hängt zum Zeichen seiner Auferstehung. Damit wäre dem arianischen, sehr irdischen und menschlich dargestellten Gottessohn ein wesentliches Merkmal seiner Göttlichkeit im Bild zurückgegeben worden. Da die Arianer aber nicht nur ihre eigene Form der Taufe hatten, sondern auch ihre Gottesdienste nicht in katholischen Kirchen abzuhalten gedachten, ließ Theoderich vermutlich schon im Jahr 493 die arianische Kathedrale von Ravenna erbauen, die unweit des Baptisteriums gelegene Kirche, die heute Spirito Santo heißt und bei ihrer Gründung der *Anastasis Domini*, der Auferstehung des Herren, geweiht worden war.

Die Kirche ist im sechzehnten Jahrhundert umgebaut worden und besitzt nun eine kleine Renaissance-Vorhalle; aber sie ist und bleibt doch die einzige Kathedrale dieses Glaubens, der heute vergessen ist, der nicht einmal da und dort winzige Gemeinden besitzt wie so manche alte Form des Christentums: Eine vergessene, große Religion der Germanen, von Millionen geglaubt, in ganz Europa bekannt, steht hinter einer Kirche, die im Lauf der eineinhalb Jahrtausende ihre Mosaiken verloren hat und heute einen anderen Geist atmet. Eine kleine, Spirito Santo auffallend ähnliche römische Kirche heißt heute noch Sant'Agata dei Goti.

Noch ein Halbdutzend auf wunderbare Weise erhaltengebliebener Bauwerke aus dem fünften und sechsten Jahrhun-

45 *San Pedro de la Nave. Kapitell an der Südwestecke der Vierung: Opfer Abrahams, Apostel Petrus.*

46 *Landschaft bei Quintanilla de las Viñas, Nordspanien.*

47 *San Pedro de la Nave, Blick von Süden.*

48 *San Pedro de la Nave, Gesamtansicht.*

49 *Teil vom Pferdegeschirr mit zwei Panthern aus Bronze. Westgotisch unter frühchristl.-röm. bzw. oriental. Einfluß, 6.–7. Jh. Madrid, Museo Arqueológico.*

dert liegt in Ravenna auf verhältnismäßig kleinem Raum beisammen, nur das Mausoleum des Theoderich liegt nordwestlich von dem der Galla Placidia ein wenig abseits. Trotz allem, was Italien seit Theoderich und schon bald nach seinem Tod an Schlachten, Besetzungen, inneren Wirren und äußeren Heimsuchungen erlebt hat, ist uns hier das Größte geblieben, was die Völkerwanderung auf dem Gebiet der Kunst geschaffen hat, und die traulichen kleinen Kirchen der Westgoten, wie wir sie weitverstreut in Spanien aufsuchten, können mit dieser selbstsicheren Prachtentfaltung nicht Schritt halten.

Dennoch ist es schwer, wenn nicht ausgeschlossen, das Germanische aus dieser Kunst herauszulesen, die uns eher zeigt, wie selbst der unabhängige und starke Verstand des Theoderich zeitlebens den byzantinischen Eindrücken seiner Jugend verbunden blieb. Wir unterliegen heute der suggestiven Wirkung der byzantinischen Frömmigkeit und ihrer Bildersprache nicht mehr in dem Maß wie die barbarischen Völkerschaften des frühen Mittelalters, die in den Kirchen von Konstantinopel betroffen das Heilige selbst zu erblicken meinten – eine Wirkung, die noch Jahrhunderte später ungebrochen anhielt, als statt der Germanen die Slawen aus dem Reich von Kiew nach Byzanz kamen und sich dort für die östlichen Formen des orthodoxen Christentums entschieden, gegen die beredten Missionare des Islam, der Katholiken und des Chazarischen Judentums.

Was dem schlichten Denken des wandernden und bedrohten Menschen der Völkerwanderungszeit eine geistige Heimat bot, erscheint dem frei schweifenden Verstand des Menschen von heute als eine hermetische Welt, in die einzudringen schwierig ist. Das Wort *kryptisch*, das Piovene wählt, um diesen Eindruck wiederzugeben, trifft die Bauwerke nicht ganz, die uns in Ravenna ihre Tore öffnen; die frühchristlichen Krypten sind eher das Ereignis der kleinen alten Kirchen an der ligurischen Küste und im südlichen Frankreich. Aber die Gefühlswelt ist getroffen, wenn Piovene gesteht, daß ihn die Betrachtung der großen Mosaiken im Mausoleum

der Galla Placidia, in San Vitale, in den beiden Baptisterien und in Sant'Apollinare in Classe »in einen Zustand der Begeisterung versetzt, wie kein Zyklus von Fresken. Was mich dabei besonders bewegt, ist die Erhabenheit der Empfindung. Diese goldenen Strudel, dieses sternenhafte Blau, Feuerflüsse und überirdische Wolken, schildern uns einen erhabenen himmlischen Vorgang; und mit dem Gesicht himmlischer Mächte erscheinen uns die Gottheit, die Jungfrau, die Heiligen und die Propheten. Es *sind* Heilige, ihre Heiligkeit ist evident, mit all dem unabgeschwächten Schrecklichen, das sie hat.«
Darin kann der Schlüssel für das besondere Verhältnis liegen, das die Goten und ihre Fürsten zu diesem prachtvollen Ausdruck der Frömmigkeit und der für die Germanen doch neuen und fremden Religion gewinnen konnten. Piovene sagt Begeisterung, und rückblickend wird man an einen Rausch glauben dürfen, aber auch an jene Fassungslosigkeit, die sich im Erleben des Höheren, Unwirklichen so oft einstellt.
Wie sehr solche Kunst verliert, wenn man den Versuch macht, dieses religiöse und erlebnishafte Element beiseite zu lassen und sie rein bildlich, motivisch und architektonisch zu werten, verrät wider Willen der große Jacob Burckhardt in einem Brief an Gottfried und Johanna Kinkel, in dem er schreibt: »Mosaiken sieht man in Ravenna, lieber Urmau! Ich kann dir nur sagen, daß die Galla Placidia nahezu das unbedeutendste darunter ist, so schön das Ding sein mag.«
Das Ding, wie der große Mann sich ausdrückt, ist das sogenannte Mausoleum der Galla Placidia, dem zu seiner wahren Funktion die Gebeine der Kaisertochter fehlen: sie haben vermutlich niemals Rom verlassen, wo die vielgeprüfte Frau im Jahr 450 gestorben ist. Dennoch spricht nichts dagegen, daß sie für sich ein Grabmal in Ravenna erbauen ließ, ein äußerlich schlichtes Gebäude, das in seiner kreuzförmigen Anlage und gedrungenen Form stärker als die anderen Bauten Ravennas an die Westgotenkirchen in Spanien erinnert. Stärker noch als San Vitale, wo neben den Mosaiken auch die

Säulenarchitektur auf uns wirkt, ist das Mausoleum eine Bestätigung der Deutungen, die Guido Piovene gegeben hat, ein Beweis dafür, daß sich die Kunst der Theoderich-Zeit uns heutigen Menschen nur dann voll erschließt, wenn wir uns in sie hinein begeben, wenn wir sie um uns herum sehen und fühlen. Es ist eigenartig, man würde einem Hirten-, Krieger- und Wandervolk eher Kunstwerke skythischen Gepräges zutrauen, dynamische, gefällig gerundete, mythisch inspirierte Kunst der weiten Welt. In dem Bau, den Galla Placidia als ewige Wohnung wünschte, herrscht indessen eine mystische Stimmung claustrophiler Verzückung; hier ist ein Gotteshaus entstanden, das aus Palästen herauswuchs, nicht aus der freien Welt, dem Wald, den ewigen Straßen des Römerreichs.

»Erst allmählich werden wir uns dieser Pracht bewußt, denn die Alabasterscheiben in den schmalen Fenstern lassen das Licht so spärlich eindringen, daß unser Auge eine geraume Weile braucht, um die Bilderwelt ringsum zu erfassen. Langsam steigt dann aus dem Dämmerlicht das blaue, grüne und goldene Geflimmer, das strahlende Wunder der Sterne und Ranken, der Tiere und heiligen Gestalten, das Edelste und Herrlichste, das wir erleben können. Wir fragen nicht mehr: Wer schuf diesen Bau? Wem diente er? Welche Großen der Welt lagen einst in den Sarkophagen, die in den Nischen stehen? Das alles scheint belanglos geworden, verglichen mit der Einmaligkeit einer vollendeten Kunstschöpfung, die sich hier in höchster Blüte entfaltet, während draußen nur armes Backsteingemäuer sichtbar ist. Und es wird uns dabei bewußt, daß es ein tief im Gefühl jener Zeiten verwurzelter Zug gewesen sein muß, eine längst vergessene, große alte Weisheit, die jene frühen Menschen hieß, das Kostbarste, was sie geschaffen hatten, unter einer Hülle zu bergen, die wie ein Bettlermantel über einem Krönungsornat liegt.« (Corona Berg)

Die Deutung ist eigenwillig, aber sie hat etwas für sich, wenn wir etwa bedenken, daß andere Wandervölker wie die Skythen und die Hunnen überhaupt keine nennenswerten Bauten errichteten, daß die großartige Skythenkunst uns nur aus Grabfunden bekannt ist und die hunnische Kunst so gut wie ausschließlich von Waffen und Pferdegeschirren abgelesen werden muß. Was war das für eine Welt, die sich an die Prachtentfaltung der Antike anschloß und mit einem Mal dazu übergehen mußte, die herrlichsten Schöpfungen des Menschengeistes, die einzigen, die im engeren Sinn als Schöpfungen zu bezeichnen sind, zu verbergen, zu verdekken, zu vergraben.

Ein einziger Trutzbau – so scheint es – will sich davon ausgenommen sehen: das etwa einen Kilometer östlich der Stadt liegende Mausoleum Theoderichs selbst, das als einziger dieser Sakralbauten nicht aus Ziegelwerk aufgeführt ist, sondern aus istrischem Kalkstein in gewaltigen Quadern. Und beinahe möchte man meinen, daß Lehmziegel auch im Lauf der Jahrtausende zusammengebrochen wären unter dem Vielhunderttonnen-Gewicht des Monolithen, der als Dach auf dem zehneckigen Bau lastet.

Alarichs Gebeine und Grabbeigaben schützten die Wellen eines Flußes; Theoderichs Grabbauwerk behütet ein Stein, wie ihn niemand wegheben kann, und man muß sich wundern, daß es gelang, ihn an seinen luftigen Platz über dem zweiten Stockwerk zu befördern. Die meernahe Lage Ravennas mag die Zyklopenarbeit durch Kanäle erleichtert haben, auf denen zusammengebundene Schiffe das Monsterdach, das aussieht wie ein Westwallbunker, bis nahe an den Bauplatz heranschaffen konnten. Dort mußten dann Taue, die sich durch die stilisierten Henkel ziehen ließen, den Weitertransport übernehmen. Ein gewaltiger Sprung im Monolith kann eigentlich nur bei einem fehlgeschlagenen Versuch entstanden sein, den Dreihunderttonnenkoloß über das Mauerwerk zu schieben, denn ein Erdbeben hätte gewiß die tragenden Mauern eher zerstört als das quer liegende, aus einem einzigen Stein bestehende Dach.

Hier also wollte Theoderich ruhen, nach seinem Tod und nach dem Ende der Gotenherrlichkeit, in einer großen Porphyrwanne, von der ein düsteres Bruchstück noch zu sehen

ist. So geschützt, konnte der große, harte Herrscher die Rache der Byzantiner überdauern, das Nichtvergessen der Kaiser und das zum Unglück der Goten überlegene Feldherrngenie des Belisar.
Der größte posthume Sieg, den Theoderich errungen hat, ist jedoch San Vitale. Nur etwa dreihundert Meter von der belebten Piazza del Popolo gelegen, teilt sich diese einzigartige Kirche mit dem Mausoleum der Galla Placidia in den Ruf des berühmtesten Bauwerks von Ravenna, eine Rivalität zwischen dem Heiligen und seiner unheiligen Nachbarin, die sich nicht auskämpfen lassen wird, so nahe die Bauwerke auch beisammen liegen. Denn Kunst dieser Wirkungen spricht eine zu persönliche Sprache; die einen werden hier gaffen und unruhig nach der Orgelempore suchen, andere wiederum werden gar nicht begreifen, daß sie in einer Kirche sind, so palastähnlich und festlich stimmt der byzantinische Stil seine Sakralbauten.
San Vitale ist noch auf Weisung Theoderichs erbaut worden, und Bischof Ecclesius, der diesen Namen wohl der berühmten Kirche verdankt, empfing den Auftrag vermutlich 526, im Todesjahr des Theoderich. Als der Grundstein gelegt wurde, führte jedoch bereits Amalasuntha, die Tochter des Theoderich, die Regierungsgeschäfte für den noch minderjährigen Athalarich, jenen Enkel und Thronfolger des großen Ostgotenkönigs, der mit Eutharich einen Amaler zum Vater hatte. Dennoch ist San Vitale so frei von germanischen Einflüssen wie das Grabmal der Galla Placidia, der Kaiserschwester. Der Baumeister scheint aus Byzanz gekommen zu sein, nicht erst mit dem Heer des Belisar, das Ravenna ja erst im Jahr 540 einnahm, sondern wohl auf Betreiben jenes für uns ein wenig geheimnisvollen Mannes, dem die meisten Kirchen Ravennas aus jener Zeit ihr Dasein im Grunde verdanken: Er hieß Julianus Argentarius und war eine Art Generalunternehmer für diese großen Bauaufgaben; er stiftete nicht nur selbst große Summen für die meisten Bauwerke, mit denen er zu tun hatte, er überbrückte vor allem den Zeitraum zwischen Bauausführung und Bezahlung durch die Krone. Viel-

leicht war er ein Bankier, vielleicht trug er einen sprechenden Namen, denn Argentarius klingt nach Silber, und in London waren noch tausend Jahre später die Gold- und Silberschmiede die ersten Bankiers . . .

San Vitale kam Julianus besonders teuer zu stehen. Wir besitzen Aufzeichnungen, aus denen hervorgeht, daß er 26.000 Goldsolidi beisteuerte, den Solidus zu 4,45 Gramm, das sind rund gerechnet 125 Kilogramm Gold. Arm war Julianus also ganz gewiß nicht, woraus man schließen muß, daß ein Gutteil des ravennatischen Handels oder des Hof-Bedarfes durch seine Hände ging.

In San Vitale entstand jedenfalls aus diesem Händlergold so viel heiliger byzantinischer Goldgrund, daß man ihn mit rosaroten Wölkchen schmücken mußte, damit der Besucher nicht allzusehr geblendet werde. Jener Maitag des Jahres 547 oder 548, an dem San Vitale im nunmehr byzantinischen Ravenna geweiht wurde, war ein letztes großes Fest gotischer Frömmigkeit in byzantinischer Formensprache. Ob Bischof Maximian ahnte, daß hier viele Quadratmeter leuchtender Mosaiken und die festliche Buntheit bildnerischen Wandschmucks eine luftige Königshalle zum Kunstwerk machten? – eine Halle, in der Theoderich sich mehr als Gote denn als Byzantiner hätte fühlen können, weil sie hoch und hell war, weil Zentralkirche und Umgang überall miteinander kommunizierten, als wollten sie einer germanischen Volksversammlung eine besonders weihevolle Stätte geben?

Gewiß, man muß die Goten im Sinn haben und Theoderich, um auf solche Deutungen zu kommen. Aber sie erklären vielleicht doch die seltsame, tempel- oder theaterähnliche Anlage des Ganzen, das dem christlichen Gottesdienst ernsthafte technische Hindernisse entgegensetzt. Und auch von den Mosaik-Meistern, deren mindestens zwei, vielleicht auch drei am Werke waren, ist einer ganz deutlich ein Naturalist, eines jener treuen Gemüter, bei denen nichts verschwiegen und alles hingebungsvoll so dargestellt wird, wie Gott es rings um die Stadt hingestellt hat. Von ihm, der vielleicht Gote war, heben sich die philosophisch-religiösen

Bildgedanken der starren byzantinischen Frömmigkeit goldgründig-erhaben so deutlich ab wie ein Zeitalter vom anderen. Dieses andere Zeitalter ist durch die Kaiserin Theodora und ihren Hofstaat repräsentiert, die mit finster-aristokratischen Mienen Einzug halten und deutlich anzeigen, daß sie als Sieger kommen, daß sie Besitz ergreifen.
Auch in der Kunst herrschten die Triumphe von San Vitale und den anderen Bauten Ravennas mit einer Hartnäckigkeit, die selbst die Macht eines Belisar und seiner Truppen übertraf. Die geniale Mischkunst aus römisch-byzantinischer Tradition und gotisch-arianischer Frömmigkeit hat sich legitime Zeugnisse im Ravenna des Theoderich geschaffen, ja sie vermittelt uns trotz der dominierenden sakralen Bezüge doch einen Eindruck vom Welt- und Lebensgefühl der siegreichen Ostgoten in jenem Jahrhundertdrittel, das die mächtige Persönlichkeit Theoderichs mit ihrem Glanz erfüllte.
Aber schon die hieratischen Figuren, die Erstarrung dieser kaiserlichen Präsenz, die gewollte Unwandelbarkeit des Goldes und der Farben im unvergänglichen Mosaik, das alles lastete wie ein zu schweres und zu prächtiges Gewand auf dem Leben der frühmittelalterlichen Kunst. Und nichts ist reizvoller, als die Befreiungskämpfe der italienischen Maler-Genies zu verfolgen, von Duccio di Buoninsegna bis zu Cimabue, in deren Madonnen stets noch ein Restchen Theodora gegenwärtig zu sein scheint, bis hin zu Masaccio, der endlich das Gold der Heiligen gegen das Himmelsblau des Schöpfers vertauscht.

Theoderich hatte verwirklicht, wovon andere Fürsten der Goten oder der Vandalen nicht einmal geträumt hatten: ein großes und dennoch festgefügtes Reich im begehrenswertesten Teil des alten Europa, auf jener Halbinsel, für die auch die dumpfe Räuberseele des wildesten Nomadenhetmans eine scheue Verehrung nährte: die Landschaften zwischen Mailand und Neapel mit dem uralten Rom, die das Ziel aller Wandersehnsüchte seit Generationen waren. Mancher hätte die Kraft gehabt zu tun, was Theoderich tat: Geiserich, Alarich, Attila. Aber ihnen allen, zu denen man vielleicht noch den kühnen und hochintelligenten Gepidenkönig Ardarich zählen sollte, fehlte die große Ruhe und mangelte es wohl auch an der Einsicht, viele Jahre wachsenden Wohlstands kurzen Wochen ertragreicher Raubzüge vorzuziehen.

Ein Traum war also Wirklichkeit geworden, ein Traum, den vor allem die träumen, die von späteren Zeiten auf die Völkerwanderung zurückblicken und in ihr die erste Chance sehen, eine deutsche Vorherrschaft über den ganzen Kontinent zu begründen. Und sehr viel fehlte ja tatsächlich nicht: Selbst in Byzanz hatten die Germanen eine starke Position unter oströmischen Kaisern, und zumindest in einer einzigen schweren Krise dieses Staates war es Mundo, ein Enkel Attilas und der Schwester Ardarichs, der alle Macht in Händen hatte. In allen übrigen Teilen Europas aber vom Römerreich auf dem Balkan bis nach England und von Skandinavien bis Nordafrika herrschten Germanen, herrschten Heerkönige, die sich nach und nach Reiche schufen: Geiserich rund um Tunis, die Westgoten in Südfrankreich und Spanien, die Franken stark expansiv zwischen Mittelfrankreich und Burgund, die Ostgoten unter Theoderich weit ausgreifend bis in die Provence und den Alpenbogen.

Byzanz und Rom waren Inseln der Antike in dieser Germanenwelt, und wenn im Reich des Theoderich nur die Goten und ihre germanischen Hilfstruppen Waffen tragen durften,

so gab es doch noch einen Kaiser in Byzanz und einen Senat in Rom, gab es eine Fülle von Gelehrsamkeit in altrömischen Familien, gab es Enkel und Urenkel berühmter Redner und Schriftsteller, die in einem kaum begreiflichen Maß von Unbeirrbarkeit und Patrizierstolz die ihnen einzig wesentlich scheinende Welt gegen jenes neue Reich setzten, das der Halb-Barbar vom Neusiedlersee sich mit Schwertern und Spießen geschaffen hatte.
Exponenten dieser alten Kräfte waren – neben Cassiodor, der Theoderichs rechte Hand und wohl noch etwas mehr war – auch viele Männer der Kirche in Mailand, Ravenna und Rom und der römische Adel, der sich mangels direkten Zugangs zur politischen Macht mit den kulturellen und literarischen Traditionen Roms beschäftigte: der Dichter Avienus, Sohn des Konsuls Faustus, der Konsul und Präfekt Symmachus und der Philosoph Boëthius.
Zwischen diesen Welten stehend, erwies sich Theoderich in der Außenpolitik als erfolgreich, während ihn in der Behandlung des Senats und der Römer vielleicht eine alte Abneigung gegen Literaten, Gelehrte und Redner beeinflußte, wie man sie in Byzanz angesichts mancher Auswüchse des verfallenden Kaisertums in sich nähren konnte. Die immer wieder und von allen älteren wie neueren Autoren betonte feindselige Einstellung Theoderichs vor allem gegen die griechische Bildungswelt muß in den Jahren entstanden sein, die er als Geisel am Bosporus zubrachte, und läßt sich aus späteren Vernunftentscheidungen des hochintelligenten Monarchen nicht erklären.
Hingegen war es Theoderichs ureigene, auf germanischen Traditionen fußende Politik, daß er sich familiäre und tragfähige Verbindungen zu den Herrschern der anderen germanischen Völker zu schaffen suchte, wobei die in jene Nachbarländer entsandten Prinzessinnen über den bloßen Ehebund hinaus auch ein gewisses Verständnis für Theoderichs Staatsgebilde und seine Arbeit auf italienischem Boden verbreiten sollten. Aus Staatsraison trat, wie wir schon wissen, die hochgebildete Amalaberga den Weg zu Hermanfried,

dem Thüringerfürsten, an, und Amalafrida, Theoderichs Schwester, wurde die Gemahlin des Vandalenkönigs Thrasamund, der sich zeit seines Lebens als guter Freund Theoderichs manches Verdienst um die Ostgotenherrschaft erwarb. Wie treu die Gotenprinzessinnen an Theoderich festhielten, beweist das Schicksal der Amalafrida, die nach dem Tod ihres Gatten so eifrig für einen Fortbestand des vandalisch-ostgotischen Bündnisses arbeitete, daß Hilderich, der von Byzanz bestochene Nachfolger ihres Mannes auf dem Vandalenthron, sie trotz ihrer Flucht zu den Mauren in seine Gewalt zu bringen wußte und im Kerker umkommen ließ. Weniger Bedeutung erlangten zwei andere dieser diplomatischen Ehen, seien aber der Ordnung halber angeführt: Theoderich hatte aus erster Ehe oder von einer Konkubine zwei wohlgeratene Töchter. Die eine hieß Theodicoda, mit einem zweiten, vielleicht Taufnamen, Aravagnis. Ihr Gemahl wurde Alarich II., König der Westgoten. Für die andere sind die Namen Ostrogotha und Theodegotha überliefert; sie wurde dem Burgunderkönig Siegmund zur Frau gegeben. Seine gefährlichsten Widersacher aber, die Franken, versuchte Theoderich dadurch zu versöhnen, daß er selbst Audefleda, eine Schwester König Chlodwigs, ehelichte.
Das war erstmals ein Gespinst jener Familiendiplomatie, wie sie eigentlich in unserem kriegerischen Erdteil nie wirklich nützlich werden konnte: Auf britischem Boden kämpfte der Herzog von Monmouth gegen einen Halbbruder; die italienische Renaissance sah die fürchterlichsten Kämpfe unter Verwandten; und die auf alle Throne Europas verteilten Herren und Damen der weitverzweigten habsburgischen Sippe mußten oft jahrelange Kriege gegeneinander ausfechten.

Theoderich stand schon zu Beginn seiner Herrschaft unter starkem Druck der Burgunder, die Norditalien verheert hatten und erst abzogen, als man ihnen große Lösegelder für ihre Menschenbeute anbieten konnte. Später waren es dann die Franken, die sich durch Siege über Burgund und die Alamannen immer bedrohlicher an die Gotenreiche von

Toulouse und von Ravenna heranschoben. Und bei all dem hatte Theoderich einen feindselig abwartenden Kaiser im Rücken, der insgeheim, mit allen byzantinischen Tücken, Verbindung zur katholischen Kirche Italiens und zu den alten Familien des Senats unterhielt, den zwei Hauptstützen kaiserlicher Macht auch im Ostgotenreich.

So standen die letzten Lebens- und Herrschaftsjahre des Weisen von Ravenna im Zeichen eines Zweifrontenkampfes: gegen die halbbarbarischen Brüder im Norden und Nordwesten und gegen die feinsinnig intrigierenden Geistlichen und Intellektuellen im eigenen Land. Insofern waren die berühmtesten unter den Verurteilten des Jahres 524, nämlich Aurelius Memmius Symmachus und sein Schwiegersohn, der Philosoph Boëthius, gewiß nicht vollkommen unschuldig, sondern etwa das, was man heute Gesinnungstäter nennt. Boëthius hat darum auch, in altrömischer Rechtschaffenheit, in einer Rede, die ihm zum Verhängnis werden sollte, die Kollektivschuld des Senats im Zusammenhang mit der Wiederannäherung an Byzanz zugegeben, und so kam es, daß Theoderich, als Herrscher mit drei im ganzen friedlichen Wohlstandsjahrzehnten ein Unikum in jener Zeit, doch noch mit einem Makel in die Geschichte einging. Denn wenn auch so mancher blindwütige Soldat in jenen Zeiten Werte vernichtete, Priester, Gelehrte, Frauen und Kinder mordete, so durfte ein Theoderich vor allem gegen Ende seines Lebens und in längst etablierter Herrschaft nicht jenen Mann töten, der mit seinem einzigartigen Übersetzungs- und Deutungswerk am Anfang des ganzen mittelalterlichen Bildungsbetriebes steht.

Freilich verdankt die schonungslos nur den literarischen Besitz wägende Nachwelt diesem Unglück eines stillen Denkers sein persönlichstes, sein eigentlich ewiges Werk, den *Trost der Philosophie*, der ohne die verhängte Kerkerhaft ebensowenig geschrieben worden wäre wie das in einem genuesischen Kerker entstandene Wunderbuch des Marco Polo oder Dostojewskis *Aufzeichnungen aus einem Totenhaus*. Aber Theoderich kerkerte nicht nur ein, er tötete auch – Symmachus, Boëthius und andere –, und vielleicht ist aus diesen übersteigerten Reaktionen eines großen Mannes am deutlichsten zu erkennen, wofür es sonst kaum sichtbare Anzeichen gibt: die von Jahr zu Jahr wachsende Schwäche einer gotischen Bevölkerung, die in ihrer Aufsplitterung zwar recht wohl dahinlebt, aber die urwüchsige Stoßkraft des hungrig auf ein Ziel zustrebenden Raubstammes längst eingebüßt hat.

522 wurden zwei Söhne des Boëthius mit der Würde von Konsuln ausgezeichnet, eine einzigartige Ehrung nicht nur für den Denker, sondern auch für Rom, wohl aber auch schon die Ankündigung allzu enger Beziehungen des Kaisers in Ostrom zu der Tiberstadt. Das Jahr 523 brachte die Anklage gegen den Würdenträger Albinus und die Beschuldigung, einen hochverräterischen Briefwechsel mit Byzanz geführt zu haben, der gegen Theoderichs Herrschaft gerichtet gewesen sei. Der Senat, für den Boëthius mutig das Wort ergriffen hatte, ließ den Berühmten, der sich allzusehr exponiert hatte, fallen; ja mit der leider beinahe institutionell zu nennenden Feigheit und dem üblichen Brotneid der Intellektuellen wirkten die Kreise des römischen Senats sogar beinahe mit an der Verurteilung des Boëthius, und so ist es wohl zu verstehen, wenn er in seinem *Trost der Philosophie* nun keineswegs gegen den Tyrannen wütet, der sein Verderben bewirken wird, und sich auch nicht in christlicher Ergebenheit übt, weil diese Tugenden im christlichen Rom so oft Lippenbekenntnisse geblieben waren. Der Boëthius seiner Kerkerschrift ist wieder ein Heide, ist ein weiser, gebildeter, gefaßter Prediger stoischer und neuplatonischer Weltgedanken, in denen man einen Abgesang auf diese letzte Glanzgeschichte der Alten Welt erblicken darf:

»Was ist's also, o Mensch, was dich in Trauer und Betrübnis warf? Etwas Neues und Unglückliches, mein' ich, hast du gesehn: du glaubst, das Schicksal habe sich dir gegenüber gewandelt. Du irrst, das ist immer seine Gepflogenheit, dies seine Art. Bewahrt hat es vielmehr bei dir seine ihm eigene Beständigkeit gerade in der Veränderlichkeit; so geartet war es, als es dir schön tat, als es dir die Lockungen eines falschen Glückes vorgaukelte. Ertappt hast du den unsteten Blick der blinden Gottheit. Das, was sich anderen noch verhüllt, ist dir ganz und gar bekannt geworden. Wenn du es gut heißest, so halte dich an seine Art, klage nicht! Wenn du dich vor seiner Treulosigkeit entsetzen solltest, dann verachte es und tu es ab, da es ein gefährliches Spiel treibt.«

Das Seltsame an diesem Trost, den ein Philosoph sich selbst zuspricht, ist, daß auch der Herrscher, der den Philosophen töten lassen wird, diesen Trost gebrauchen könnte und in den letzten Monaten seines Lebens von der Blindheit Gottes überzeugt sein mußte. Treue geistliche Berater waren Theoderich weggestorben, als er ihrer am nötigsten bedurft hätte. Thrasamund, der charakterfeste und verwandtschaftlich an Theoderich gebundene Vandalenkönig, war gestorben, ein kluger und gebildeter König, dessen das Mittelmeer beherrschende Flotte Theoderich dazu verleitet hatte, seine eigene Flottenrüstung zu vernachlässigen: bei Gefahr hatte man eben die Vandalen von Korsika, Sardinien oder Sizilien zu Hilfe gerufen. Und schließlich starb noch Eutharich, Schwiegersohn und von Byzanz im voraus akzeptierter Nachfolger des Theoderich, ein Amaler, der zwar dem Römerglanz verfallen, aber doch ein Gote geblieben war, ein prunksüchtiger, aber kraftvoller Mann, der ein Herrscher geworden wäre. Sein Sohn Athalarich aber, des Theoderich Enkel, war weich; er wurde erzogen, als solle er ein zweiter Boëthius werden, und das in einer Stunde, in der das Land und erst recht das Volk einen zweiten Theoderich, einen Über-Theoderich gebraucht hätten.

Am 30. August 526 starb Theoderich der Große, Sohn eines Stammesfürsten unsteter Lebensart mit einer schönen Geliebten von großen Geistesgaben, aber ungewisser Herkunft, Herrscher über zwei Völker in einem Reich, dessen innere Kraft in kurioser Apartheidspolitik dahingeschwunden war. Man hatte eben nicht an die vier Jahrzehnte lang alle Goten zu Kriegern machen und ihnen die Verwaltungsämter vorenthalten, die Römer aber andererseits vom Waffenhandwerk ausschließen können, ohne eine tödlich-tiefe Kluft zwischen Germanen und Römern aufzureißen. Als unter dem Einfluß des energischen und unbedenklichen Justinian Ostrom es gar noch zuwege brachte, die kirchlichen Differenzen zwischen Byzanz und Rom beizulegen, war Ravenna isoliert. Die unwirklich anmutende Herrschaft des Arianismus war ebenso reif für den Untergang wie die Gotenherrschaft selbst, und es ist beinahe ein Wunder zu nennen, daß dennoch nach Theoderichs Tod beinahe drei Jahrzehnte voll wurden, ehe die Reihe tapferer Gotenkönige endgültig auf verlorenem Posten kämpfte und den vereint anstürmenden Truppen aus Byzanz und Italien nichts mehr entgegenzusetzen hatte als den Mut der Verzweiflung.

Die Namen, die Geschicke, die Taten und Untaten sind bekannt; unsere Väter und Großväter haben sich dafür noch begeistert, wir selbst haben immerhin davon gehört, und unsere Söhne werden, wenn nicht alles trügt, die Schicksale einer Amalasuntha, eines Witiges, eines Totila oder Teja bald aus den Comic-Strips erfahren, was immerhin besser ist, als wenn sie gar nichts davon wüßten.

Dreiunddreißig Jahre lang hatte Theoderich geherrscht, nach anderen Rechnungen sogar siebenunddreißig, weil es strittig ist, wann man seine Herrschaft beginnen lassen will; in den nicht einmal drei Jahrzehnten zwischen seinem Tod im Jahr 526 und dem Untergang Tejas mit den letzten Goten im Jahr 553 hatten die Ostgoten in Italien nicht weniger als fünf Könige, angefangen mit dem jungen Athalarich, auf den Theodahad folgte, und nach diesen beiden, die das Unheil nicht bannen konnten, die drei großen Kämpfer-Könige Witiges, Totila und Teja. In ihnen bäumt sich die Gotenkraft noch einmal auf, erstaunlich nach einer vollen Generation friedlichen Lebens in einlullendem Wohlstand. Wenn sie schließlich auch nicht siegen konnten, so zeigten die Wechselfälle der gotisch-byzantinischen Kämpfe doch ganz deutlich, daß gegen den Mut und das kriegerische Ungestüm dieser drei Heerkönige auch die klugen Rechner Belisar und Narses gewiß den kürzeren gezogen hätten – wären nicht noch die anderen Germanenstämme auf dem Kampfplatz erschienen, die Heruler vor allem, die eine alte Rechnung mit den Ostgoten zu begleichen hatten, und eine ausgesuchte Kerntruppe von vierhundert Gepiden. Ein Gepidenspeer war es, der Totila tötete, und bei Tadinae kämpften Tausende von Herulern in den Reihen der Byzantiner.

Als Theoderich starb, war die Geistlichkeit von Byzanz, vor allem aber von Rom schnell bei der Hand mit deutlichen und deutenden Histörchen, wie ausgehende Antike und beginnendes Mittelalter sie gleichermaßen liebten. Das eine will wissen, daß dem Theoderich ein Fischgericht vorgesetzt wurde; der große Kopf des Fisches aber habe den König plötzlich so angeblickt, als sei er der des toten Symmachus, worauf Theoderich keinen Bissen mehr essen konnte, in ein böses Zittern und hohes Fieber verfiel und wenige Tage später starb. Die andere Geschichte ist ebenso leicht durchschaubar: Ein Einsiedler von einer der Liparischen Inseln will nach dem Tod des Königs ihn in der Luft gesehen haben; zur einen Seite hielt ihn der Geist des Symmachus, zur anderen der des Boëthius. So brachten sie den König, in dem viele ihren Mörder sahen, zum Eingang der Unterwelt, der nach dem antiken Glauben bei Enna auf Sizilien lag.
All diese Phantastik aber führte natürlich ebensowenig einen Krieg herauf wie die Geschichte der Amalasuntha, die der offizielle Kriegsgrund der Byzantiner wurde: Amalasuntha hatte in ihrer Neigung zu Byzanz, zum Römertum und zur klassischen Bildung Anlehnung an den Senat gesucht und bei passender Gelegenheit ihre gotischen Widersacher töten lassen. Nach dem Tod ihres mehr zum Gelehrten als zum Krieger erzogenen Sohnes Athalarich bestimmte sie ihren Neffen Theodahad zum Gotenkönig. Dieser ebenfalls hochgebildete Schwächling, der vor jedem Gesandten aus Byzanz auf das Unwürdigste zitterte, wollte die Herrschaft mit seiner Tante nicht teilen, hatte aber auch nicht den Mut, sie aus dem Weg zu räumen. Also wies er ihr eine Wohnung auf der Martana-Insel im Bolsena-See an, wo sie fern von jeder Hilfe

leichte Beute der Blutrache wurde: Die Verwandten jener gotischen Minister und Heerführer, die sie hatte töten oder entmachten lassen, brachten sie am 30. April des Jahres 535 um, indem sie Amalasuntha im Bad ertränkten . . .
Da die Getötete nicht zu Unrecht als Freundin des oströmischen Hofes gegolten hatte und als Stütze der justinianischen Politik, war damit ein Vorwand gegeben, eine Armee gegen Italien in Marsch zu setzen, und das wechselvolle Hin und Her der letzten gotischen Epoche begann: Schlachten, Belagerungen, Entsatz, scheinbar zielloses Herumziehen auch großer Feldherren wie Belisar, scheinbar unverständliche Milde auch so harter Krieger wie Totila.
Brennpunkte der Kämpfe waren wiederum die Städte Rom und Ravenna, wobei Rom schwer zu verteidigen, leicht auszuhungern und leicht einzunehmen war, während Ravenna als Fluchtburg immer dem gehörte, der in den offenen Feldschlachten unterlag. Die starke Festung war byzantinisch, wenn die Goten in Italien die Oberhand hatten, und sie war gotisch, wenn die Byzantiner alles übrige Land erobert hatten. Auch sonst ergaben sich die seltsamsten Gegensätze: Der tapferste Gote, der nicht mehr junge, aber ungebrochen kämpfende Witiges, versagte nach zahllosen Schlachten vor den Mauern Roms und brachte es nicht einmal zuwege, die Stadt vollkommen einzuschließen, so daß der Tiberweg zum Meer offen blieb; und Totila, dieses zum Herrschen geborene Schlachtengenie, das die Goten aus ihren tiefen Niederlagen blitzschnell emporriß, bewegte sich in der großen Tiberstadt wie ein Traumwandler, ohne das Geschenk zu nützen, das ihm die Geschichte gemacht hatte. Ja es war, als scheue er, im Gedenken an das, was Theoderich vom Senat widerfuhr, die Stadt und die Römer, und er ließ, ehe er im Dezember 546 in Rom einzog, die ganze Nacht die Tuben blasen, damit die Römer Zeit zur Flucht fänden. Die ersten, die flohen, waren freilich nicht die Römer, sondern die griechische Besatzung aus Byzanz.
Dann erst, am spät anbrechenden Morgen des 17. Dezember, kamen die Goten in die Geisterstadt, von der Gregorovius

50 *Santa Maria de Lara, Quintanilla de las Viñas (Burgos), Ende 7. Jh. Südostecke des Chorhauptes mit Bauplastik.*

52 *Santa Cristina de Lena (Prov. Oviedo). 9. Jh. Brüstungsplatte am Presbyterium.*

◁ **51** *Zierplatte aus Marmor. 2. Hälfte 6.–7. Jh. (Tarragona). Museo Arqueológico, Madrid.*

53 *Santa Cristina de Lena. Ansicht von Westen.*

sagt: »Rom war nicht mehr reich wie zur Zeit Alarichs, Geiserichs oder noch Ricimers; die ergrauten Paläste der alten Geschlechter standen zum Teil schon lange ausgestorben, und nur wenige schmückten noch Kunstwerke und kostbare Bibliotheken. Doch fand sich noch manche Beute in den Patrizierhäusern, und der Cäsarenpalast lieferte in die Hände des Gotenkönigs alle jene Haufen Goldes, welche Bessas (der byzantinische Kommandant) dort zusammengescharrt hatte.

Die Edlen, die in ihren Palästen zurückgeblieben waren, schonte man; sie alle hatten Anspruch auf das tiefste Mitleid, sah man sie doch in zerrissenen Sklavenkleidern von Haus zu Haus gehen und von ihren eigenen Feinden um Gottes willen einen Bissen Brot erbetteln. In so kläglicher Erscheinung zeigte man den Goten auch eine erlauchte Frau, die vor allen des Erbarmens wert war: Rusticiana, des Symmachus Tochter und die Witwe des Boëthius, hatte während der Belagerung ihre Habe zur Linderung der allgemeinen Not dahingegeben, und die edle Matrone durfte nicht erröten, wenn sie jetzt, ein Gegenstand für Tränen, als Bettlerin umherging, ihr schicksalsvolles Leben noch kurze Zeit zu fristen.

Die Goten zeigten sie einer dem andern, sagten sich mit Erbitterung, daß jenes Weib aus Rache um ihren Vater und Gatten die Standbilder Theoderichs habe umstürzen lassen, und sie verlangten den Tod der edlen Witwe. Aber Totila ehrte das Unglück der Tochter und Gemahlin so berühmter Männer, und weder ihr noch irgend einer anderen Römerin durfte ein Leid geschehen. So groß war seine Milde gegen alle ohne Unterschied, daß er die Bewunderung und Liebe selbst der Feinde genoß, und diese von ihm sagten, er habe mit den Römern wie ein Vater mit seinen Kindern gelebt.« (II/5)

Die Begeisterung der meisten deutschen Historiker über die spätgeborene Edelnatur eines Totila fußt in erster Linie auf den vielen Seiten hymnischen Lobes und bezeichnender Anekdoten, die Prokopios, also der Berichterstatter der Feindseite, diesem Gotenkönig widmet. Und tatsächlich hat es etwas Bewundernswertes, wie sich das Gotentum nach dem untätig-feigen Theodahad, nach dem unglücklichen Witiges und den zwei Interims-Anführern Ildibad und Erarich unter dem jungen Totila wieder aufrichtet, beinahe urplötzlich: In der Niedergeschlagenheit nach dem Versagen eines letzten Großen – denn Witiges war ein Großer –, als die führerlosen Goten da und dort nach einem neuen Haupt suchten, da fanden sie bei Ildibad nur Tatkraft, blindwütig, energisch, mit, wie sich zeigen sollte, selbstmörderischer Grausamkeit, denn der Mann, der schließlich Ildibad beim Mahl das Haupt vom Rumpf schlug, daß es über den Tisch kollerte, war ein Leibwächter, dem Ildibad ein bestimmtes Mädchen nicht gegönnt und an einen anderen verheiratet hatte. Der Gotenfürst von Verona war also tot, aber man munkelte von einem jungen Neffen Ildibads, der noch kühner sei, glanzvoll und klug zugleich: Totila, der in Tarvisio kommandierte, also an der Nordostgrenze Italiens gegen Noricum. Totila zauderte nicht, aber er stellte seine Bedingungen wie einer, der seinen Wert kennt. Er verlangte, daß man zunächst den Rugier Erarich aus dem Weg räume, der sich in die Gotenreihe eingedrängt und die Nachfolge des Ildibad angemaßt hatte. Bereitwillig erfüllte man dem jungen Prinzen den Wunsch, Erarich wurde beseitigt, und Totila übernahm 541, wenige Monate nach dem Tod seines Onkels Ildibad, die Herrschaft über die Goten. Zwei Jahre darauf war alles zurückerobert, was Belisar genommen hatte, und Italien war wiederum gotisch bis auf Ravenna. Sogar die Inseln, die den Vandalen gehört hatten und an Byzanz gefallen waren, eroberte Totila: Korsika, Sardinien und Sizilien, als habe es niemals eine gotische Ohnmacht zur See gegeben.

Das, was Prokopios aber besonders laut preist, ist die Menschlichkeit dieses jungen Barbaren, der in einer so aussichtslosen Situation zum Kampf antrat, daß man Großmut eigentlich nicht von ihm erwarten durfte. Als im eroberten Neapel ein Gote ein Mädchen mit Gewalt nimmt, trotz ihres Sträubens, da bitten die Kampfgefährten vergeblich für das

Leben des tapferen Mannes, der sich nur einmal vergessen habe – er wird hingerichtet. Als die halbverhungerten Neapolitaner den Goten die Stadttore öffnen müssen, läßt sie Totila so sorgsam an die plötzlich wieder ausreichend vorhandene Nahrung gewöhnen, daß keiner Schaden nehmen kann, und sorgt für ihren freien und sicheren Abzug nach Rom. Und wenn die Neapolitaner damals auch gewiß noch nicht das gerissene Völkchen waren, wie es Curzio Malaparte uns schildert, so mancher mag sich doch an die Stirn getippt haben angesichts eines Barbarenkönigs, der die Kämpfer von morgen ungehindert und wohlgenährt abziehen ließ.

Es ist darum auch – um zu Totila in Rom zurückzukehren – ein reines Mißverständnis, wenn Totila unter die großen Zerstörer eingereiht und die Stadt Rom als sein Opfer bezeichnet wird. Er ließ etwa den dritten Teil ihrer Befestigungen schleifen, das stimmt; er mußte mit neuen byzantinischen Landungen rechnen und ließ darum auch Benevent dem Erdboden gleich machen. Die Stadt selbst aber tastete er nicht an; er ließ sie nur aus einem bis heute nicht geklärten Grund von allen Menschen räumen, die sich innerhalb der Mauern noch aufhielten.

»Die römischen Senatoren nahm Totila mit sich, die übrigen Bürger mit Weibern und Kindern schickte er in die Ortschaften Kampaniens; in Rom durfte kein Mensch zurückbleiben, so daß er die Stadt völlig menschenleer hinter sich ließ« (Prokopios). Die Stadt blieb vierzig Tage lang menschenleer und erholte sich, wie wir wissen, von dieser Verödung tausend Jahre lang nicht wirklich. Unter dem Colonna-Papst Martin V. erst begann langsam der Wiederaufstieg, und noch Franz Grillparzer sah in den Ruinen des antiken Rom die Kühe weiden, was ihn zu seinem berühmten Gedicht vom *Campo Vaccino* inspirierte.

So wird, zwischen und hinter den Fronten, die Szene nach und nach geisterhaft. Prokopios, der seine Landsleute kennt, schrieb die Formel hin, daß die Goten den Römern den Grund und Boden weggenommen hätten, die byzantinische Verwaltung mit ihren Besatzungstruppen jedoch die bewegliche Habe. Der Handelsgeist der Griechen erwies sich stets als stärker als die Verantwortung für die geplagten Italiener, die Byzanz nun einmal übernommen oder sich angemaßt hatte, und wenn *vor* den Toren einer Stadt die Goten lagen, so war es das erste, daß die byzantinischen Kommandanten *in* der Stadt den Getreidepreis erhöhten. Nur Belisar selbst scheint eine beinahe asketische Natur gewesen zu sein und angesichts seines bekannten Reichtums auf Pressionen solcher Art verzichtet zu haben. Nicht einmal die weibliche Beute, berichtet Prokopios mit sichtlicher Verblüffung, nicht einmal die Frauen und Mädchen der Goten und der Rugier, »worunter die schönsten Frauen, so man je in Europa gesehen«, konnten den byzantinischen Feldherrn reizen. Man glaubt es dem Prokopios, lehnte Belisar doch sogar den Königspurpur von Italien ab, den die Goten ihm um die Schultern legen wollten, wenn er zu ihnen abfiele.

Gegen diesen guten und kühlen Kopf mußte Totila mit seinen Goten antreten, wenn er das zurückeroberte Italien behalten wollte, und es gelang ihm so vollständig, daß er Rom ein zweitesmal einnehmen konnte und daß im gleichen Jahr 549 Belisar von seinem Kaiser zurückberufen wurde. Der neue Feldherr der Byzantiner hieß Narses und führte das größte, prächtigste und am besten ausgerüstete Heer nach Italien, das Ostrom jemals zusammengebracht hatte.
Narses wird das Wort zugeschrieben, daß man in einen Stiefel von oben hineinschlüpfen müsse, weswegen er mit seiner Armee den Adria-Nordrand umrundete und in Norditalien auf die Goten traf. Gfrörer hat in seinen byzantinischen Studien jedoch nachgewiesen, daß Narses hier aus der Not eine Tugend gemacht hatte: Byzanz hatte seine Flottenrüstung so kläglich vernachlässigt, daß nicht einmal die 12.000 Mann des Narses mit ihrer Ausrüstung an die süditalienischen Küsten gebracht werden konnten, sondern den langwierigen, ermüdenden und wegen der ausgedehnten Sümpfe gesundheitsgefährdenden Marsch über Aquileja auf sich nehmen mußten.

Das Gelichter, das Narses unterwegs dazugeworben hatte, war freilich Fieber und Sumpfdünste gewöhnt. Alles, was auf dem Balkan und am Adria-Ostrand Waffen tragen und sich in Italien Reichtümer erplündern wollte, strömte Narses zu, die letzten versprengten Hunnen ebenso wie Langobarden, Heruler und gepidische Söldnertruppen; sogar ein paar Perser und Griechen zogen gegen Totila.

Im stillsten Umbrien, vierzehn Kilometer von Nocera, bei dem Städtchen Gualdo Tadino, trafen die Armeen aufeinander, dort, wo jeder Ort eine steingewordene Legende ist, unweit des Bolsena-Sees, der Stätte, wo Amalasuntha ertränkt wurde. Unbeschwert von den Geistern aus vielen Schlachten und Mordtaten, jung, siegessicher und stolz, so tummelte Totila sein Pferd vor der eigenen Schlachtreihe und zeigte Reiterkunststückchen und Speerspiele, bis man ihm mitteilte, eine Verstärkung von zweitausend Goten, auf die er noch gewartet hatte, sei ins Lager eingerückt.

Inzwischen hatte Narses, von Totila unbemerkt, seine Aufstellung umgruppiert und die Flanken mit Bogenschützen verstärken lassen, viertausend auf jeder Seite, was auf einen ziemlich starken Anteil von Hunnen in seinem Heer schließen läßt; das am stärksten gefährdete Mitteltreffen bildeten Langobarden und Heruler.

Totila war jung, voll Kraft, unbesorgt und vielleicht unüberlegt, wenn er angesichts dieser Phalanx tatsächlich verboten haben soll, Pfeil und Bogen zu benützen. Narses war im Jahr der Schlacht bereits zweiundsiebzig Jahre alt, Eunuche, Palast-Protegé der Theodora, ein leidenschaftsloser Rechner, der die Pfeile schwirren ließ, bis sechstausend tote Goten das Schlachtfeld deckten.

Totila floh verwundet und wurde von einem Gepidenspeer in den Rücken getroffen. Die Kampfgefährten brachten ihn noch bis Capras, ein paar Kilometer weit weg, die keine Rettung bedeuteten, die nicht einmal Zeit gaben, den toten König, der die Niederlage nur um wenige Stunden überlebt hatte, mit Ehren zu bestatten: eilig, auf der Flucht, wurde er nur verscharrt. »Wenn die Größe des Helden nach der Menge der

Hindernisse, die er überwinden, oder nach der Widerwärtigkeit des Schicksals, welches er zu bekämpfen hat, gemessen wird, so ist Totila der Unsterblichkeit noch werter als Theoderich« (Gregorovius).

Der bitterste Verlust, den die Goten bei Taginae erlitten hatten, war zweifellos der Tod ihres genialen Königs; ebenso unersetzlich aber waren die sechstausend Streiter, die auf der Walstatt blieben. Die Schwäche beider Gegner nach vielen Kriegsjahren geht aus diesen vergleichsweise geringen Truppenzahlen hervor. Sie beweist sich auch dadurch, daß die Goten nicht mehr imstande waren, die Ringmauern Roms gegen den heranrückenden Narses zu besetzen, und daß Narses ebensowenig daran denken konnte, Rom ganz einzuschließen. Man kämpfte mit letzter Kraft auf beiden Seiten, aber eben dann, wenn die Kraft schwindet, beginnt der Geist doppelt zu zählen, und darin war der Greis aus Byzanz den Gotenfürsten eben überlegen.

Die Flucht der Goten ging nach Norden, wo zwischen Pavia und Verona noch ein Rest ihres Volkes unangetastet geblieben war. Hier wählten sie den tüchtigsten Krieger, einen harten jungen Adelssproß namens Teja oder Tejas, zum neuen König. Aber was Teja noch tat oder tun konnte, war nicht ein Neubeginn wie unter Totila, sondern eine Liquidation, so blutig und heldisch, wie man sie vom Untergang eines großen und selbstbewußten Volkes erwarten durfte.

Im Grimm über die sechstausend Toten von Taginae und um den Triumph zu dämpfen, der die Byzantiner angesichts des blutigen Helms und der blutbeschmutzten Kleidung Totilas taumeln machte, ließ Teja alle Geiseln töten, die Totila nach der Eroberung Roms genommen hatte, also vor allem Männer und Jünglinge aus den senatorischen Familien. Dreihundert bis dreihundertfünfzig Männer fanden damals den Tod, wodurch praktisch der gesamte römische Adel im Mannesstamm ausstarb, obwohl namentlich nur die Anicier genannt werden, die schon Theoderichs hartnäckige Gegner gewesen waren.

Als auch das zum Kastell ausgebaute Grabmal Hadrians fiel

und die Truppen des Narses die ganze Stadt Rom beherrschten, beteiligten sich die Barbaren unter seinen Söldnern eifrig am Römermord und vernichteten, was die Goten verschont hatten. Das mag einer der Gründe gewesen sein, daß Narses bald darauf trachtete, vor allem die Langobarden loszuwerden, denn sie waren unter seinen Truppen die am wenigsten verläßlichen und besonders ungebärdig.

Was aus dem Grabmal Hadrians und aus den Küstenstädten an Gotenschätzen gerettet werden konnte, bargen die Goten in den Höhlen von Cumae auf der Misenischen Halbinsel. Dieser wenige Quadratkilometer bedeckende Landvorsprung bei Neapel ist einer der geheimnisvollen Teile Italiens, ein Stück Land, wo jeder Fußbreit Boden Geschichte ist und Erinnerungen birgt. Hier lagen die meistbesuchten warmen Bäder der Römer, das glanzvolle Bajae mit seinen ausgedehnten Villenanlagen; hier hatte die Sibylle von Cumae in ihrer Höhle geweissagt und den Ort im ganzen Mittelmeerraum berühmt gemacht; hier hatte Sextus Pompeius, der Herr des Seeräuberreiches auf den Inseln, den vielbejubelten Ausgleich mit Augustus geschlossen – und nun waren es die Goten, die hier in den verschlungenen, von heißen Dämpfen erfüllten Schächten ihre Schätze zu bergen suchten. Aligern, der Bruder des Teja, bewachte sie mit einer ausgesuchten Truppe, und die Reste der Gotenflotte schienen für den äußersten Notfall die Flucht von dieser meernahen Rückzugsposition zu garantieren.

Als Teja aus dem Norden heranrückte, ohne Hilfe der Franken, auf die er bis zuletzt gehofft hatte, gewann die Flotte erhöhte Bedeutung, denn sie versorgte die von der Landseite her abgeschnittenen gotischen Truppen des Aligern und Tejas auf den beiden Halbinseln, der misenischen und der sorrentinischen, so daß die Gegner einander zwei Monate lang gegenüberlagen. Der Fluß, der sie trennte, hieß Sarnus oder Drakon (Sarno), ein Flüßchen der Breite nach, aber ins vulkanische Gestein der Gegend tief eingeschnitten, schnell fließend und mit Ufern, die zumindest Armeen nicht erklimmen konnten.

In dieser Lage griff Narses zu erprobten byzantinischen Hilfsmitteln. Der Gotenadmiral, der für die Sache Tejas nicht mehr viel Hoffnung hatte, ließ sich bestechen und lieferte den größten Teil der Flotte aus. Zugleich verstärkte Narses den Druck und trieb die letzten Goten auf eine zwar leicht zu verteidigende, aber schwer zu versorgende Erhebung bei Stabiae, den Mons Lactarius, was soviel heißt wie Milchberg. Was weiter geschah, weiß die Welt von Prokopios, dem Geheimschreiber des Narses. Es ist ein Dokument des Untergangs, das wörtliche Anführung verdient:

»Als sich die Goten, die bereits Mangel an Nahrung litten, auf dem Lactarischen Berge niedergelassen hatten, bereuten sie alsbald ihren Entschluß; denn noch mehr gebrach es ihnen hier an Lebensmitteln, so daß sie bald nichts mehr besaßen, wovon sie sich und ihre Rosse ernähren konnten.

In dieser Not faßten sie einen heldenmütigen Gedanken. Besser, meinten sie, sei es, in der Schlacht den Tod zu erleiden, als dem Hunger zu erliegen. Darum warfen sie sich unvermutet in plötzlichem Angriffe auf den Feind. Doch hielten die Römer stand und wehrten sich, so gut es nur möglich war; denn sie kämpften nicht unter ihren Führern, noch nach Abteilungen gesondert und in Reih und Glied geordnet. Keiner gehorchte den Befehlen, die im Kampfe gegeben wurden, und wie es der Zufall fügte, so stürmte jeder mutig dem Feinde entgegen. Darauf stiegen die Goten von ihren Rossen und stellten sich, das Antlitz dem Feinde trotzig zugewandt, in eine tiefe Schlachtreihe auf. Sobald dies die Römer sahen, entfernten auch sie ihre Pferde und ordneten sich in gleicher Weise.

Meine Erzählung wendet sich nun einer Schlacht zu, die würdig ist, unvergessen zu bleiben, schon wegen der Tapferkeit eines Mannes, der die Taten der gefeiertsten Helden des Altertums übertroffen hat: des Teja.

Die Verzweiflung erhöhte die Kraft des Gotenheeres; aber auch die Römer leisteten, obgleich sie sahen, daß der Feind wie wahnsinnig focht, mutigen Widerstand; denn sie schämten sich, vor der geringen Zahl von Feinden das Feld zu räumen. So stürmten beide Teile wutentbrannt aufeinander ein, die einen, um den Tod zu suchen, die andern, um den Lohn der Tapferkeit zu gewinnen. Am Morgen begann die Schlacht. Weithin kenntlich, den Schild vorhaltend und die Lanze zum Stoß vorgestreckt, stand Teja, Freund und Feind sichtbar, vor seinem Schlachthaufen. Wenige Waffengenossen waren ihm zur Seite. Als die Römer den König erblickten, meinten sie, der Kampf werde sogleich ein Ende nehmen, wenn der Führer falle. Daher drangen die Mutigsten in großer Menge auf ihn ein. Lanzen wurden gegen ihn geschwungen und Wurfgeschosse geschleudert; aber standhaft fing Teja mit dem deckenden Schild alle Speere auf und stürzte dann wieder plötzlich hervor, eine Menge der Feinde erlegend. War der Schild voll von darin haftenden Speeren, so gab er ihn seinen Schildträgern und ergriff einen andern.

So hatte der Held ununterbrochen den dritten Teil des Tages gestritten. Eben wurde der von zwölf Speeren starrende Schild seinem Arme schwer, und er vermochte ihn nicht mehr nach Belieben zu bewegen, noch die Angriffe damit zurückzuweisen. Eilig rief er daher einen seiner Schildträger herbei. Aber er verließ seine Stellung nicht, er wich nicht um eines Fingers Breite zurück, ließ die Feinde nicht vorrücken, noch lehnte er seinen Rücken auf den Schild oder wandte er sich zur Seite; sondern aufrecht stand er, wie wenn er mit dem Boden zusammengewachsen wäre, den Schild mit der Linken vorhaltend und den Angriff abwehrend, mit der Rechten aber Tod den Feinden bringend. So rief er seinen Waffenträger beim Namen. Der Gerufene reichte sofort einen andern Schild, und der König vertauschte alsbald den von Wurfgeschossen beschwerten Schild gegen den neuen.

Nur einen Augenblick blieb dabei seine Brust unbedeckt, und in diesem Augenblick traf ihn ein Wurfspeer und tötete ihn auf der Stelle. Die Römer schnitten der Leiche das Haupt ab, steckten es auf eine Lanze und zeigten es, hocherhebend und herumtragend beiden Heeren; um so zuversichtlicher,

so hofften sie, würden die Ihrigen vorgehen, die Goten aber alle Hoffnung sinken lassen und die Waffen strecken.
Aber auch jetzt gaben die Goten den Kampf noch nicht auf. Bis in die Nacht stritten sie fort, obwohl sie wußten, daß der König tot sei. Die Nacht trennte endlich die Kämpfenden, aber an derselben Stelle harrten beide Heere bewaffnet aus, und sobald am andern Tage das erste Licht den Himmel rötete, erhoben sie sich wieder gegeneinander und kämpften bis zur Nacht, trotzig entschlossen, nicht zu weichen, nicht zu fliehen oder nur zurückzugehen, obwohl auf beiden Seiten viele Krieger erschlagen zu Boden sanken. Von grimmiger Wut entflammt, setzten sie den Kampf weiter fort; denn den Goten war es klar, daß sie ihren letzten Kampf kämpften, und die Römer hielten es für schimpflich, hinter ihren Gegnern zurückzustehen.
Endlich sandten die Barbaren einige ihrer angesehensten Männer zu Narses und ließen ihm kundtun, sie sähen ein, daß sie wider den Willen Gottes den Kampf führten. Sie fühlten seine strafende Gewalt und gäben sich, nachdem sie noch einmal alles Unglück sich vergegenwärtigt hätten, das ihnen zugestoßen sei, keiner Täuschung mehr über das ihnen bestimmte Geschick hin. Darum seien sie bereit, für die Zukunft die Waffen niederzulegen; aber ohne dem Kaiser Gehorsam zu leisten, wünschten sie, mit andern Barbaren zusammen nach ihren Gesetzen zu leben. Sie baten also die Römer, sie möchten sie ungestört abziehen und ihren weisen Entschluß nicht bereuen zu lassen. Als Wegzehrung sollten die Römer ihnen die Schätze geben, die sie früher in den festen Plätzen Italiens niedergelegt hätten.
Narses legte die Forderung der Goten seinen Feldherren zur Beratung vor. Johannes, der Neffe des Vitalianus, riet, dem Verlangen der Barbaren zuzustimmen; denn nicht länger dürfe man mit Menschen kämpfen, die nur noch den einen Wunsch hätten, zu sterben; und man solle nicht den Kampf gegen eine Kühnheit versuchen, die aus der Verzweiflung am Leben entstanden sei. Sie könnte denen, die sie besäßen, wie denen, die sich entgegenstellten, verderblich werden.

Männer von Klugheit und Mäßigung, so schloß er seine Rede, lassen es genug sein am Siege. Wer darüber hinausgehen will, der möchte wohl Unglück erleiden.
Narses stimmte diesem Vorschlage bei. So wurde denn ein Vertrag gemacht, nach welchem alle Barbaren, die am Leben geblieben waren, sogleich Italien zu verlassen hatten und keinen Krieg mehr mit den Römern zu führen sich verpflichteten.«
Noch während dieses Verhandlungsergebnis vertraglich fixiert wurde, berichtet Prokopios, seien die letzten tausend Kämpfer mit ihren Waffen abgezogen, durch die Armee des Narses hindurch, eine solche Entschlossenheit im Blick, daß niemand sie anzugreifen wagte. Man hat nie wieder von ihnen gehört, so daß sie vermutlich wirklich Italien verlassen und sich vielleicht auf einer jener Inseln angesiedelt haben, die Totila erobert hatte. Ein großartiger, epischer Schluß, aber eine bedrückende Lektion der Geschichte: Wieviel Blut mußte fließen, wieviel Volkskraft nicht nur der Germanen, sondern auch der Alanen, Sarmaten und Hunnen auf Europas durstigen Schlachtfeldern versickern, nur weil der eine Teil der Menschheit noch zu wandern gedachte und den Nomadenhunger nicht mehr aushalten konnte, während der andere längst hinter Mauern saß, Recht und Gesetz und staatliche Ordnungen kannte und dies alles verteidigte.

Hunnen, Ungarn, Awaren haben sich in Europa zu Tode gesiegt und sind von der Bildfläche verschwunden, bis auf ein paar rätselhafte Reste, von denen man nicht so recht weiß, aus welchen Ingredienzen sie sich zusammensetzen. In Tälern, in Winkeln, an schmalen Küstenstreifen sitzen überall in Europa und Anatolien Überbleibsel jener großen Bewegungen, die von den Römern auch dann noch abgewürgt und unterbunden wurden, als das Römerreich nur noch von der Kraft seiner Söldnertruppen lebte. Jeder dieser Kleinstämme, jedes dieser Alt- und Restvölker hat seine Liebhaber gefunden, die in den Dörfern herumwandern, Erinnerungen aufzeichnen, Worte aufschreiben und sich Vokale wiederho-

len lassen, vom Baskenland bis nach Friaul, von Adrianopel bis Inverness.
Aber mit den Ostgoten ist es doch etwas anderes. Sie sind kein Thema für Raritätensucher, sie sind keine Randerscheinung der Geschichte, sondern sie sind die vielleicht größte Chance, die Europa hatte – die Chance, aus der Geistes- und Kulturblüte der Antike bruchlos und dennoch mit neuer Kraft in ein anderes Zeitalter hinüberzugehen. So seltsam es klingt: Totila war der letzte Einiger Italiens bis Garibaldi, und Theoderich hatte den Grund gelegt zu der Erneuerung der antiken Traditionen und Besitztümer aus dem Geist eines jungen und kräftigen Volkes. Kein anderes Volk als eben das ostgotische hat dieser einzigartigen Halbinsel, dem herrlichen Italien, echte Möglichkeiten zu einem wirklichen Überleben geboten. Was auf Tejas Tod folgte, waren dreizehnhundert Jahre Interregnum und Zerfall.
Dennoch haben die Italiener den Goten kein gutes Gedächtnis bewahrt, und wenn auch das moderne Italien, von sozialen Gegensätzen paralysiert, dieser Phase seiner Geschichte keine Aufmerksamkeit mehr widmet, wenn man seit etwa hundert Jahren den Eindruck hat, daß dieses liebenswürdige Volk der fleißigen Arbeiter, der freundlichen Kellner und der charmanten Mafiosi auch den bärbeißigsten Gotenfürsten blitzschnell einkochen oder über den Löffel balbieren würde, so ist die Grundeinstellung der klassischen italienischen Gesellschaft von Alberti bis Alfieri doch die der aristokratischen Trauer über die Erniedrigung Italiens in barbarischen Zeiten. Vergessen ist die außerordentliche Anpassungs-Leistung eines germanischen Volkes aus dem Norden, vergessen ist auch, mit welch kindlicher Ehrfurcht und willigen Bereitschaft die Ostgoten in die längst aller Macht entleerte Karkasse des alten Reiches schlüpften, statt in den Palästen herumzutrampeln und in den Gärten Zelte aufzuschlagen, wie es etwa die arischen Nomaden getan hatten, die Mohendscho Daro und Harappa eroberten.
»Wenn man heute den Namen der Goten in Italien nennt«, schreibt Lodovico Antonio Muratori, der größte italienische

Gelehrte des siebzehnten Jahrhunderts, »schaudern manche aus dem Volk, und auch die Halbgebildeten, als ob man von unmenschlichen Barbaren spräche, die der Gesetze und des Geschmacks ganz bar gewesen sind. So nennt man die alten, schlechten Bauwerke gotische Architektur, und gotisch die rohen Charaktere vieler Drucke vom Ende des fünfzehnten Jahrhunderts oder aus dem Anfang des folgenden. Das alles sind Urteile der Unwissenheit. Theoderich und Totila, beide Könige jener Nation, hatten gewiß viele Fehler, indes waren in ihnen die Liebe zur Gerechtigkeit, die Mäßigung, die Weisheit in der Wahl der Beamten, die Enthaltsamkeit, die Treue in den Verträgen und andere Tugenden immerhin so groß, daß sie auch heute noch zum Muster für eine gute Regierung der Völker dienen können . . . Auch veränderten jene Herrscher in nichts die Magistrate, die Gesetze oder Gebräuche der Römer, und was mancher von ihrem schlechten Geschmack fabelt, ist eine kindische Albernheit. Der Kaiser Justinian selbst hatte mehr Glück als die gotischen Könige, aber wenn nur die Hälfte von dem wahr ist, was uns Prokopios in seinen Schriften erzählte, so wurde er an Tugenden von eben diesen Goten bei weitem übertroffen.«
Ruhige, wohlabgewogene Worte aus einer Zeit, da das absolutistische Europa wieder von Religionskämpfen zerrissen war, geschrieben von einem Mann, der selbst von den Jesuiten verfolgt wurde und lediglich einem einsichtigen Papst eine gewisse Freiheit der Forschung verdankt. Toleranz und Noblesse der großen gotischen Könige von Alarich über Theoderich bis zu Totila haben im schwergeprüften Italien jedenfalls nicht viele Nachahmer gefunden.

DAS ZWEITE REICH

Es wäre gut, wenn die Hoffnung
etwas seltener wäre im Gemüt des Menschen.
Er waffnete sich dann zu rechter Zeit
gegen die Zukunft.

FRIEDRICH HÖLDERLIN

VON TOLOSA NACH TOLEDO

Als das erste Gotenreich an den Hängen des Vesuvs sein Leben ausgehaucht hatte, gab es längst ein zweites Reich, nämlich jenes, das die Westgoten begründet hatten. Als nach dem Tod des Teja die Franken, die ihm nicht hatten helfen wollen, das nun wehrlose Italien von Norden nach Süden durchstürmten, als ihre Verbündeten und Vasallen, die heidnischen Alamannen, all die Bauwerke niederbrannten, die Theoderich und Totila geschont hatten, da herrschten in Tolosa, dem heutigen Toulouse, gotische Könige über ein Reich, das ganz ähnlich entstanden war wie das des Odoaker.

Wir verließen es bei Alarichs Tod, dieses Gotenvolk, das sich den Hunnen nicht beugen wollte, sich mit den Römern anlegte und schließlich Rom eroberte. Nach der Bestattung Alarichs in einem Flußbett bei Cosenza war es sein Schwager Athaulf, der die Westgoten führte. Er übernahm als kostbarsten Besitz des Alarich ein schönes Mädchen von neunzehn Jahren und aus kaiserlichem Blut – die Geisel Galla Placidia. Sie ist die einzige Tochter aus der zweiten Ehe des germanenfreundlichen Kaisers Theodosius, den man auch den Großen genannt hat. Als Alarich Rom eroberte, war sie beinahe noch ein Kind, und doch hatte man ihr Einverständnis eingeholt, als der Senat sich ein Alibi schaffen wollte für die Tötung der Witwe Stilichos. Da wir die hohe Intelligenz der Galla Placidia aus ihrem späteren Verhalten bewiesen sehen, muß sie erfaßt haben, welche frühe Schuld ihr aufgebürdet wurde. Und noch ehe sie innerlich fertig war mit diesem Ereignis, ehe sie ihre erste Entscheidung über Leben und Tod verwunden hatte, war Alarich in den Mauern der Tiberstadt, und für die Kaisertochter begann das seltsame Schicksal, die Goten sechs Jahre lang durch Italien begleiten zu müssen.

Daß Geiseln nur so lange von Wert sind, als man sie nicht allzu hart anfaßt, ist eine jener Grundweisheiten, deren Kenntnis man Alarich ebenso zutrauen darf wie den Geiselnehmern von heute. Galla Placidia wurde also keineswegs, wie einzelne französische Historiker anzunehmen scheinen, an jedem Rasttag vergewaltigt oder in der entwürdigenden Halb-Nacktheit der Sklavinnen gehalten, dafür gab es Beutemädchen genug. Sie lebte unter den Goten, sie lernte ihre Sprache, und sie bildete, vielleicht gerade weil sie unantastbar war, die liebste Augenweide des neuen Königs Athaulf, eines schönen und intelligenten Mannes, der zweifellos auch ihr gefallen konnte.

Athaulf traf, vielleicht von Galla Placidia beeinflußt, gewiß aber von dem Wunsch nach ihr beseelt, jene historische Entscheidung für die friedliche Zusammenarbeit mit dem Römerreich, die uns der Chronist und Kirchenschriftsteller Orosius vielleicht nicht im Wortlaut, gewiß aber sinngetreu überliefert hat: »Anfangs habe ich brennend gewünscht, sogar den Namen der Römer auszutilgen und das römische Reich in ein gotisches zu verwandeln. Die sogenannte Romania wäre zur Gotia geworden. Athaulf hätte sich an die Stelle von Cäsar Augustus gesetzt. Aber lange Erfahrung hat mich gelehrt, daß die zügellose Wildheit der Goten unvereinbar mit den Gesetzen ist. Doch ohne Gesetz gibt es keinen Staat. Ich habe mich also entschlossen, nach dem Ruhme zu trachten, durch die gotische Kraft die Fülle des römischen Namens zu erneuern und zu mehren. Ich hoffe, der Nachwelt dereinst als Roms Erneuerer zu gelten, da ich es unmöglich verdrängen kann.«

Diese Worte sind, falls sie so oder ähnlich gesprochen wurden, in das Jahr 413 zu setzen, also etwa sechzig Jahre vor die Geburt des Ostgoten Theoderich, der wahrmachen wird, was Athaulf für unmöglich hält oder jedenfalls als nicht mehr erstrebenswert ansieht. Sechs Jahre an der Seite der Galla Placidia, einer im Guten wie im Bösen großen Frau dieses Jahrhunderts, haben ihn gewandelt. Es erscheint ihm nun auch unmöglich, das kostbare Unterpfand gegen ein paar Getreideschiffe, die seine Goten dringend brauchen würden, auszutauschen. Die Goten müssen hungern, Galla Placidia bleibt in den Händen Athaulfs, und Byzanz, der Kaiser,

der dem Gotenkönig das schöne Mädchen ohnedies nicht mit Gewalt wegnehmen kann, muß noch froh sein, daß Athaulf völlig formgerecht um ihre Hand bittet und Tausende von Gotenschwertern als Morgengabe anbietet.
So herrscht denn in jenem Jahrhundertanfang wieder Einvernehmen zwischen Westgoten und Byzantinern. Die Goten erhalten Siedelland zwischen Pyrenäen und Garonne, und Athaulf als ihr König erhält die Kaisertochter Galla Placidia zur Frau.
Die Hochzeit, mit der nicht nur eine Ehe anhebt, sondern ein folgenreiches Bündnis, wird im Januar 414 in der Stadt Narbo gefeiert, dem Narbonne, das alle deutschen Spanien-Fahrer unserer Tage nur allzugut kennen. Die Stadt, in der heute die deutschen Autos zu Tausenden von den mobilen Rampen der Autoreisezüge rollen, wo ein ganzes Volk von Zweitwohnungs-Spaniern ingrimmig aufs Gas steigt, um das viel zu ferne Urlaubsland zu erreichen, ist 414 schon berühmt genug, um einem ganzen Land ihren Namen zu geben: der *Gallia narbonnensis,* einer der reichsten römischen Kolonien. Hier, zwischen den Pyrenäen und dem Meer, blüht eine etwas eigenwillige Stammeskultur, die der Tectosagen, und wenn sich die Romanisierung auch an der Küste durchsetzen konnte, so sind weiter drinnen im Land, zwischen Toulouse und der Biskaya, die Tectosagen doch im wesentlichen so geblieben, wie sie in vorrömischer Zeit waren. Es gab keine Notwendigkeit, ihnen allzu hart auf den Leib zu rücken, denn das Land war so reich, die Rhône-Ebene mit ihrem blühenden Handel so verlockend, daß man das Regenland an den Pyrenäenhängen seinem Galliervölkchen getrost überlassen konnte.
Als nun die Goten kamen und nach dem hochzeitlichen Siegel auch Land haben wollten, erwies sich, daß die Erträge hier, bei aller Schönheit der Landschaft, nicht so hoch lagen wie etwa in Italien. Von einem Drittel des Grundes hätte kein Gote leben können, weswegen die Tectosagen hier gleich zwei Drittel abtreten mußten. Das führte zwar dazu, daß sie nun tiefer hinein in die Pyrenäentäler wanderten, daß sie hö-

hergelegene Weiden erklommen und das flachere Land den Neuankömmlingen überließen; im übrigen aber scheint es nur wenig Unfrieden gegeben zu haben und wenig Blutvergießen.
Für den Unfrieden sorgten die Goten untereinander. Athaulf wurde, als er sich mit seinen Lieblingspferden beschäftigte, im Stall von einem Mann hinterrücks erdolcht, einem Knecht, der irgendeinen winzigen privaten Beweggrund gehabt haben kann, der vielleicht aber auch das Werkzeug einer größeren Oppositionsgruppe war. Denn nach Athaulfs Tod kam zunächst kein anderer Mann aus der Königsfamilie der Balthen auf den Thron, sondern ein Bramarbas namens Singerich riß die Macht an sich, ohne einen Beschluß des Thing, der Versammlung der Sprecher des Heeres, abzuwarten.
Das geschah im Marstall des Gotenkönigs zu Barcelona, denn die Goten hatten aus dem kargen Land, das sie nicht hinreichend zu ernähren vermochte, ihre Fühler über die Pyrenäen hinweg ausgestreckt nach Spanien, in das Land, das ihre Zukunft sein sollte.
Singerich war das, was man heute einen Nationalen nennen würde, ein Mann mit einem gewissen Anhang, weil es ja stets Opposition gibt, einer der Alt-Goten, denen die Verbindung mit Rom ein Dorn im Auge war und die sich nach der alten wilden Lebensform schweifender Raubkrieger sehnten. Worauf Athaulf und sein junges Weib hinauswollten, war Singerich klar: Die Goten sollten seßhaft werden, pflügen, säen und mähen und jedenfalls eine Menge arbeiten für all die teuren und angenehmen Dinge, an die Galla Placidia von Byzanz her gewöhnt war. Damit schien es nun vorbei zu sein, denn Singerich machte aus seinen Absichten kein Hehl.
Galla Placidia, die Witwe seines Vorgängers, machte er urplötzlich wieder zur Kriegsbeute. Barfüßig, den Rock geschürzt, so mußte die Kaiserstochter, die Athaulf inzwischen einen Sohn geboren hatte, vor dem Pferd des Singerich herlaufen, zwölf Meilen weit, wie berichtet wird. Die entwürdigende Schaustellung auf dem staubigen Band einer katalani-

schen Landstraße war noch nicht die schlimmste von Singerichs Taten. Er ließ auch die Kinder aus Athaulfs erster Ehe umbringen, obwohl ein mutiger Priester den Wüterich daran zu hindern suchte. Da der kleine Sohn, den Galla Placidia geboren hatte, schon einen Monat nach der Geburt gestorben war, hatte der Balthe Athaulf somit keinen Nachkommen mehr.

Eine Woche lang soll Singerich, auch Sigerich genannt, über die Goten geherrscht haben. Es waren blutige Tage in Barcino, wie Barcelona damals hieß, und daß Sarus, des Sigerich Bruder, im Kampf gegen Athaulf gefallen war, erklärte noch nicht zureichend diesen Blutrausch, der schlimmste merowingische Untaten vorwegnimmt. Ein Stück Mittelalter zeigt sich grausig und unmenschlich, und fortan werden Unschuldige erdolcht oder erwürgt oder ertränkt werden, wenn es um die Thronfolge geht, wird man in Spanien wie in Frankreich vor Kirchentüren, ja in den Kirchen selbst morden und die Probleme, die dann noch übrigbleiben, durch Meuchelmord oder Gift aus der Welt schaffen.

Aus der Verwirrung, die Sigerich schafft, taucht ein Mann auf, den niemand zu kennen scheint, so wie sich bei den Barbaren ja nicht selten ein unbekannter Kämpfer den Weg an die Spitze bahnt. Er heißt Walla oder Walja, beseitigt Sigerich und versteht es auch – was schwieriger gewesen sein dürfte –, den Bruder des Athaulf von der Thronfolge auszuschließen. Mit Walja haben die Westgoten wieder einen ihrer wilden Könige. Er bricht sich durch die Völker Bahn, die Spanien noch ziemlich locker bewohnen, denn das Land ist groß, und möchte am liebsten nach Afrika übersetzen, wo die Ernährung der Goten am leichtesten sicherzustellen wäre. Aber es ist spät im Jahr, Herbststürme zerstreuen die Transportflotte, und das nahe Afrika wird unerreichbar. Soll nun also alles umsonst gewesen sein? Walja gibt nicht auf, Spanien ist groß und sein Volk ist kräftig. Er kämpft mit so viel Ausdauer und Energie, daß es dem Kaiser im fernen Byzanz den Schweiß auf die Stirn treibt: Gewiß, im Augenblick schlachten die Germanen im römischen Spanien einander so prächtig ab, wie man es nur wünschen kann; läßt man diesen Walja jedoch noch ein paar Monate gewähren, dann ist er der Herr von ganz Spanien, und niemand wird ihn daraus vertreiben können.

Darum ergeht an die Verbündeten, zu denen die Westgoten sich nun einmal gemacht haben, der Befehl, das spanische Abenteuer abzubrechen, über die Pyrenäen nach Norden zu ziehen und sich in den früher zugewiesenen Wohnsitzen zwischen Pyrenäen und Loire, also in Aquitanien, zu neuen Kriegstaten für den Kaiser bereit zu halten.

Es ist eine schwere Entscheidung für einen Gotenkönig, vor allem, wenn er, wie Walja, aus dem Nichts kommt, keine Herrschertradition hinter sich hat und vermutlich nur so lange auf die Gefolgschaft der Goten zählen kann, als er keine Niederlagen oder Rückschläge erleidet. Und diese Goten, die gegen Alanen und Vandalen so herzhaft gestritten haben, die sich anschicken, auch die Hasdingen aus dem spanischen Galicien hinauszudrängen, sie fanden das üppige Andalusien und das Land um Cartagena gar nicht so übel, ein wenig fremdartig zwar und auch ziemlich warm, aber doch das beste, das man bisher hatte.

Dennoch folgten sie Walja nach Aquitanien, wo die Getreideschiffe des Kaisers auf die Goten warteten, denn in den langen und harten Kämpfen in Spanien hatten sie sich daran gewöhnt, ihre Getreidemühlen durch den Kaiser füllen zu lassen. Das ging schneller und war wesentlich weniger mühsam, als zu pflügen und zu säen.

Wieder einmal entschieden Hunger und Nahrung, wie schon beim Hunnenaufbruch aus der Steppe, wie schon beim Ostgotenübertritt ins Römerreich. Der Hauptgewinner dieses Brotschachers war der häßliche und nicht mehr junge Feldherr Konstantius, der sich jedoch in Kämpfen gegen Usurpatoren so erfolgreich gezeigt hatte, daß ihm Kaiser Honorius die Hand der Galla Placidia nicht mehr verweigern konnte. Also wurde die nunmehr fünfundzwanzigjährige Kaiserstochter und Königswitwe doch noch gegen Getreide ausgetauscht – ein Schicksal, das ihr seit Jahren drohte – und dem alten Römer ins Bett gelegt, nachdem sie jahrelang mit einem jungen Germanen glücklich verheiratet gewesen war. Selbst der Preis, der für die Schöne bezahlt wurde, ist bekannt: 52.400 Hektoliter Getreide.

Honorius tat alles, um die sich Sträubende zu versöhnen. Am Tag der Vermählung, dem 1. Januar 417, wurde Konstantius Konsul, die Würde eines Patricius besaß er schon. Galla Placidia wird – ehrgeizig wie alle Frauen, die ihren Mann nicht lieben können – ihn noch weitertreiben, bis er Augustus wird und Mitkaiser. Das ist eine wahre Hetzjagd nach Ersatzbefriedigungen, der er allerdings sieben Monate nach dem Erreichen der höchsten Würde dann erliegt: Und nun, in jenem September 421, da sie ihn glücklich unter die Erde gebracht hat, sieht Galla Placidia, daß er, ihr zuliebe und um ihren Ansprüchen zu genügen, ungeheure Schulden gemacht hat. Als ein Feldherr, dem altrömische Tugenden nachgesagt werden, hat er sich am Krieg nicht bereichert, sondern sein kleines Privatvermögen durch Schuldenberge erdrückt, um als Augustus an der Seite einer Augusta standesgemäß zu leben.

Zwei Kinder bieten eine gewisse Chance, den Engpaß zu überwinden. Die Tochter Iusta Gratia Honoria hat Galla Placidia noch 417 geboren, denn Konstantius hatte ihr keine Schonzeit gewährt, zu lange hatte er auf die schöne Beute gewartet. Am 3. Juli 419 folgt dann der bis an die Reichsgrenzen bejubelte Sohn Flavius Placidius Valentinianus, den Kaiser Honorius sogleich zum Prinzen erklärt und damit in den Kreis der Anwärter auf die Thronfolge einbezieht.

Viel Glück wird Galla Placidia freilich auch mit diesen Kindern nicht haben: Iusta Gratia Honoria ist jene Prinzessin, die etwas voreilig Attila, dem König der Hunnen, versprochen wird. Damit, daß sie auf diesen wilden Gemahl nicht verzichten will, sondern um seine männliche Hilfe bittet, wird sie zu einer der Ursachen für die großen Völkerkämpfe des Jahres 451 an der Loire und Marne. Und Valentinian III. wird zwar tatsächlich mit sechs Jahren als Kaiser Westroms eingesetzt, aber selbst so sorgsam wägende Nachschlagewerke wie der alte Meyer sagen: »Seine Regierung, die hauptsächlich von seiner Mutter Placidia geführt wurde, ist außer durch Feigheit und Grausamkeit nur durch große Verluste des Reiches gekennzeichnet . . . 454 stürzte Valentinian durch die Ermordung des Aetius die letzte Säule seiner Herrschaft, bald darauf, 455, fiel er selbst durch Mörderhand.«

So also ging es an einem Hof zu, wo man die Goten Barbaren nannte. Walja aber war dem Schicksal der allzu erfolgreichen Feldherren entgangen, die ja nur entweder selbst Kaiser werden konnten oder den Mordstahl der etablierten Kaiser fürchten mußten, wie das Beispiel Stilichos bewies und das des Aetius noch beweisen wird. Walja hatte Getreide, und er hatte auch ein wenig Land, also festigte er nun seine Herrschaft in Tolosa.

Damit begann, wenn auch mit beträchtlicher Verspätung, die Romanisierung der Tectosagen und ihrer Hauptstadt nicht durch die Römer, die dazu gar nicht mehr die Macht hatten, sondern durch die Westgoten, die nun immerhin ein Menschenalter lang in enger Gemeinschaft mit den Römern gelebt und gekämpft hatten und sich entschlossen ein echtes Herrschaftszentrum schufen. »Die Westgoten, die schon in Nîmes und Narbonne nichts zerstört hatten, gingen daran, aus Toulouse eine prächtige Stadt zu machen mit reichen Palästen, so wie es einer Metropole zukam, von der aus bald ein großes Reich beherrscht werden sollte – ein Reich, das im Norden an der Loire begann und in Südspanien endete und das im Westen bis zum Atlantik, im Osten bis zur Rhône reichte . . .« (Pierre Salies)

Es scheint allerdings, als ob die Westgoten gar keine andere Wahl gehabt hätten, als eine Hauptstadt im wesentlichen neu zu erbauen, denn jüngste Grabungen in Toulouse ergaben sichere Hinweise darauf, daß im Jahr 412 die größte Garonne-Hochflut stattfand, von der man weiß. Es muß sich um eine Überschwemmung von tatsächlich sintflutartigen Ausmaßen gehandelt haben, der die alte Tectosagenstadt mit ihren wenigen römischen Baudenkmälern weitgehend zum Opfer fiel. Wir besitzen das Zeugnis des heiligen Hieronymus, der von Hungersnöten und Sittenverfall in der Folge dieser Katastrophe spricht, und es ist klar, daß die Tolosaner aus eigener Kraft den Wiederaufstieg nicht geschafft hätten, vor allem, da sie erst durch die Westgoten wieder Zugang zum Mittelmeerhandel fanden.

Der notleidende und arbeitslose Gallierstamm der Tectosagen, verstärkt durch Gefangene aus dem Spanienzug der Westgoten, stellte die Handlanger. Gebaut wurde in der römischen Technik, ohne frühchristliche oder byzantinische Stilelemente, denn hier ging es um Zweckbau, nicht um Experimente. Die große Umwallung von Toulouse mit einer abwehrkräftigen Mauer ist nicht, wie man lange Zeit annahm, im ersten Jahrhundert durch die Römer erfolgt, die mitten in der Pax Romana auch noch gar keinen Grund hatten, so kostspielige Festungswerke aufzuführen. Die Stadtmauer ist westgotisch, und die ganze Organisation vom Verladen der Materialien in Boussens, der Verschiffung auf der Garonne bis zum Ziegelbrennen in Toulouse selbst ist es ebenfalls. Im Jahr 439, als der römische Feldherr Litorius, verstärkt durch hunnische Hilfstruppen, die Westgotenstadt Toulouse belagert, besitzt die große Stadtmauer bereits ihre volle Abwehrkraft: Man hat die zwanzig Jahre also gut genützt.

Andere weltliche Denkmäler aus der Westgotenzeit haben sich in der Stadt nicht erhalten; ja es ist überhaupt recht schwierig, in Toulouse, das im letzten Vierteljahrhundert seine Einwohnerzahl verdoppelte und sich der Halbmillionengrenze nähert, nach Spuren der Vergangenheit zu suchen. Das Leben der Stadt brandet wie in Paris, und an regenfeuchten Abenden kann man auf dem Boulevard de Strasbourg glauben, man sei in Saint-Germain-des-Près. Ein Restaurant, in dem ausschließlich Steaks serviert werden (und was für welche), ist die einzige Erinnerung an halbbarbarische Zeiten.

Stärker zeigte sich das Christentum in der Abwehr der nivellierenden und modernisierenden Einflüsse. Auf einem Platz, wo die Garonne-Hochflut einen heidnischen Tempel wegriß, entstand in gotischer Zeit die Kirche *La Daurade* (die Vergoldete), so genannt wegen des Goldgrunds der Mosaiken, die diese Kirche aus dem fünften Jahrhundert schmückten. Byzanz wirkte also bis an den Westrand des Reiches, bis nach Tolosa. Der Platz, auf dem sich diese Gotenkirche erhob, ist leicht zu finden, denn was heilig war, bleibt heilig, und nach dem von den Fluten zerstörten Minerva-Tempel und der vermutlich arianischen Daurade-Kirche steht dort heute, durch eine Quaistraße von der Garonne getrennt, eine Basilika aus dem achtzehnten Jahrhundert. Godolin, ein spätgeborener Troubadour, hatte den Wunsch, hier beigesetzt zu werden; im übrigen aber steigt die fernere Vergangenheit in diesem Raum aus dem Dixhuitième nur während des Kindergottesdienstes auf: Da brennen aus Sparsamkeit die Beleuchtungsstäbe nicht, sondern nur ein einziges armseliges Birnlein, und ein Grüppchen verschreckter kleiner Toulousaner versucht mit unsicheren Stimmen das große Dunkel ringsum zu durchdringen.

Das katholische Christentum, zwei Menschenalter vor den Westgoten nach Toulouse gekommen, pflegt das Andenken seiner Märtyrer in alljährlichen Festen, und *Saint-Sernin*, die Kathedrale, erinnert an den heiligen Saturninus, den ersten Bischof von Toulouse, der im Jahr 245 in die Stadt kam. Seine Legende ist historisch gut gesichert, was sich daraus entnehmen läßt, daß sie keine Jugendgeschichte und keine Wundertaten im Steckkissen enthält, sondern nur die Fakten des Martyriums selbst. Nach ihr wohnte Saturninus (frz: Sernin) in der Nähe des Capitols von Tolosa und mußte an dieser Weihestätte öfter vorübergehen. Das nahmen die heidnischen Priester zum Anlaß, die Opfergottesdienste einzustellen: Die Götter wären nicht bereit, Opfer entgegenzunehmen, solange ein Hauptfeind der alten Religion ungestraft in der Nähe sein dürfe. So erlitt denn Saturninus das Martyrium, so wie einige Jahre zuvor schon sein Helfer, der (heilige) Papulus, der erste Pfarrer der Stadt.

Man band Saturninus an den Schwanz des Opferstieres und jagte diesen die Treppen des Capitols hinab. Noch ehe er unten angelangt war, hatten die steinernen Stufen den Schädel des Bischofs gespalten, aber man trieb das Tier weiter, bis es durch ein Tor die Ebene vor der Stadt gewann. Hier erst wagten zwei Christinnen (seither als ›die heiligen Mädchen‹ an jedem 17. Oktober gefeiert), den Leichnam des Märtyrers zu bestatten.
Pamplona, die Stadt der Stiere in Nordspanien, hat wohl wegen dieser Todesart den heiligen Saturninus zu ihrem Patron erwählt und beweist damit eine starke Verbundenheit mit den Traditionen von Tolosa über die Pyrenäen hinweg, so wie ja auch die Westgotenmacht zu beiden Seiten des Gebirges etwa gleich lang bestanden hat. Die Araber, die das gotische Reich von Septimanien vernichteten, zerstörten auch die erste Basilika, die Saint Sernin gewidmet war.
Schon unter Karl dem Großen erhielt der Heilige jedoch eine neue Weihestätte. Sie wurde zum Aufbewahrungsort seiner Reliquien und zu einem der wichtigsten Pilger-Rastplätze auf dem weiten Weg nach Santiago de Compostela, also der berühmtesten Wallfahrt des Mittelalters. Noch heute erinnern im frommen Spanien an den modernen Straßen Schilder an sie, wenn auch die fremden Touristen nicht mehr wissen, was mit den Worten *Camino de Santiago* gemeint ist.

Saint-Sernin ist heute die schönste, größte und auch reichste romanische Kirche des ganzen französischen Südens. Zwischen 1080 und 1350 erbaut, gibt sie uns vor allem in ihrem ältesten Teil, der Chorhaube mit den Apsiskapellen, eine in dieser lebhaften Stadt einzigartige Gelegenheit, zumindest im Geist ins Mittelalter einzutauchen.
Der Gelehrtenstreit darüber, ob die Westgoten die blühende antike Kultur der Tectosagen ausgelöscht und barbarisiert haben, oder ob es die Westgoten waren, die einer niedergehenden Kolonial-Zivilisation neuen Aufschwung und echte Eigenständigkeit gaben, ist jüngsten Datums und darum noch nicht entschieden. Jeder Ziegel wird hier zum Stimm-

zettel, weil man aus den Ziegeln erkennen kann, wann die verschiedenen Bauwerke aufgeführt wurden. Als die alte Daurade-Kirche im siebzehnten Jahrhundert abgetragen wurde, zeigte sich, daß sie aus Ziegeln der römischen Arena errichtet worden war. Sie besteht also aus römischem Material, wurde aber in nachrömischer, in westgotischer Zeit erbaut – ein Beispiel für die vielen Probleme, die sich der Lokalforschung noch bieten.

Frankreich ist ja in einem für uns unvorstellbaren Maß archäologisch interessiert. In einer Spezialzeitschrift werden allsommerlich die Grabungs-Kampagnen ausgeschrieben, nach Bedingungen, Teilnehmerzahl, Unterkunftsmöglichkeiten, und das wiedererwachte Goten-Interesse kommt naturgemäß auch dem Raum zwischen Loire und Pyrenäen zugute. Äquadukte werden freigelegt (einen davon bauten sieben Kilometer lang die Westgoten in Toulouse), verstreute Gräber aufgesucht und geöffnet, und der Schatz an Fibeln und Schnallen vermehrt sich stetig, während die spektakulären Funde sich nur zögernd einstellen.

Dennoch war die Zeit des tolosanischen Reiches, das 507 in einer mörderischen Schlacht bei Poitiers den Franken Chlodwigs erlag, eine große Zeit der Westgoten. Auf Walja folgte der vermutlich mit ihm verwandte Theodorich, I., der von 419 bis 451 regierte und, als greiser König an der Spitze der Westgoten kämpfend, auf den Katalaunischen Feldern fiel. Hier hatten noch West- und Ostgoten gegeneinander gekämpft, obwohl das Abendland beinahe daran zugrunde gegangen wäre. Ein Halbjahrhundert später waren die bedrohten Goten bereits Verbündete. Die Westgoten halfen Theodorich, die Burgunder und vor allem Odoaker zu schlagen, und die Ostgoten kamen zwar am Schicksalstag von Poitiers zu spät, retteten durch ihr späteres Eingreifen aber immerhin Septimanien für die westgotischen Brüder.

Damit behielten die nach Spanien abgedrängten Westgoten einen Landstreifen zwischen Ostpyrenäen und Mittelmeer, der durch seine Städte besonderen Wert hatte; es sind Städte, die heute jeder kennt, ohne sich zu sagen, daß sie bis

711 westgotisch waren: Carcassonne und Narbonne, Maguelonne und Elne, dazu die heute wiederum in höchst barbarischer Weise von Nudistenvölkern eroberte Stadt Agde und, in der Provence, so prächtige und berühmte Zentren wie das pulsierende Nîmes und die alte Herzogsstadt Uzès. Und wenn man durch diese Städte geht, durch das antike Nîmes und das mittelalterlich-enge Uzès oder Carcassonne, dann versteht man, daß sich ein paar kluge Herren die Finger wund schreiben wegen der Frage, ob die Westgoten mit ihrem Reich nun das letzte Endchen antiker Kultur in Frankreich repräsentieren oder das Morgenrot eines von der Elbe bis zur Garonne germanischen Mittelalters. Bei Poitiers jedenfalls, im Jahr 507, da hat mit Chlodwigs Franken das Mittelalter gesiegt, und zwar in seiner düstersten Gestalt.

Sind bei den Medizinern die vielen großen und kleinen Schädelknochen ein besonders gefürchtetes Prüfungsthema, so gelten in der Historie die westgotischen Könige mit ihren Söhnen, Gemahlinnen und gelegentlichen Gegenkönigen als ein ganzes Netz aus Fallstricken. Katholische, arianische und heimlich-heidnische Autoren haben über sie berichtet und die Unsicherheit noch größer gemacht, indem sie je nach ihrer eigenen Einstellung verfälschen, bearbeiten und umdeuten und zu guter Letzt dann noch Bekehrungen erfinden, zu denen es gar nicht gekommen ist. Wollten wir dies alles nachzeichnen, so brauchte man künftig nicht mehr Lämmchen zu zählen, um den Schlaf zu finden: Die Recken aus Spaniens Frühmittelalter würden mit dem immer gleichen Ablauf zwischen Religionsstreit, Brudermord, Sohnesauflehnung und Attentaten auf eine freilich schaurige Weise zum gleichen Ziel führen – zu einem Schlaf, den wüste Alpträume heimsuchen.

Die alten Herrschaftstraditionen genügen offensichtlich nicht mehr, die Thronfolge zu regeln. Von den westgotischen Königen zwischen Toulouse und Toledo sind zwei gewaltsam auf den Thron gelangt – Theodorid II. und Eurich; andere kamen wegen ihrer nahen Verwandtschaft zu ihrem Vorgänger an die Macht – Athaulf, Alarich II. und Amalarich. Die meisten aber wurden durch das Votum der sogenannten Großen des Reiches, also aus der Mitte der adeligen Geschlechter und der Reichsten, als besonders tatkräftig auf den Schild gehoben: Das trifft für Walja zu, den größten Kämpfer der Westgoten, aber auch für Theodorich I., den Heldenkönig von den Katalaunischen Feldern, und für Thorismund, der auf dem Schlachtfeld als sein Nachfolger ausgerufen wurde.

Der Arianismus der Westgoten spielte an der Wende des vierten zum fünften Jahrhundert noch keine besondere Rolle, ja die Annahme dieser Religion durch Ost- und West-

goten wird von manchen Autoren nicht zu Unrecht als zufällig bezeichnet, waren die Unterschiede zwischen den beiden Formen des Christentums doch nicht sehr gravierend. Aber in dem Maß, als sich die katholische Welt konsolidierte, als sie auf den Konzilien im Ostmittelmeer sich theoretisch festigte und bei den Franken im Westen einen starken Halt fand, wuchsen die politischen Probleme, die sich aus Religionsunterschieden ergaben.
Angesichts der Kraft der Frankenstämme in so reichen Ländern wie Gallien und seinen Nachbargebieten suchten die Goten von Ravenna bis Toulouse und Toledo immer wieder verwandtschaftliche Beziehungen zu den fränkischen Fürstengeschlechtern und bekamen von dort naturgemäß strenggläubige katholische Prinzessinnen ins Haus. Der Westgotenkönig Amalarich, ein aufrechter Arianer, prügelte die fromme Clotilde aus Franken so lange, bis sie zwar nicht Arianerin wurde, aber ein blutiges Laken als Beweis für ihre Leiden an ihre Brüder schickte. Childebert von Franken rüstete, rückte vor Narbonne und schlug die Goten vollständig. Amalarich, der schon auf der Flucht war, versuchte noch etwas von seinem Schatz aus Narbonne zu retten und fiel dabei durch einen Lanzenstich.
Schon vor Amalarich hatte der große Eurich (gesprochen: E-ôrich), der durch Brudermord auf den Thron gekommen war, sein gewaltiges und geachtetes Reich im Innern durch Katholikenverfolgungen gefährdet, und der nach Eurich wohl bedeutendste Herrscher dieser Übergangszeit, der bereits in Toledo residierende Leuwigild, geriet in blutigen Zwist mit dem eigenen Sohn Hermenegild, weil dieser die katholische Frankenprinzessin Ingunde geheiratet hatte. Vielleicht hätten Vater und Sohn die Gegensätze überbrükken können, denn Leuwigild war ein weiser Monarch und liebte seine Söhne tatsächlich; aber seine Frau Goswinda, die als Witwe des Vorgängers geheiratet worden war und sich eben darum ungeliebt fühlte, haderte wegen ihrer Zurücksetzung mit der aus Franken gekommenen katholischen Schwiegertochter. Der Streit zwischen Goswinda und In-

gunde führte zu unglaublichen großen und kleinen Martern für die Jüngere, die ihr Mann, Kronprinz Hermenegild, nicht mehr mit anzusehen bereit war. Also ging er nach Hispalis (das spätere Sevilla), wo er als Statthalter bald an Rache dachte, zum katholischen Glauben übertrat und in offenem Aufruhr seinen Vater und die zelotische Goswinda vom Thron stoßen wollte.

Die katholischen Byzantiner wären seine natürlichen Bundesgenossen gewesen, aber sie verkauften für 30.000 Goldsolidi den Sohn an den Vater. Wäre Leuwigild ein Ungeheuer gewesen wie so mancher andere dieser Gewaltherrscher, hätte damit Hermenegilds letzte Stunde geschlagen. Aber die beiden sanken einander unter Tränen in die Arme, und Hermenegild wurde lediglich nach Valencia verbannt. Erst 585, als Hermenegild den Verbannungsort heimlich verließ und auf seiner Flucht nach Norden einen arianischen Bischof dadurch beleidigte, daß er die Hostie aus seiner Hand zurückwies, mußte Leuwigild mit Rücksicht auf den arianischen Klerus seines Reiches die Strafe verhängen, die auf solch ein Verbrechen stand, und seinen Sohn enthaupten lassen.

Hermenegild wurde von Papst Sixtus im Jahr 1585, also etwa tausend Jahre darauf, kanonisiert, und Papst Urban VIII. dehnte die Verehrung dieses Märtyrers auf die ganze katholische Christenheit aus; in Spanien und Portugal war er schon seit dem Ende des Arianismus im siebenten Jahrhundert eifrig verehrt worden.

Seine Vita präzisiert und erklärt den Ablauf durch den Hinweis darauf, daß Hermenegildus nicht ein Sohn der Goswinda gewesen sei, sondern aus der ersten Ehe Leuwigilds mit Theodosia, der Tochter des byzantinischen Statthalters Severianus, stammte. Theodosia schon habe in den Knaben den Keim der Auflehnung gegen den Arianismus gelegt, den seine fränkische Frau später zum Sprießen brachte. Den entscheidenden Einfluß auf Hermenegild hatte aber zweifellos der bedeutende Bischof Leander von Sevilla, einer der größten Männer des Jahrhunderts, und man versteht eigentlich

54 *Santa Cristina de Lena. Blick auf den Ostteil des Kirchenraumes mit dem durch eine Bogenreihe vom Kirchenschiff getrennten Presbyterium und auf die Apsiskapelle.*

55 *Santa Comba de Bande (Prov. Orense). Erbaut um 672 unter König Rekkeswind. Blick von Nordwesten.* ▷

56 *Blick von Santa Comba de Bande auf die Berge an der spanisch-portugiesischen Grenze.*

57 *Gotisch*
Pfeilersäule aus
San Salvador,
Toledo, 7. Jh.

nicht, daß Leuwigild seinen Sohn in den nächsten Umkreis eines so starken Kirchenfürsten gehen ließ.
Aus Reue über die Hinrichtung seines Sohnes sei Leuwigild zwar nicht selbst zum Katholizismus übergetreten (wie die Vita ausdrücklich zugibt und damit Gregor von Tours berichtigt), habe aber seinem zweiten Sohn Rekkared nichts mehr in den Weg gelegt, als dieser katholisch werden wollte.

Mit Rekkared, der von 586 bis 601 herrschte, ging nicht nur das Jahrhundert zu Ende, sondern auch die große Zeit des Arianismus bei den germanischen Völkern Europas. Unter Walja hatten noch heftige Kämpfe zwischen arianischen Goten und katholischen Sueben auf der Iberischen Halbinsel getobt, und das Elend, das mit solchen Kriegen über die ganze Bevölkerung kam, beschrieb ein Augenzeuge mit den Worten: »Die Barbaren kamen mit Blut und Feuer daher. Sie brachten mit sich die Pest und den Hunger. Und dieser wuchs zu solch höchster Not an, daß die Menschen zu Menschenfressern wurden und Mütter sich vom Fleisch ihrer toten Kinder nährten. Es war, als sollte dieser Krieg dem Menschengeschlecht ein Ende bereiten.«
Dreihunderttausend Goten herrschten über eine ansässige Bevölkerung von etwa neun Millionen Menschen, über jene einst so kampfkräftige und harte Mischung aus afrikanischen Einwanderern und keltischen Bauern, die im Lauf der Jahrhunderte zumindest in den Städten romanisiert worden war. Unter König Leuwigild hatte dieses große Land zum erstenmal seit dem Ende der Römerherrschaft längere Friedenszeiten kennengelernt, und Rekkared, der aus dem Schicksal seines Bruders gelernt hatte, ging an seine Herrschaft offensichtlich mit dem festen Vorsatz heran, wenigstens den inneren Frieden zu wahren, wenn schon der äußere Friede angesichts der stets beutelüsternen Franken nicht gesichert werden konnte.
Rekkared war in all dem Streit um Hermenegild, in allem Zwist mit Goswinda, seiner Stiefmutter, stets treu an der Seite des Vaters geblieben, und seine glanzvollen Siege über

die Franken, die das Vorland um Carcassonne und Narbonne für Toledo retteten, waren die letzte Freude des kranken Leuwigild. Ob er noch erfuhr, daß dieser Mustersohn ebenfalls dem Glauben der Väter abschwören wolle, ist strittig. Möglicherweise hat Rekkared, der sich offiziell erst zehn Monate nach seinem Regierungsantritt zum Katholizismus bekannte, selbst das Gerücht ausgestreut, daß schon sein Vater auf dem Totenbett übergetreten sei. Damit wäre die Verantwortung für den so bedeutungsvollen – und politisch gesehen überfälligen – Schritt nämlich dem großen Toten in die Schuhe geschoben worden, einem Mann, der die bedingungslose Verehrung des ganzen Volkes genoß, und Rekkared hätte demnach nichts anderes getan, als einem letzten Wunsch des Vaters zu entsprechen.

Von Rekkared selbst aus gesehen, der unter allen westgotischen Königen der besonnenste, der ruhigste Taktiker ist, gab es gar keinen Zweifel. Angesichts der geringen, im Grunde nur Theologen interessierenden und für den Kult unwesentlichen Unterschiede zwischen Arianismus und Katholizismus hatte ja schon der große Ulfila seinen Goten empfohlen, an Gott zu glauben, brave Christen zu bleiben und sich um Spitzfindigkeiten nicht zu kümmern. Ganz ähnlich dachte Rekkared, der nicht gesonnen war, aus konfessionellen Streitereien neuen Unfrieden entstehen zu lassen. Es gab wohl genug Wichtigeres, es galt, das Werk des Vaters unbehindert vom Gezänk der Bischöfe fortzusetzen.

Indem er so behutsam vorging, alle Gewalt und alle großen Worte vermied, schuf er den Arianern keine Märtyrer, bis auf einen Bischof aus Narbonne, der an den Aufregungen eines Krieges starb, in dem er ausgerechnet die katholischen Franken gegen Rekkared zu Hilfe gerufen hatte. In Spanien selbst aber ging alles ruhig zu, die arianische Elite fügte sich, und als auch noch Goswinda starb, hatte Rekkared mit seinen klugen Beratern, nämlich Bischof Leander von Sevilla und Bischof Massona von Merida, das Reich in der Hand.

Obwohl nun immerhin noch die Langobarden arianisch waren, ein energisches Volk, das sich in Italien lange halten sollte, wurde das Einigungskonzil von Toledo, das am 4. Mai des Jahres 589 begann, doch zu einem der großen Ereignisse der Kirchengeschichte und brachte die Stadt, das alte Toletum, in aller Munde.

»Der kolossale Felsblock, der diese glorreiche Stadt trägt, hat herrliche Verhältnisse und darf einem solchen Diamanten wohl als Fassung dienen«, schreibt Maurice Barrès in seinem Buch über El Greco. »Man empfängt den Eindruck der Fülle und der Kraft, wenn man die breiten, radikalen Abhänge, die schwarze Wüste, sieht, die der Fluß umschwemmt.

Die Häuser stehen auf der Höhe des Felsens und schneiden in den Himmel hinein. Die Mauern machen mit ihrem krassen Weiß einen orientalischen Eindruck. Die Dächer verschmelzen mit dem unbegrenzten Violett des Bergmassivs. Über dem großartigen Block, auf dem man zwischen den Glockentürmen der Kirchen und den Klosterterrassen mit Bewunderung eine Reihe von Moscheenminaretts erblickt, erhebt sich herrschaftlich der Alcazar . . . Sobald es dämmert, wird Toledo, sieht man es von ›Unserer lieben Frau im Tale‹ aus, etwas Metaphysisches. Wenn der machtvolle Granitblock der Stadt schon ganz in Violett ruht, dann beleuchten die letzten Strahlen, die über die Sierra herüberkommen, Toledo mit gelber Glut; nur da und dort ist dann ein Schatten dazwischen. Alsbald werden die Berge schwarz. Sie heben sich mit scharfgeschnittenen Profilen in den roten Himmel hinein, der die Stadt wie ein Brand entzündet und dann verlischt und sie in Finsternis vergehen läßt . . . Ich will nicht weiter von dieser Stadt erzählen, wo unaufhörlich ein neues Toledo ein altes ablöst und heimliche Wunder sich in der unbeweglichen Nacht wie Diebe auf die Gassen wagen.«

Diese Wunderstadt, die nur Dichter oder Maler schildern können, ist Toledo geblieben, und es waren die Westgotenkönige, die sich für Toledo entschieden, so wie einst Cäsar aus Paris die Metropole Frankreichs machte, als er in dem Fischerdorf Lutetia eine Versammlung aller gallischen Stammeshäupter abhielt. Unter den Römern zwar schon bedeutend als Waffenplatz und durch seine Stahlwarenherstellung, wurde Toledo doch erst unter den Westgoten Sitz einer seltsamen Regierung, in der eine Kriegerkaste ein ganzes Volk in Botmäßigkeit hielt. Nun aber, nach dem Konzil von Toledo, konnte diese kleine Oberschicht sich wenigstens auf die Glaubenseinheit stützen und auf die wichtige, ja entscheidende Mithilfe des geeinten Klerus. Er wird fortan, vom frühen Mittelalter bis zum Ende des Ancien Régime in der Französischen Revolution, das unsichtbare Traggerüst aller europäischen Staaten sein, der feste Kern, um den die Herrscher und die weltliche Macht ihre bunten Gewänder drapieren.

Aber da Toletum nun einmal anerkannt war, da die gotischen Könige die kleine Festung prächtig ausbauten und zu einer Stadt werden ließen, blieb es natürlich nicht beim gotischen Gepräge. Schon unter Leuwigild und Rekkared war zu Goten und Ansässigen ein drittes charakteristisches Element gekommen: die Juden. Sie strebten in die Zentren, weil zwischen dem kleinen Volk und den großen Herrn des Schwertadels eine emsige Mittelschicht fehlte, die sich der Geschäfte annahm, des Handels, des Wechselns. Rekkareds und seiner Nachfolger Siege über die letzten griechisch-byzantinischen Bastionen in Spanien hatten den Juden die lästige Konkurrenz aus der Levante vom Hals geschafft. Die gotischen Herren ließen das eigenartige und sich verschließende Volk verachtungsvoll gewähren.

Nach dem Leben des Greco forschend, des großen toledanischen Malers, der aus Griechenland kam, entdeckte die Welt das jüdische Toledo, denn »man weiß seit gestern, daß El Greco nicht weit von Santo Tomé, und zwar inmitten des Judenviertels, gewohnt hat. Hinter diesen Mauern, die nun Ruinen sind, hauste der berühmte Goldhändler Samuel Levy und nach ihm der in magischen Künsten erfahrene Marquis von Villena. Die Volksphantasie stöbert noch heute in diesen Steinhaufen herum und meint noch immer, Spuren von den Schätzen des einen und von den satanischen Machenschaften des anderen zu entdecken.« (Barrès)

Diese Juden von Toledo, von Sevilla, ja in allen spanischen

Städten, werden den Untergang der Gotenherrschaft herbeiführen, aber noch ist es nicht soweit. Noch hallt der Jubel nach dem großen Konzil durch das ganze Westgotenreich, zumindest für uns, die wir aus der zeitlichen Ferne nicht anders können als jenen lauschen, die damals das Wort führten. Sie entscheiden über das, was Geschichte werden und was geglaubt werden soll, und sie verteilen Lob und Tadel nach dem größeren oder geringeren Nutzen für die Kirche. Die lauteste Stimme ist die des Isidor von Sevilla. Er ist seinem Bruder Leander auf den Bischofssitz gefolgt und hat mit einer Betriebsamkeit, die an Plinius erinnert, Fakten gesammelt, Weltgeschichten und Schöpfungsdeutungen verfaßt und die darbende Nachwelt damit so beglückt, daß wir von seinen Arbeiten an die tausend Handschriften besitzen.
Rekkared hat von ihnen nichts zu fürchten, denn er hat »jene Kirchengüter, die seines Vaters frevelhafte Habgier dem Fiskus zugewiesen« (Isidor), der katholischen Kirche zurückerstattet, und so kann er denn sicher sein, von den in ihre Pfründe wiedereingesetzten Prälaten ausgiebig gepriesen zu werden: »O Spanien, du bist das berühmteste aller Länder, die sich vom Ozean bis nach Indien erstrecken. Gesegnetes Land, glücklich über deine Herrscher, Mutter vieler Völker. Du bist die Königin aller Provinzen. Orient und Okzident erhalten das Licht von dir; von dir, Ruhm und Ehre des ganzen Erdkreises; von dir, berühmtester Teil des Weltalls. Auf deinem Boden erblüht üppig die glorreiche Fruchtbarkeit des gotischen Volkes usw.«
Besser hat es auch Aretino nicht getroffen, falls er gut bezahlt wurde. Der wortgewaltige Bischof ist also überzeugt, daß Spanien auch ein Hort der Geister und der Gelehrsamkeit ist (Orient und Okzident erhalten das Licht von dir) und beweist uns damit eine wichtige Tatsache – nämlich den Fortbestand römischer Geisteskultur unter den Sueben und Goten und, nach der Eroberung des Suebenreiches durch Leuwigild, nunmehr also in einem geeinten gotischen Spanien. Mommsen hat darauf hingewiesen, daß diese wegen gewisser provinzieller Sprachschnitzer von den römischen Literaten über

die Schulter angesehene und in Satiren verspottete Provinz vor allem in der Spätzeit zu einem Hort der Dichtung, der Geisteswissenschaften und des Forschens geworden war, und Isidor selbst, aber auch eine ganze Reihe seiner heute vergessenen Zeitgenossen sorgten für eine Pflege der alten Kultur unter den neuen Herren. Das muß festgehalten werden angesichts der üppigen Blüte arabischer Kultur, die hier heraufziehen und alles überdecken wird, was vorher vorhanden war und seine unbestreitbare Bedeutung hatte.

Auf wirtschaftlichem Gebiet wirkte sich – wie wir dem langen, hier nicht angeführten weiteren Text Isidors entnehmen – die Einigkeit ebenfalls segensreich aus. Das befriedete Volk fand zu größeren Aufgaben, die nicht dem unmittelbaren Zwang der Ernährungssicherung unterworfen waren, der so lange das Leben der Goten bestimmt hatte. Pferde konnten gezüchtet werden, die imstande waren, die Bewunderung auch anderer Länder zu erregen. Der Bergbau, seit Generationen vernachlässigt, wurde wieder aufgenommen, und auch die handwerkliche Produktion verzeichnete einen Aufschwung, von den Gerbern und Färbern bis zu den Edelsteinschleifern und Juwelieren.

Angesichts dieser günstigen Entwicklung muß es uns wundern, daß wir in Spanien jene Bauwerke nicht zu finden vermögen, die das gleichzeitige Italien uns zumindest in Ravenna und in Rom erhalten hat, nämlich Gotenkirchen, in denen sich der christliche Glaube mit dem germanischen Hang zum Ornament und den byzantinischen Einflüssen frühchristlichen Glanzes vereinigt. Toledo hätte den ersten Anspruch darauf gehabt, solch eine Kirche zu besitzen, eine Kathedrale zum Gedächtnis des Konzils, aber das späte sechste und frühe siebente Jahrhundert sind noch nicht die Zeiten großer Bauwerke in diesem Land, das uns auch aus der Römerzeit eher solide Brücken überliefert hat als prunkvolle Paläste.

Zwischen 575 und 600 wurde immerhin die Kirche El Salvador zu Toledo erbaut, deren Hufeisenbogen uns an die Goten erinnern, deren Pfeilersäulen das älteste Baudenkmal der

Westgotenzeit sind und von der figuralen Kunst der Steinmetzen eines Rekkared zeugen. Eine dieser Säulen hat sich ihren Figurenschmuck erhalten, die Gesichter der Halbreliefs sind ausgelöscht, vielleicht herausgeschlagen, die Haltung noch erkennbar in einer traulichen Glaubenseinfalt, die noch nach dreizehn oder vierzehn Jahrhunderten ans Herz greift. In Merida fand sich eine besser erhaltene Pfeilersäule mit ornamentalem Schmuck, der die Muslims weniger störte als die Heiligengesichter: sie durfte das Araberbad verzieren.

Nach einer Reihe von Königen, die auch dann nur kurz regierten, wenn ihnen kein Mörderdolch den Garaus machte, setzte unter Herrschern wie Rekkeswind (653–672), Wamba (672–680) und Egika (687–701) stärkere Bautätigkeit ein. Man kann es ihren Vorgängern nicht verargen, daß sie zum Kirchenbau wenig Zeit und Mittel aufwandten, denn schon Rekkared hatte das ganze Volk in einer für uns sehr interessanten Weise sportlich zu ertüchtigen versucht, damit sie auch im Frieden nicht weich würden und gute Kämpfer blieben. Nach ihm waren es vor allem die Könige Sisebut und Suinthila (den Isidor ›den größten von allen‹ nennt), die sich um konstante Übung in den Waffen bemühten. Zu diesem Zeitpunkt also ist das Gotenvolk noch wehrfähig und kampfbereit.

»In den Künsten der Waffen sind sie sehr ausgezeichnet und kämpfen nicht nur mit Stoßlanzen zu Fuß, sondern auch mit Wurflanzen zu Pferd«, schreibt Isidor, der 636 starb und die weitere Entwicklung nicht mehr schildern konnte. »Mehr allerdings verlassen sie sich auf den ungestümen Lauf ihrer Pferde ... Sie lieben es sehr, sich im Speerwurf und in Scheingefechten zu üben; kriegerische Spiele veranstalten sie täglich. Die einzige Übung im Kriegswesen, die ihnen noch fehlte, war die im Seekrieg. Aber nachdem Fürst Sisebut durch die Gnade des Himmels auf den Thron berufen war, kamen sie durch seine Bemühungen in kriegerischer Tüchtigkeit so weit, daß sie nicht nur zu Lande, sondern auch zu Wasser kampfgerüstet dastanden und ihnen selbst die römischen Soldaten untertänig dienten, wie ihnen so viele Völker und ganz Spanien gehorsam war.«

Aus der zweiten Hälfte des siebenten Jahrhunderts haben sich da und dort, und wohl vor allem wegen ihrer Entlegenheit, kleinere Kirchen erhalten, die ein durchaus zufälliges, aber ansprechendes Bild von der gotischen Frömmigkeit und einem Christentum germanischer Prägung in einem keltisch-romanischen Land geben.

Von Norden über die Pyrenäengrenze kommend, vorbei an Roncevaux, wo Roland mit seinen Truppen von den Basken eingeschlossen und aufgerieben wurde, gelangen wir zuerst in das stark gewachsene Valladolid und dann nach Burgos, in die Stadt der vielleicht großartigsten nordspanischen Kathedrale. Aber das Kirchlein der Westgoten, das uns wenige Kilometer von Burgos erwartet, hat auch seinen Reiz als ein Dokument jungen, gefährdeten und doch schon durch das ganze Land gewanderten Glaubens – die Kirche von Quintanilla de las Vinas.

Schon die Zufahrt ist sehr bezeichnend, sehr spanisch mit ihrem schnellen Wechsel der Welten: Eben noch tranken wir in Burgos Tee zwischen munter plaudernden, modern gekleideten Angestellten, fuhren dann ein paar Kilometer im Autostrom der Hauptstraße nach Madrid und zweigten links auf die N 234 ab, als uns schon, wenige Kilometer südöstlich der großen und lebhaften Stadt, die Stille des großen Spanien einfing. Zwischen der Sierra de las Mamblas und der bis auf 2000 Meter ansteigenden Sierra Mencilla liegt, nördlich der Nationalstraße und völlig einsam, die Ermita von San Quintanilla de las Vinas. In dem Dorf davor, wo das Asphaltband sich in tief gefurchtes, unergründliches Kastilien auflöst, erscheint, vom Motorgeräusch angelockt, eine zahnlose Alte, die ganze Gotenheere durch ihren bloßen Anblick in die Flucht geschlagen hätte. In eine Krallenhand legt man ein paar Peseten, dann weist sie den rettenden Bogen, zwischen Hütten hin, hinaus auf einen sanft ansteigenden Hügelpfad, an dessen Ende die kleine Kirche liegt.

Wenn hier tatsächlich ein Eremit hauste, so hatte er Einsamkeit genug. Die Berge hatte er hinter sich, auf der einen Kuppe die Silhouette eines Wachturms und rund um die Kirche nur Luft und Land, nicht einmal Wald oder Felder. Die Bergweiden unter den kräftigen Stürmen duldeten wohl nie höheren Pflanzenwuchs, ernährten wohl immer nur ein paar Schafherden.

Die kleine Kirche stammt vermutlich aus den letzten Jahren des siebenten Jahrhunderts. Das dreischiffige Langhaus hat die Zeiten nicht überstanden, aber was heute noch vor uns steht, stämmig das westgotische Querschiff schützend, ist eindrucksvoll genug, vor allem in den Flachreliefs, die sich als Bänder an den Außenwänden hinziehen, wo sie im vollen Tageslicht besser zu beurteilen sind als die Reliefs im Inneren. In den Medaillons am Triumphbogen innen mengen sich Heidentum und Christentum ebenso kurios wie bezeichnend, wenn wir Sol und Luna, die alten heidnischen Himmelsgottheiten, neben Christus Salvator und der heiligen Maria finden.

Kehrt man auf die N 234 zurück, so kann man einen kleinen Bogen über Hortiguela beschreiben und durch das romantische Tal des Retuerta-Stausees und Covarrubias zur Hauptstraße nach Madrid gelangen. Auf der Kirchensuche muß man sie allerdings überqueren und weiter nach Westen fahren, den Arlanza-Fluß entlang bis zur N 620 und nach Palencia. Beinahe im Weichbild dieser alten Stadt, unweit der Überlandstraße, schlängelt sich in Banos de Cerrato, zwischen Arbeiterhäusern hindurch und über Gleise hinweg, der Weg nach San Juan de Banos.

Sorgfältig ummauert liegt der heilige Bezirk inmitten moderner Wohnhäuser, und der Hufeisenbogen über dem Eingang sagt uns ganz deutlich, daß wir hier ein uraltes Gotteshaus vor uns haben. König Rekkeswind kurierte mit Hilfe der nahen Heilquelle eine Nierenentzündung aus, wie die Chroniken sagen, vielleicht auch einen Nierenstein, und stiftete am 3. Januar 661 die kleine Kirche. Die Heilkraft des Brunnenwassers muß freilich schon viel länger bekannt gewesen sein. Auch im Innern dominiert der Hufeisenbogen und kennzeichnet die Trennung zwischen Haupt- und Seitenschiffen. Kommt man aus Südspanien hierher, hat man Granada und Cordoba noch im Gedächtnis, so ist man versucht, diese charakteristischen Bogen als maurisch anzusprechen, aber das sind sie eben nicht: Das Datum der Kircheneinweihung ist unbestritten und unbestreitbar, der Hufeisenbogen ist nicht maurisch, sondern westgotisch, und die Mauren haben nicht nur in Cordoba, sondern auch in verschiedenen anderen Teilen Spaniens dieses Charakteristikum mit anderen Bauelementen von den Westgoten übernommen.

Elf Jahre später ließ König Rekkeswind die kleine Kirche von Santa Comba de Bande erbauen. Sie liegt heute in der Provinz Orense, südlich von dieser großen Stadt an der Straße nach Portugal (von dorther aber nicht erreichbar: der Grenzübergang ist seit Jahren gesperrt). Die Lage des zwischen kleinen Bauernhöfen in einen Hang halb vergrabenen Kirchleins ist reizend: Frei geht der Blick am Glockenturm vorbei über den langgestreckten, tiefblauen Stausee des Rio Lima zu den blaugrünen Bergketten am Ostufer. Der winzige Ort am Berg, die kleinen Dörfer am See, das alles ist paradiesisch still und freundlich. Das nahe Städtchen Celanova ist heiterbetriebsam zwischen alten Mauern. Man wischt sich die Augen in diesem Erdenwinkel, der so schön ist, daß er überall sonst in Europa von Menschen wimmeln würde.

Wieder treten wir durch einen Hufeisenbogen ein, Säulen stützen ihn, und dann kommt winkelig-geheimnisvoll ein Gotteshaus, das aussieht, als hätten Christen es in größter Heimlichkeit und in Angst vor Verfolgungen erbaut, so klein sind die Räume, so niedrig die Decken, so verschwiegen der Altarraum, der dem Ostarm vorgebaut wurde. Man erkennt, daß die Bevölkerungszahlen noch sehr klein waren. Schon dreißig oder vierzig Menschen mußten sich hier drängen, und Gestühl war wohl überhaupt nicht unterzubringen, man stand oder kniete.

Eine dieser kleinen alten Kirchen mußte in unserer Zeit auf Wanderschaft gehen, nachdem sie dreizehnhundert Jahre gut überstanden hatte: das kleine Fischerheiligtum von San

Pedro de la Nave, das König Egika wenige Jahre vor dem Ende des siebenten Jahrhunderts erbauen ließ. Als die Spanier die Wasserläufe im Raum Benavente-Zamora zum großen Embalse de Esla zusammenströmen ließen, um Energie zu gewinnen, da bestand die Gefahr, daß die alte Kirche in den Fluten des neuen Stausees versinken würde. Ihre Winzigkeit rettete sie: Mit einem Bruchteil des Arbeitsaufwandes, der für die Versetzung eines der ägyptischen Tempel am Assuan-Damm nötig war, zerlegte man das kleine Steingebäude und setzte es in der Nähe, aber an einer ungefährdeten Stelle, wieder zusammen, an einem Sträßlein nördlich der Hauptroute von Zamora nach Bragança.
Die Mühe hat sich gelohnt. Zwar kommen so wenig Fremde in den winzigen Ort, daß auch hier – wie in Santa Comba oder in Quintanilla – der Automotor vollkommen genügt, um die Hüter des Heiligtums mit den Schlüsseln herbeizurufen. Man wüßte andernfalls auch nicht, wo man sie finden sollte. Aber um so ungestörter kann man dann, ohne von Führern oder Gruppen getrieben zu werden, um die Kirche herumgehen, betrachten, vergleichen, photographieren. Der Schmuck an Ornamenten und Figuren ist hier besonders reich, so daß Pedro de Palol in seinem Monumentalwerk über Spaniens frühmittelalterliche Kunst die Vermutung äußert, hier hätte westgotische Miniaturmalerei die Steinbildhauer angeregt, oder sie hätten den Auftrag gehabt, bestimmte Motive aus diesen Miniaturen in den Stein der Kirchenwände zu übertragen. Wir sehen Pflanzen, Vögel, einen Kopf und Szenen aus dem Alten Testament, von denen ein Daniel in der Löwengrube (Säulenkapitell am Ende des Mittelschiffs) am leichtesten zu erkennen ist.

Spanien, das sich seit einigen Jahrzehnten um seine frühe und früheste Vergangenheit wieder bemüht, Grabungen in Phönikerstädten gestattet oder selbst vornimmt und auch römische Altertümer freilegt und pflegt, ist hinsichtlich der Westgoten offensichtlich noch ein wenig unschlüssig. Sind sie die Barbaren, die Spaniens große romanische Tradition, die Entwicklungslinie von den Keltiberern über die Römer zu den Konquistadoren, unterbrachen, oder sind sie ein wesentliches Element dieses Spanien, wie wir es kennen, haben sie Teil an der eigenartigen Mischung, die in diesem Volk so seltsame Blüten treibt – die große Trauer eines Zurbaran, die große Phantasie eines Cortez, die große Verworfenheit eines Pizarro?

Weil das so ist, hat man es nicht leicht, der Westgotenzeit nachzuspüren, solange sie auch währte, sosehr sie auch kulturell dokumentiert ist. Eine Krypta in der Kathedrale von Palencia, ein paar Brückensteine bei Merida oder Pinos-Puente, die Funde von Guadarazza, es ist noch alles Stückwerk, über das die Historiker den Bogen spannen müssen. Historisch gesehen hat diese Ausbreitung des katholischen Christentums über das ganze Spanien, sein Vordringen in so abgelegene Gebiete wie jene, in die uns heute die übriggebliebenen westgotischen Kirchen führen, neben der religiösen Einigung vor allem eine völlig neue politische Situation heraufgeführt. Der rechtgläubige Westgotenkönig kann sich seit Rekkared auf einen klugen und erfahrenen Klerus stützen. Sechzig bis siebzig Bischöfe, die ihre Diözesen kennen und dort großen Anhang haben, stehen nun hinter der Königsmacht, die sich bis dahin vor allem auf Gruppierungen innerhalb der Kriegersippen hatte stützen müssen.

Es gab Aufstände gegen diese neue Konstellation; es gab Versuche, mit dem Arianismus auch die alte Adelsmacht wiederherzustellen, aber König und Kirche sind seither, wenn sie fest zusammenstanden, kaum irgendwo in Europa geschlagen worden.

In dieser Lage gibt es im westgotischen Spanien nur noch winzige und machtlose Reste des Heidentums in isolierten Gegenden; es gibt die allzeit unruhigen Basken und drunten im Raum Algarve auch noch einen Brückenkopf der Byzantiner, der militärisch keine Bedeutung mehr hat. Spanien ist so geschlossen von der Königsmacht und den katholischen Bischöfen geführt, nach den Grundsätzen der Konzilien verwaltet, wie nie zuvor in seiner Geschichte, und doch: Der harte Blick der Sieger, das Machtbewußtsein der Bischöfe nimmt an einzelnen Bauwerken Anstoß und an einer nicht sehr zahlreichen, aber wirtschaftlich starken Menschengruppe – an den Juden und ihren Synagogen.

Nirgends in Europa ist die Geschichte des Judentums mit der Landesgeschichte so vielfach verschränkt und verbunden, wie gerade in Spanien; nicht nur den Westgoten wurden die Juden zum Schicksal, aber ihnen zuerst...

Das spanische Judentum ist so alt und seine Geschichte ist so interessant, daß die Versuchung groß ist, ihm einen Exkurs zu widmen. Die ersten Judengemeinden auf der Iberischen Halbinsel entstammen den frühen Jahrhunderten der Diaspora, also dem späten ersten und frühen zweiten Jahrhundert nach Christus. Damit aber waren die spanischen Juden später, als sie besondere Bedeutung erlangten, nicht mehr zufrieden, und so entstand die Legende, daß schon König Salomos Steuereinnehmer Adoniram Spanienreisen unternommen und dort Niederlassungen gegründet habe. Völlig von der Hand zu weisen ist dies übrigens nicht, denn Salomo rüstete, wie wir aus der Bibel wissen, gemeinsam mit den Phönikern Handelsexpeditionen in so ferne Länder wie Ophir (in Ostafrika) aus; warum also sollte er sich an den routinemäßigen Spanienfahrten der Phöniker nicht beteiligen? War dies der Fall, so kamen jüdische Kaufleute ganz sicher nach Gades und in andere phönikische Faktoreien Nordafrikas und Spaniens, und zwar schon um das Jahr 1000 vor Christus.

Die erste dokumentarische Erwähnung größerer Judengemeinden in Spanien haben wir in christlichen Vorschriften aus dem Jahr 306 vor uns. Das Konzil von Elvira in Andalusien bestimmte in diesem Jahr im Rahmen von Maßnahmen, die sich vor allem gegen das damals noch mächtige Heidentum richteten, unter anderem auch, daß katholische Mädchen weder mit Ketzern (= Arianern) noch mit Juden vermählt werden dürften. Verheirateten Katholiken, die mit Jüdinnen oder Heidinnen Umgang hatten, wurde der Kirchenbann angedroht. Beim Segnen der Felder und anderen religiösen Bräuchen im Zusammenhang mit der Landarbeit durften Rabbiner nicht mehr hinzugezogen werden – eine besonders interessante Vorschrift, die uns Christentum und Judentum in einer Art Wettrennen um die Gunst der Heiden zeigt. So wie nicht allzuviel gefehlt hätte, und das alte Kiewer Rußland wäre zum Judentum übergetreten, so hatten die Heiden an sich auch in Spanien die Möglichkeit, Juden zu werden. Der Rassenstandpunkt war damals noch viel schwächer wirksam als der religiöse, die innere Entscheidung genügte allen Religionen, wenn auch nicht immer allen westgotischen Königen.

Angesichts dieser frühen antijüdischen Haltung der Katholiken erschienen die arianischen Könige den Juden naturgemäß als ein Hort der Zuflucht. Vor allem in Septimanien, also dem gotischen Vorland um Narbonne, nahm das Judentum eine klare progotische Haltung ein, weil die Bedränger dieses Landstreifens die katholischen Franken waren.

Die glückliche Phase einer ruhigen Entwicklung bei schnellem wirtschaftlichem Aufstieg vieler jüdischer Familien nahm plötzlich ihr Ende, als der Zwist der beiden christlichen Bekenntnisse nicht mehr existierte und sich, seit König Rekkared I., die gesammelte Kraft des Katholizismus nun gegen die Juden kehren konnte. War die erste Judenverfolgung auf Menorca noch halb und halb ein Zufall und aus dem Kult des Märtyrers Stephanus erwachsen, so kamen nun, auf kirchlichen Druck, harte Gesetze, durch welche Könige wie Rekkared I., Sisebut und andere das Leben der Juden beträchtlich erschwerten. Die späten Könige wie Rekkeswinth und Erwig schienen sogar darauf abzuzielen, durch ihre Judengesetze die ganze Minderheit aus dem Land zu vertreiben.

Zunächst richtete sich der Angriff der Christen dagegen, daß in jüdischen Familien christliche Sklaven gehalten würden; es erschien den Bischöfen wie den Gemeinden undenkbar, daß Christen oder gar Christinnen den Juden dienen und ihren Launen und Begierden preisgegeben sein sollten. Als dann Sisebut, der Dichter-König, ein hochgebildeter Mann, durch die Androhung der Ausweisung Massentaufen von

Juden erreicht hatte, ergab sich die neue Möglichkeit, diese unsicheren Christen zur Einhaltung christlicher Gebote und Lebensregeln zu zwingen. Diese Zwangschristen waren nun den Bischöfen untertan, und was damit einsetzte, hat Montesquieu mit Recht als den Beginn der Inquisition, als ihre Erschaffung bezeichnet:

»Am Hof der westgotischen Könige verfügten die Bischöfe über sehr weitgehende Macht, und in den wichtigsten Angelegenheiten hatten die verschiedenen Kirchen-Konzilien das entscheidende Wort zu sprechen. Dem westgotischen Kodex verdanken wir alle jene Regeln, Prinzipien und Auffassungen, von denen sich die Inquisition noch heute, im achtzehnten Jahrhundert, leiten läßt, so daß die Mönche späterer Zeiten nur jene Gesetze abzuschreiben brauchten, die damals von den Bischöfen gegen die Juden ausgeheckt worden waren.« *(De l'esprit des lois XXVIII/1)*

Wenn die Juden diese Gesetze nicht in voller Härte zu spüren bekamen, so hatte das verschiedene Gründe, die im Wesen des Westgotenreiches in Spanien lagen. Einmal folgten die Herrscher sehr schnell aufeinander, so daß es dieser Wechsel war, der eine konsequente Anwendung der Judengesetze praktisch unmöglich machte. König Gundemar zum Beispiel, der sogar eine Judenverfolgung vom Zaun brach, regierte nur von 610 bis 612. Zum andern aber hatten die Juden etwas, was vielen Königen, nicht nur den westgotischen, oft fehlte – nämlich Geld. So wie sie durch große Summen bis herauf in die Neuzeit Verfolgungen abwenden und schließlich die Gleichberechtigung erreichen konnten, so entgingen auch die spanischen Juden durch reichliche Abgaben zunächst einer allzu harten Bedrückung.

Das Ende dieser Phase, die unangenehm, unwürdig, aber noch nicht geradezu unmenschlich genannt werden muß, kam in dem Augenblick, da ein Renegat, also ein getaufter Jude oder Abkömmling zwangsweise übergetretener Juden, das höchste Kirchenamt im westgotischen Spanien erhielt: Julian, Erzbischof von Toledo, der Stadt, die hebräisch schon so hieß, wie sie später arabisch heißen würde, nämlich Tole-

tola, und die der Sage nach von umherirrenden Juden (Teltolim) zur Zeit Nebukadnezars gegründet worden war.
Julian wurde 680 Erzbischof von Toledo und starb im März 690. Er leitete mehrere Kirchenversammlungen und verfaßte neben theologischen Werken und einer Geschichte der Regierungszeit König Wambas eine lateinische Schrift gegen die Juden. Trotz einiger Diskussionen in Glaubensdingen mit dem Papst wurde er später heiliggesprochen.
Julian war, wie später der Großinquisitor Torquemada, einer der wenigen großen und durch ihren Renegatenhaß furchtbaren Abtrünnigen des Judentums, die sich gegen die eigenen Schicksalsgenossen von einst wandten und mit ihrer scharfen Intelligenz zu den gefährlichsten Gegnern wurden. Julian und Graf Erwig bildeten ein so vollkommenes Gespann, daß die geschichtlichen Folgen nicht ausbleiben konnten, denn Erwig war kein Gote, sondern ein Byzantiner, er hatte König Wamba (gestorben 680) ein Gift beigebracht, das diesem den Verstand trübte. Dieser Erwig herrschte nun mit Hilfe der Kirche gegen die gotischen Sippen, so daß er sich bei den Bischöfen beliebt machen und von seiner Mordtat dadurch ablenken mußte, daß er dem Volk einen neuen Gegner wies: die Juden. Da die Juden meist mehr besaßen als die Leute, die bei ihnen einkauften oder Geld wechselten, hatte die Aufreizung zum Judenhaß stets einen gewissen Erfolg. Die Juden sahen keine Chance mehr als die der Flucht und ließen sich in Scharen entweder über die Meerenge nach Nordafrika übersetzen, wo inzwischen die Mohammedaner die Herrschaft angetreten hatten, oder sie zogen nach Norden, nach Septimanien, wo sie Sonderrechte genossen.
Nur in den größeren Städten, wo die Juden in geschlossenen Wohngebieten vor Verfolgungen einigermaßen sicher waren, hielten sich noch bedeutende Judengemeinden. Die auf den Tod König Wambas folgende innere Unsicherheit des Westgotenreiches, die Widerstände gegen Erwig und auch gegen Bischof Julian, den Primas von Spanien, hatten den Städten mehr Selbständigkeit, den Juden damit ein wenig Schonung gebracht. Niemand wußte so recht, was man von

58 *Toledo, das römische Toletum, wurde im 7. Jh. Hauptstadt des Westgotenreiches.*

59 *Der große Saal im Palast des Königs Ramiro I. gegen Westen.*

60 *Santa Comba de Bande. Längsblick vom Eingang im Westen auf Vierung und Kirchenhaupt.*

61 *Santa Comba de Bande. Die Kirche von Nordosten.*

der Entwicklung halten sollte, die seit dem rätselhaften Ende Wambas eingesetzt hatte. Nach einer Ohnmacht infolge des Giftgenusses war Wamba dem Volk plötzlich im Ornat eines Priesters und mit einer Tonsur vorgeführt worden, angeblich entschlossen, der Welt zu entsagen und damit für die Goten als König unannehmbar. Und während all dies die Gemüter beschäftigte, rüsteten die nach Nordafrika ausgewanderten Juden im Verein mit den siegestrunkenen Arabern, die ihre Pferde am Meer hatten zügeln müssen, zur großen Invasion der Iberischen Halbinsel.

König Egika, ein Verwandter Wambas und Schwiegersohn Erwigs, erkennt die Gefahr. Im Jahr 694 verkündet er in Toledo: »Es ist uns vor kurzem aus zuverlässigen Zeugenaussagen bekanntgeworden, daß die spanischen Juden mit fremdländischen Juden aus überseeischen Ländern Unterhandlungen eingeleitet haben, um sich gegen das Christengeschlecht zu verschwören.«
Alarmiert beschließen die versammelten Bischöfe die völlige Unterjochung der noch in Spanien verbliebenen Juden, sie hätten als Leibeigene des Staates zu gelten, der sie seinen Untertanen nach Gutdünken als Eigentum überlassen könne. Ihre Kinder seien ihnen bei Erreichung des sechsten Lebensjahres wegzunehmen und christlich zu erziehen.
So radikale Maßnahmen haben selbst in einer modernen Gesellschaft im allgemeinen wenig Chancen, lückenlos befolgt zu werden, und darum zweifeln die Historiker daran, daß dieses Gesetz tatsächlich allgemein angewendet wurde. Egikas Mitregent und Nachfolger Witiza soll auch einiges davon wieder zurückgenommen haben. Sicher aber ist, daß die Juden, die ja genug kluge Führer hatten, nun deutlich erkennen konnten, welches Schicksal in einem christlich-westgotischen Spanien auf sie wartete. Und da andererseits ebenso deutlich zu erkennen war, auf wie schwachen Füßen diese Westgotenherrschaft stand, in der ständig neue Thronbewerber auftauchten und zuletzt sogar die Bischöfe mit dem Dolch hinter den Türen des Königspalasts lauerten, war das

Ende eigentlich nicht mehr zweifelhaft: Besser, als sich auf kostspielige Weise mit den schnell wechselnden Herrschern zu arrangieren, war es, die ganze Herrschaft zu stürzen, auch wenn das Krieg und damit ein großes Risiko bedeutete.
»Die arabischen Chronisten machen übereinstimmend mehr oder minder detaillierte Anspielungen auf die Hilfe, die den Mohammedanern vor und während der Eroberungskriege von seiten der Juden zuteil wurde«, schreibt Lévy-Provençal in seiner großen *Histoire de l'Espagne musulmane.* »Es scheint, daß die Juden in zahlreichen Fällen mit der Überwachung der eroberten Städte beauftragt wurden, so daß die weiterstürmenden arabischen Armeen nicht genötigt waren, große Besatzungen zurückzulassen. Denn die Juden waren so gut wie ausschließlich Städter, und man findet Judengemeinden in allen spanischen Gemeinwesen von einiger Bedeutung. Ja, einige Städte scheinen lange Zeit eine so gut wie ausschließlich aus Juden bestehende Bevölkerung gehabt zu haben, so wie das älteste Granada, Lucena und andere.«

Neben dieser historisch gesicherten Version der Vorgeschichte, die durch die Rolle der Juden nach der Eroberung Spaniens durch die Araber zusätzlich bestätigt wird, gibt es naturgemäß auch noch eine romantische Legende, denn vor allem den Arabern und ihren Dichtern war das Großereignis der Eroberung viel zu teuer, um so schlicht und rational erklärt zu werden. Ein etwas mysteriöser Graf Julian spielt in der Legende die Hauptrolle. Er ist ein tapferer und kundiger Mann, der als westgotischer oder byzantinischer Statthalter einen christlichen Brückenkopf in Nordafrika, also etwa Ceuta oder Tanger, gegen die Araber hielt und angesichts seiner aussichtslosen Position schließlich eine Art *gentlemen's agreement* mit den Belagerern getroffen hatte, das ihm das Überleben sicherte und den Mohammedanern blutige Sturmangriffe ersparte. Dieser Graf hatte seine schöne Tochter Florinda an den Königshof nach Toledo geschickt, wo das junge Edelfräulein feinere Umgangsformen erlernen und die Atmosphäre der Residenz atmen sollte.

Nach allem, was man von westgotischen Hofsitten weiß, hatten hübsche Hofdamen jedoch keine nennenswerte Chance, ihre Tugend zu bewahren, es sei denn, sie gingen ins Kloster, womit sie sich wiederum der Möglichkeit zu einer guten oder politisch wichtigen Heirat begaben. Auch soll König Roderich selbst ein Auge auf die schöne Florinda geworfen haben, als er sie einmal von einem toledanischen Palastfenster aus nackt im Fluß baden sah – was nicht ausgeschlossen ist, wenn die Germanentöchter noch auf die gleiche Weise badeten wie zu den Zeiten, da Tacitus ihnen dabei zusah.
Jedenfalls erfuhr Graf Julian, daß Roderich seiner Tochter zu nahegetreten sei, und da es für einen Statthalter keine Möglichkeit gab, einen König zur Rechenschaft zu ziehen, sann Julian auf Verrat, beriet sich mit den Feinden vor den Mauern seiner Stadt und gab damit den letzten Anstoß zu einer Eroberung, an die zumindest der große Feldherr Mussa ibn Nusair gewiß bereits gedacht hatte.
Nach Erkundungsvorstößen, die man heute Kommandounternehmungen nennen würde und die im Spätherbst 709 und im Juli 710 ohne besondere Schwierigkeiten durchgeführt werden konnten, rüsteten Araber und Juden zu der großen Invasion. Die nötigen Informationen hatten sie von den geflüchteten Juden, aber auch von Graf Julian, und die aus Toledo eintreffenden neuesten Nachrichten sprachen immer drängender von schweren inneren Krisen und von Aufständen der Basken im Norden der Halbinsel.
Als man somit sicher war, daß König Roderich das Schwert im fernen Baskenland schwingen mußte, setzte eine arabische Armee unter dem Feldherrn Tarik ibn Ziyad über die Meerenge und landete in der Bucht von Gibraltar. In einer zweiten Welle folgten die durch Berber verstärkten jüdischen Kämpfer unter Kaulan al Jahudi. Während die beiden Armeen sich vereinigten und gegen Cordoba marschierten, war König Roderich nach einem Eilritt, dem nur einige seiner Getreuen folgen konnten, in Cordoba bereits eingetroffen, und Tarik hielt es für klüger, Verstärkungen abzuwarten.
Diese trafen aus Algeciras tatsächlich ein, woraus man

schließen darf, daß nun, nach der Bildung des Brückenkopfes, laufend arabische Schiffe landeten und Berber wie Juden die Fronttruppen verstärkten. Roderich hatte es schwerer, seine Leute aus den Baskenkämpfen zu lösen, und war zahlenmäßig vermutlich stark unterlegen, als es am 19. Juli des Jahres 711 an der Mündung des Rio Salado, mitten in der südspanischen Lagunenlandschaft, zu der großen Entscheidungsschlacht kam.

Zweifellos eine der geschichtlich wichtigsten Schlachten auf dem Boden unseres Kontinents, ist sie uns in ihrem Verlauf doch nicht sicher bekannt, woran die blumige Phantasie der arabischen Chronisten ebenso die Schuld trägt wie die innere Zerrüttung des Westgotenreiches. Auf seiten der Araber mögen insgesamt etwa zwölf- bis zwanzigtausend Mann in den Kampf gegangen sein, auf seiten der Goten acht- bis zehntausend, von denen Roderich, wie es scheint, nicht mit voller Kraft unterstützt wurde. Eine Flügelarmee, wo eine oppositionelle Sippe kommandierte, ging zu den Arabern über, und die Schlacht, die sechs oder sieben Tage lang getobt haben soll, war am 25. Juli endgültig verloren. Roderich fiel in der Schlacht oder während der Verfolgungskämpfe der nächsten Tage. Die Gotenlanzen, die Wurfspeere, all die militärischen Übungen unter vielen Königen hatten den Sieg nicht bringen können, da die innere Festigkeit und die politische Geschlossenheit des Reiches verlorengegangen waren. Unter den Pfeilwolken der Araber und Berber wandte sich die Mitte des Gotenheeres zur Flucht, und die Flügel versagten, weil hier die Befehlshaber den Sieg Roderichs vielleicht gar nicht wünschten. Die Schlacht, die unter dem Namen des nahen Xerez de la Frontera in die Geschichte einging, öffnete dem Islam das Tor zu Europa. Es war ein Ereignis von so großer Tragweite, daß der große Historiker Henri Pirenne mit diesem Jahr 711 die Antike beenden und das Mittelalter beginnen lassen will.

Andalusien, das die Vandalen Vandalusia genannt hatten, heißt nun Al Andalus. Statt den Bischöfen Leander, Isidor und Julian, die als die letzten Schriftsteller der Antike das geistige Leben des Westgotenreiches zu einer unerwarteten Blüte brachten, stimmen arabische Poeten Siegeslieder an und erfüllen die Städte Granada, Cordoba, Jaen und andere mit ihrer Begeisterung für den neuen Glauben, das neue Land, das neue Leben der Mohammedaner auf dem alten Römerboden der iberischen Halbinsel.

Es ist eine Kulturblüte, deren steinerne Zeugen wir alle kennen, die Bäder, den Löwenhof, die Paläste, die Patios, das einzigartige Ineinander arabisch-iberischen Daseins. Und gerade das macht es so schwer, dem Westgotenreich nachzutrauern, das für manche Historiker schon an sich selbst zugrunde gegangen war und sogar seine Sprache schon aufgegeben hatte, als die Araber ihm den Todesstoß versetzten. Aber Spanien ist eben nicht wie das übrige Europa, es ist ein Land der Märchen und Romanzen. »Wenn die Spanier ihre Kriegstaten feierten, taten sie es aus christlichem Geist; aber die Form ihres Ausdrucks lehnten sie an maurische Moden an. Weil sich die Wahrheit nicht durch Feder und Tinte offenbarte, sondern durch Waffenkampf und Blutvergießen, hat sie sich nicht in den Bänden einer Bibliothek, sondern in der kriegerischen Volkspoesie verewigt. Unsere Romanzen sind unsere theologische und philosophische *summa*.« (Angel Ganivet)

El cantar de mio Cid, das älteste spanische Heldenepos, birgt mehr arabische Elemente als germanische, obwohl die gotischen Heldenlieder noch gar nicht wirklich verstummt sind, und die Prosa-Auflösungen der geschichtlichen Romanzendichtung von Perez de Hita bis herauf zur *Handschrift von Zaragoza* des Grafen Jan Potocki sind uns Menschen des zwanzigsten Jahrhunderts sehr viel näher als die absichtsvolle Polemik des Isidor von Sevilla mit ihren Spitzfindigkeiten.

Dennoch wäre es ungerecht, das westgotische Spanien zu vergessen, die Westgoten als eine Episode in der spanischen Geschichte anzusehen und so zu tun, als ob sie eben eines der allzuvielen Gewürze in der großen Ollapotrida dieser Halbinsel seien, ein wenig schwerer wohl als die Zigeuner, ein wenig gröber als die Juden, nicht so wohlriechend wie die Liebesdichtung des Ali ibn Hazm und nicht so heilsam penetrant wie die Weisheiten des Rabbiners Moses ben Maimon aus Cordoba. Läßt sich angesichts der lateinischen Sprache und des christlichen Gehaltes in der Literatur der Westgotenzeit auch der gotische Anteil an diesen Leistungen nicht schlüssig abgrenzen, so ist der unermüdliche Selbstbehauptungswille der Völkerwanderungszeit doch noch nicht tot, nicht mit Roderich und seinen Gefährten bei Xerez de la Frontera zugrundegegangen.
Die Schlacht endete als Debakel, und wo immer sie stattgefunden hat, am Guadalete südlich von Arcos de la Frontera oder an der Salado-Mündung bei Xerez de la Frontera, ob sie sieben Tage währte, fünf oder nur einen – sie war doch, trotz der Niederlage, eine letzte und eindrucksvolle Selbstbekundung des Gotentums, der auch die Araber ihren Tribut zollten. Die Söhne Roderichs erhielten reiche Güter, auf denen sie unbehelligt in fürstlicher Existenz weiterleben konnten; die Christen der eroberten Städte wurden nicht versklavt, das Land wurde nicht ausgebeutet, und wenn die Grenze zu den christlichen Staaten Nordspaniens auch eine Art Militärgrenze blieb, so gingen die Bündnisse der folgenden Jahrhunderte doch sehr oft quer durch die Religionen.
Und vor allem: Es gab einen Teil der Iberischen Halbinsel, der sich den neuen Herren nicht beugte, sondern in dem umgesiedelte Goten und alteingesessene Sueben im Verein mit der keltiberischen Bevölkerung zu einer neuen Festigkeit gelangten, zum Glauben an die Könige ihrer winzigen Staatswesen und an die Lösbarkeit der gigantischen Aufgabe, das ganze Spanien dereinst wieder zu befreien.
Während Araber und Berber auch das gotische Vorland Septimanien eroberten, während sie weiter ins Frankenreich

hineinstürmten und bei Tours und Poitiers durch Karl Martell die entscheidende Niederlage erlitten, behaupteten sich – gleichsam im Windschatten dieser großen militärischen Ereignisse – christliche Gebiete im Norden und Nordwesten Spaniens. Es ist ein Spanien, in dem man bis heute nur jene Touristen antrifft, die Kunst und Geschichte suchen, ein paar Briten, ein paar Franzosen, einen verirrten Belgier. An die Strände von Torremolinos oder an die Costa Brava denkt man wie an ein anderes Land, und das ist gut so, denn Galicien ist Pilgerland, wo aus ganz Europa Menschen zusammenströmen, um in der Stadt Buße zu tun, wo der Apostel Jakob der Legende nach das Land betreten und sein Heiligtum begründet hat – in Santiago de Compostela.
Damit es aber diesen Camino de Santiago, diesen Weg des frommen Europa in das gefährdete und schon zu drei Vierteln maurische Spanien geben konnte, mußten die Goten den Nordstreifen der Halbinsel retten, mußten sie in Spanien kämpfen, wie sie es am Vesuv getan hatten. Und so, wie niemand recht wußte, woher Teja gekommen war, der große Kämpfer des letzten Tages, so stieg auch der Held von Covadonga, dessen Standbild wir heute auf dem Hintergrund der Berge bewundern können, aus dem Dunkel auf, das die Namenlosen umgibt. Denn wer wußte schon etwas von diesem Ritter Pelagius, der bei Xerez besiegt worden war, seine Leute aber durch ganz Spanien nach Norden geführt und dort eine christliche Grafschaft gehalten hatte?
Pelagius, von den Spaniern Pelayo genannt, lieferte frühestens 721, spätestens 725, also etwa ein Dutzend Jahre nach der Niederlage von Xerez, den Arabern jene Schlacht, in der das spanische Volk den Beginn der *Reconquista* sieht, die erste Schlacht jener neuen Ära, in der die Araber die Bedrängten sind und das christliche Spanien sich aufmacht, die Halbinsel wiederzugewinnen.
Der Ort der Schlacht ist uns allen zugänglich: Östlich von Oviedo, beim Städtchen Arriondas, verlassen wir die Hauptstraße und biegen südöstlich ab in Richtung auf Cangas de Onis. Von dort aus folgen wir nicht dem Tal des Rio Sella,

sondern tasten uns auf schmalen Straßen hinauf zum Monasterio de Covadonga. Die heilige Höhle selbst ist, wie viele Wallfahrtsorte, ein wenig verbaut, mehr ein Vogelnest als ein Stück kriegerischer Geschichte, und die Wallfahrtskirche mit dem Monument des Pelayo prunkt inmitten der stillen Tallandschaft allzu bourbonisch: hätte Pelayo solche Mauern gehabt, er hätte keine Höhle gebraucht.

Das alte Spanien, das gotische, verzweifelte und gerettete Spanien, beginnt in Covadonga erst dort, wo die Guardia Civil uns nicht weitergehen läßt, denn so wie es um Nordspanien heute bestellt ist, muß man selbst Nationalheiligtümer schützen und bewachen. Emiliano de la Huerga hat sich mit der Geschichte des Tales und der Kämpfe Pelayos besonders eingehend beschäftigt. Wir geben seine Schilderung der Schlacht von Covadonga in der Übersetzung von Christoph Burgauner:

»Als jeder Widerstand in den Ebenen Kastiliens sinnlos wurde, fielen dem Fürsten Pelayo die Berge und Mauern Asturiens ein, an denen bereits die Römer gescheitert waren. Mit Resten des am Guadalete geschlagenen Heeres wandte er sich nach Norden und begann, unter den Männern Asturiens nach Gefolgsleuten zu suchen. Viele der Einheimischen schlossen sich ihm an. Es waren tapfere Krieger, die sich in dieser Region unwegsamer Wälder und Berge auskannten . . . Auch in allem übrigen zeigte Pelayo große Umsicht, ja er unterhielt sogar gewisse Beziehungen zu dem Gouverneur, den die siegreichen Araber in Gijon eingesetzt hatten, und nach Cordoba, wo er eine Zeitlang als Geisel gefangengehalten worden sein soll. Trotz sorgfältiger Bewachung gelang es ihm, zu entrinnen und die Berge Asturiens zu erreichen, wo seine Getreuen schon auf ihn warteten, und nun mußte er losschlagen, da die Araber seit seiner Flucht über seine Absichten nicht mehr im Zweifel waren.

Er läßt die Kriegstrompete blasen und das Lager befestigen. Bei den Waffen, die er herstellen läßt, handelt es sich um Schleudern, Pfeile, Dolche, um die kleinen Lanzen, mit denen sich die Eingeborenen gegen die Raubtiere verteidigten –

und um Steine. Es läßt sich unschwer erkennen, welchen Kriegsplan er verfolgte: Zwei Jahrhunderte lang hatten sich die Iberer der gewaltigen Übermacht der Römer mit jener Art von Kriegsführung widersetzt, die wir heute Guerilla-Krieg nennen. Auf seiten der Christen standen die Berge, in denen sie sich verschanzen konnten, die unwegsamen Wälder, in denen sich die Eingeborenen auskannten, sowie die himmlische Macht der Heiligen Jungfrau, der *Virgen de la Cueva*. Die Araber, denen daran gelegen sein mußte, diesen Herd des Widerstandes auszulöschen, suchten den Sieg auf dem Schlachtfeld, das jedoch die Christen auswählen konnten. Diese lagen im Hinterhalt, und als die Umstände günstig waren, stellten sie sich zur Schlacht, obwohl sie in der Bewaffnung und auch zahlenmäßig weit unterlegen waren. Und so geschah es. Sie suchten ihren Vorteil in der Überraschung; und allmählich schwand die Truppenstärke der Muselmanen. In seinem Hauptquartier, der Santa Cueva, entwarf der Führer der Christen, Don Pelayo, die Strategie, legte die Hinterhalte, wechselte fortwährend den Standort der Truppen und verteilte die Nahrungsmittel, die oft nur aus Waldhonig und aus dem Wenigen bestand, was es im Wald zu jagen gab. Die Christen hielten die Höhen besetzt, und von diesen herab stürzten sie sich auf kleine feindliche Gruppen, vernichteten sie und durchkreuzten die Pläne der Muselmanen. Tag um Tag erlitt das sarazenische Heer auf diese Weise Verluste, und Jahr um Jahr (von 718 bis 722) verringerte sich seine zahlenmäßige wie auch seine moralische Kampfkraft. Die Christen dagegen wurden durch die kleinen und fortgesetzten Siege gestärkt, und mit dem wachsendem Optimismus vergrößerte sich auch die Zahl der Krieger unter der Fahne des Kreuzes.«

Sehr aufschlußreich ist, was die christliche Chronik des Königs Alfons III. davon berichtete:

»Pelayo befand sich mit seinen Leuten im Berg Auseva, als das Heer erschien und seine zahllosen Zelte vor dem Eingang der Höhle aufschlug. Bischof Oppas stieg auf eine Anhöhe gegenüber der ›Heiligen Höhle‹ und sprach: ›Pelayo, wo bist

du?‹ Dieser antwortete aus einer Felsspalte heraus: ›Ich bin hier.‹ Und der Bischof fuhr fort: ›Ich glaube, es ist dir nicht verborgen geblieben, wie das gesamte Heer der Goten den Sarazenen nicht zu widerstehen vermochte. Wie also willst du Widerstand leisten in diesem Berg? Höre meinen Rat und laß ab; auf der Seite der Mauren wirst du in den Genuß vieler Güter kommen.‹ Pelayo erwiderte: ›Hast du nicht gelesen in der Heiligen Schrift, daß die Kirche des Herrn dem Senfkorn gleicht, aus dem, so klein es auch ist, durch Gottes Erbarmen, Größeres hervorwächst als aus anderem Samen?‹ Der Bischof antwortete: ›In der Tat, so steht es geschrieben.‹ Und Pelayo: ›Unsere Hoffnung liegt in Christus; aus diesem kleinen Berg wird die Rettung kommen für Spanien und für das gotische Volk; Christi Erbarmen wird uns von jenen Scharen befreien, die ich verachte‹. Da wandte sich der Bischof zum Mauren-Heer: ›Bereitet euch zum Kampf; ihr habt gehört, wie er mir geantwortet hat.‹
Alcamán gibt den Befehl zum Kampf. Die Katapulte und die Schleudern treten in Aktion, die Schwerter werden geschwungen, die Lanzen geworfen, es schwirren die Pfeile. Gott aber läßt die Steine, die vor den Altar der Heiligen Jungfrau ins Innere der Höhle katapultiert werden, auf die Sarazenen zurückfallen und sie töten. Die Männer in der Cueva brechen hervor und schlagen die Mauren in die Flucht. Oppas wird gefangengenommen; Alcamán stirbt, und mit ihm hundertfünfzigtausend seiner Soldaten. Die dreiundsechzigtausend, die in das Dorf Amosa entkommen, werden unterwegs in die Liébana von einem gewaltigen Erdrutsch erfaßt und in der Deva verschüttet. Noch heute fördert der Fluß bei Hochwasser Gebeine und Waffen zutage. Munuza floh aus Gijon, aber in der Villa von Olalies wurde er eingeholt und von seinen Gefolgsleuten getötet.«

Anzunehmen ist, daß die Christen die Steine und Lanzen, die oben in der Höhle, ohne Schaden anzurichten, zu Boden fielen, auf die Feinde zurückwarfen; ferner, daß die angegebene Zahl der arabischen Krieger weit übertrieben war und daß die Kantabrer sich in Verfolgungskämpfen erneut auf die

Araber warfen, die sich dann geschlagen zurückzogen. Die vielen phantastischen Züge in den christlichen Chroniken erklären sich aus dem Siegestaumel. Die arabische Chronik des Nafh al tib de al-maqqari, die Sanchez Albornoz in sein Werk *La Espana Musulmana* aufgenommen hat, sagt über diese Schlacht:

»Wie einige Geschichtsschreiber berichteten, war der erste, der nach der arabischen Eroberung Spaniens die geflohenen Christen in Galicien vereinigte, ein Ungläubiger namens Pelayo, der aus Asturien stammte und den die Araber als Geisel nahmen, um sich vor der Bevölkerung dieses Landes zu schützen. Er floh aus Cordoba zur Zeit des Al-Hurr ben Abd Al-Rahman A-Tzakafi, des zweiten der arabischen Emire Spaniens, im sechsten Jahr nach der Eroberung, die stattgefunden hatte im Jahre 98 nach der Hedschra (716–717). Er wiegelte die Christen auf, bis sie den Stellvertreter Al-Hurrs vertrieben und sich zu Herren des Landes machten, was sie auch blieben. Die Zahl ihrer Könige beläuft sich bis zum Tode Abd al Rahman III. auf zweiundzwanzig.

Isa ben Ahman Al-Razi sagte, daß sich zur Zeit von Anbasa ben Suhaim Al Qualbi im Lande Galicien ein wilder Querkopf namens Pelayo erhob. Von da an begannen die Christen im Al-Andalus die Gebiete zu verteidigen, die sie noch besaßen, obwohl sie gar nicht mehr gehofft hatten, daß ihnen das gelingen könnte. Die Muselmanen hatten die Polytheisten bekämpft und vertrieben und hatten sich ihres Landes bis nach Ariula im Gebiet der Franken bemächtigt, hatten Pamplona in Galicien erobert, und es war dem König namens Pelayo nichts als das Gebirge übriggeblieben, in das er sich mit dreihundert Mann flüchtete. Unter den fortwährenden Angriffen starben seine Soldaten an Hunger, und es blieben nicht mehr als dreißig Männer und zehn Frauen übrig. Und sie hatten nichts zu essen, außer dem Honig, den sie den Bienen in den Felsspalten wegnahmen. Diese Situation wurde den Muselmanen lästig, und schließlich sagten sie verächtlich: Dreißig wilde Esel, welchen Schaden können sie schon anrichten? Im Jahre 133 starb Pelayo, und sein Sohn Fafila wurde König. Die Herrschaft Pelayos dauerte 19 Jahre und die seines Sohnes 2 Jahre. Nach diesen beiden herrschte Alfonso, der Sohn Pedros und Großvater der Beni Alfonso, denen es gelang, ihre Herrschaft bis heute zu erhalten und das zurückzugewinnen, was die Muselmanen ihnen genommen hatten.«

Christliche und arabische Chroniken widersprechen einander so vollständig, daß man gerade daraus auf ein wichtiges Ereignis schließen kann. Zweifellos mußten die Araber den isolierten Widerstand einiger weniger mittelloser Männer als eine Eselei ansehen, geschah doch im ganzen maurisch besetzten Spanien den Einwohnern kein Leid – wie schon der Umstand beweist, daß ein Bischof auf Don Pelayo einredete und ihn von der Sinnlosigkeit seines Widerstandes zu überzeugen versuchte. Ebenso klar wird aber auch, daß selbst übermächtige Truppen wie die der intelligent geführten Araber angesichts der spanischen Landesnatur gegen geschickt operierende Guerillaverbände weitgehend machtlos waren. Don Pelayo dachte an den unbeugsamen Widerstand der Keltiberer gegen die Römer, und wir denken an die Schwierigkeiten, die Spanien den sieggewohnten napoleonischen Armeen bereitet hat. Covadonga, die heilige Höhle, tritt damit neben das heldenhafte Numantia als eine zweite jener Lektionen, die das seltsame und eigenständige Spanien den größeren Mächten erteilte, wobei es keine Rolle spielt, daß die Kämpfe einmal von der vorrömischen Bevölkerung ausgefochten wurden, das andere Mal von jener harten Mischung, die sich in Asturien aus Kelten, Sueben und Goten herausgebildet und durch baskische Einsprengsel verstärkt hatte.
Natürlich konnten in jenem engen Tal, dessen Zugänge heute von einigen wenigen Wachsoldaten gesperrt werden, nicht 200.000 Araber antreten – sie hätten sich gegenseitig erdrückt und es hätte der tapferen Männer des Pelagius gar nicht mehr bedurft. Aber nicht die Zahl der beteiligten Kämpfer macht die Bedeutung einer Schlacht aus, sondern

der Charakter des Kampfes und die Summe seiner Folgen. Und da muß man sagen, daß die Berge, die auf Covadonga herabblicken, wohl nicht zufällig Picos de Europa heißen und daß der Querkopf Don Pelayo hier eine der Schicksalsschlachten Europas geschlagen hat, nicht an dem einen Tag von Covadonga, aber gewiß in den Jahren seiner hartnäckigen Gegenwehr gegen die Araber, in seinen unermüdlichen Kämpfen um einen christlichen Nordrand dieses verlorengegangenen Subkontinents. Die Picos de Europa erscheinen uns als die höchsten Türme einer gewaltigen Festung, und »in Covadonga, einem der Zugänge zu der Festung, widerstand Pelayo 722 den Moslems, welche die Welt von Indien bis zum Atlantik beherrschten. Hier also wurde Spanien geboren« (Claudio Sanchez Albornoz).
Hat sich auch bis heute das genaue Datum des Sieges von Covadonga nicht ermitteln lassen, eben weil die Entscheidung durch die Guerilla-Kämpfe der Jahre 718–722 ebenso deutlich herbeigeführt worden war wie durch jenes eine berühmt gewordene Treffen, so steht doch inzwischen fest, daß diese Siege staatsbildende Kraft gehabt haben. So wie die Dynastie der Kapetinger von einem Grafen begründet wurde, der sich in der Normannenabwehr auszeichnete und heldenhaft die Stadt Paris rettete, so genügte Covadonga, um Don Pelayo als König einzusetzen.

In diesem Zusammenhang sind die Mitteilungen der arabischen Chronik über jene Jahre wichtig, in denen Pelagius als Geisel gefangen war – denn Geiseln nahmen die Araber naturgemäß nur aus den großen Familien des Landes. Asturische Lokalforscher wollen herausgefunden haben, daß Pelagius-Pelayo ein Verwandter des Westgotenkönigs Chindeswind gewesen sei und daß König Witiza den Herzog Favila, den Vater Pelayos, aus politischen Gründen habe ermorden lassen. Damit scheint die direkte Verbindung der neuen Herrscherfamilie mit den vor-arabischen Königsgeschlechtern erwiesen zu sein.
Pelayo hatte gesiegt, aber viel Raum hatte er noch nicht.

Seine Hauptstadt war das hübsche Städtchen Cangas de Onis, nur sechzehn Kilometer von Covadonga entfernt. Auf Pelayo folgte sein Sohn Favila (bis 739) und danach ein Fürst aus einer anderen Linie, nämlich Alfonso I., der Katholische, ein Nachfahre des unglücklichen Königssohnes Hermenegild. Erst ihm gelang eine gewisse Ausweitung des christlichen Bereiches, nicht nur durch Erfolge seiner Waffen, sondern vor allem, weil auch im arabischen Lager innere Unruhen herrschten. Alfonsos I. Sohn Fruela I., der Grausame (757–768), konnte endlich mit der Gründung der Stadt Oviedo den Bergen entrinnen und dem neuen Reich einen echten Mittelpunkt geben.

In Oviedo, das die Einwohner Ow'jäddo aussprechen, stoßen wir auch auf jene Baudenkmäler, aus denen sich die nun eingetretene Vermischung germanischen Herrschaftsdenkens mit dem großen christlichen Auftrag der Reconquista ablesen läßt. Noch Alfonso der Katholische hatte sich unstreitig als Westgote gefühlt und dies auch betont.

Das fröhliche abendliche Leben, das die Calle de Fruela erfüllt, läßt nicht mehr erkennen, daß der Gründer der Stadt als ein besonders grausamer Herrscher galt, und auch die vielen Wunden, die der Bürgerkrieg gerade Oviedo geschlagen hat, verschwinden, wenn wir uns mit den drei Kirchen beschäftigen, die hier an die heroische Frühzeit Asturiens und der Reconquista erinnern. Die eine ist San Julian de los Prados, volkstümlich Santullano genannt, eine kleine, etwas verwahrloste Basilika in einem Vorort, deren wichtiger, aber kaum erkennbarer Schatz an Wandmalereien von Kunsthistorikern rekonstruiert wurde; er stammt aus der Wende des achten zum neunten Jahrhundert.

Eindrucksvoller präsentieren sich uns die beiden Kirchenbauten auf dem Monte Naranco, in denen auch das moderne Oviedo seinen eigentlichen Schatz erblickt, so daß jeder Verkehrspolizist den Weg weist und die Öffnungszeiten kennt. Aus luftiger Höhe blickt man hier auf die alte Hauptstadt Asturiens hinunter, und wegen der Nähe einer Großstadt findet sich hier auch, was man bei den anderen westgotischen Kirchen vermißt: eine gewisse Ansammlung von Interessenten, nicht gerade Hunderte, aber doch Dutzende von Autos, Schulklassen und Pärchen, die hier auf dem Ausflugsberg von Oviedo einen Blick in die spanische Vergangenheit oder besser in die gotische Vergangenheit des spanischen Volkes tun wollen.

Santa Maria de Naranco, die erste der beiden Kirchen, links unterhalb der Bergstraße gelegen, kann nicht verleugnen, daß sie ein umgebauter Palast ist; allein die Treppen zeigen es und das Innere, das eher an eine germanische Königshalle erinnert als an ein christliches Heiligtum. Der ganze Bau wirkt in der behutsamen Restaurierung nobel und eher zeitlos als altertümlich, ein Stück alten Asturiens, dem man die großen Ideale seiner Zeit anzusehen meint. Zweihundert Meter weiter bergan, aber auf der rechten Seite der Straße, erhebt sich seltsam klobig und doch imposant San Miguel de Lillo, die frühere Kapelle des Königspalastes, die im Innern nicht restauriert wurde, uns aber die charakteristische Kirchenform Asturiens zeigt, die Zusammenfassung der Bauelemente zu einem hochstrebenden, beinahe turmartigen Ganzen.

Weiter verstreut, in den Tälern, die auf die Picos de Europa zulaufen, aber auch unten am Meer, hat sich manches Kirchlein, mancher Bogen, manche Krypta erhalten, denn nun setzt ja wieder eine große Bewegung ein. Zunächst ist sie noch Selbstbehauptung, atemlose Verteidigung gegen den arabischen Würgegriff, dann langsames, staunendes Erwachen aus dem Alp. Aufstände im Süden, gegen die übermächtigen Eroberer, geben Luft für Vorstöße bis zum Duero, das langsame Nachlassen der arabischen Wachsamkeit, die Selbstverliebtheit der Mauren, ihre Kunst, ihr Wohlleben lassen die harten christlichen Kämpfer von Asturien und León nach und nach zur Offensive übergehen.

Mit begreiflicher Ungeduld suchen die spanischen Historiker in diesen Jahrhunderten, im achten, neunten und zehnten, nach jenen Eigenschaften, die nicht nur die Größe Spaniens ausmachen, sondern auch das Charakteristikum des christlichen spanischen Herrschers in der Reconquista. Sie wollen – mit wenigen Ausnahmen – von westgotischen Traditionen ebensowenig hören wie von der erstaunlichen Abwehrkraft des baskischen Stammes, aus der Navarra geboren wird, und doch beweist sich gerade hier im Norden, an der kantabrischen Regenküste mit ihren Industriestädten und ihren Bergbaugebieten, daß die Kräfte des suebisch-gotisch-baskischen Erbes nicht in der Reconquista verbraucht wurden wie die Kastiliens. Seine ungebärdigen Kinder, Katalonien, Asturien, León und das Baskenland, sind Spaniens Unterpfand für ein neues Leben.

62 *San Miguel de Liño. Gestiftet 857 von König Ordoño I. (850–866). Teilblick vom Reliefpfeiler am Westeingang mit Szenen nach einem frühchristl. Diptychon.*

64 *Covadonga: Die heilige Höhle. Bei Covadonga siegte der Westgotenfürst Pelayo um 723 über die Araber.*

◁ **63** *San Miguel de Liño am Monte Naranco bei Oviedo. Ansicht von Südwesten.*

65 *Teilbild vom Reliefpfeiler am Westeingang von San Miguel de Liño (Oviedo).*

DIE LETZTEN GOTEN WAREN NICHT DIE ALLERLETZTEN

Dietrich Claude, dem Marburger Historiker, der sich eine Zeitlang auch in der Gotenresidenz Toulouse bildete, verdanken wir den Hinweis auf einen kuriosen Diplomatenstreit, der 1434 auf dem Baseler Konzil ausgetragen wurde. Damals forderte Nicolaus Ragnvaldi, Gesandter König Erichs VII., genannt der Pommer und Herr von Dänemark, Norwegen und Schweden, für sich einen besonderen Rang in der Sitzordnung mit der Begründung, die Schweden seien die Nachfahren der Goten, die Goten aber hätten durch ihre ruhmreiche Geschichte Anspruch auf diesen Vorrang. Dem widersprach Alfonso de Cartagena, Minister und bevollmächtigter Gesandter der spanischen Majestät von Kastilien: Spanien habe auf jenes ruhmreiche Gotenerbe ungleich mehr Anspruch als die Schweden, denn während die Westgoten in Spanien große Taten vollbrachten, blieb ein Bodensatz von faulen und untätigen Goten in der schwedischen Heimat zurück, ein Volksrest, auf den sich irgendwelche Ansprüche nicht zurückführen ließen.

Als dies geschah, waren seit Alarich etwas mehr als tausend Jahre vergangen, seit Theoderich etwas weniger; Europa hatte immerhin Karl den Großen erlebt, Otto den Großen, Waldemar Atterdag, Friedrich Barbarossa und manchen anderen eindrucksvollen Herrscher, aber die Goten waren nicht nur unvergessen, sondern die Beziehung der damals großen Staaten zu diesen Goten entschied auch über den Rang der Diplomaten. Das ist nicht nur überraschend, es ist auch verwunderlich und – angesichts dessen, was die Franken für die Konsolidierung des neuen christlichen Mitteleuropa und die Begründung des Heiligen Römischen Reiches getan hatten – auch ein wenig undankbar. Oder waren die zahlreichen Verbrechen der fränkischen Herrscherfamilien, das moralische Chaos zwischen Chlodwig und den Pippinen etwa noch so gut in Erinnerung, daß die mit ihren Intrigen

und Gewalttaten ein wenig weiter abliegenden Westgoten inzwischen zu den idealisierten Vorkämpfern eines besseren, ritterlichen und christlichen Europa aufsteigen konnten? Die Frage wäre eine Untersuchung wert: *Das Bild der Goten im Urteil des europäischen Mittelalters* könnte sie heißen, und dem Umfang nach würde sie gewiß eine respektable Habilitationsschrift ergeben. Bedenkt man dies, so wird man aber auch die nur ganz langsam abebbende Hinneigung unserer Historiker zu den Goten verstehen und den Gotenforschern der letzten hundert oder hundertfünfzig Jahre, von Herrn Minister a. D. Eduard von Wietersheim über Felix Dahn bis herauf zu Ludwig Schmidt zugute halten, daß keineswegs nur die Deutschen in den Goten ein großes Thema sahen und sehen. Ja, als Ost- und Westgoten längst in festen Händen waren und ihre Könige so bekannt wie die letzten Kaiser des Römerreiches, da gesellten sich noch die Russen zu den Nachfolge-Nationen der Goten, und Alexander Alexandrowitsch Wassiliew studierte in bisher nicht dagewesener Eindringlichkeit *The Goths in the Crimea* (so der Titel des 1936 in Cambridge, Massachusetts, erschienenen Werkes).
Tatsächlich haben im Lauf der Zeit – nach den Jahrhunderten, in denen Europa immer wieder von Kriegen heimgesucht wurde, die so viele Spuren verwischten und Zeugnisse zerstörten – jene Gebiete an Bedeutung gewonnen, die am West- oder am Ostrand unseres vielgeprüften Kontinents mehr von den Goten bewahren konnten als die ursprünglich wichtigsten Schauplätze gotischer Geschichte zwischen Ravenna und dem Busento, zwischen Toulouse und Toledo. Erinnern wir uns heute an die Goten, so müssen wir weit nach Westen fahren, nach Santa Comba südlich von Orense, auf den Monte Naranco bei Oviedo oder aber – auf die Krim, in die unmittelbare Nachbarschaft der ruhmreichen Festung Sebastopol, und dort nach Eski Kermen suchen, was so viel heißt wie *alte Festung*. Denn diese alte Festung ist weit mehr als ein militärisches Bauwerk, sie ist eine ganze Stadt auf der Höhe eines Kalkgebirges und in einem halben Tausend von Höhlen verteilt, eine Stadt mit nicht weniger als sechs unter-

irdischen Kirchen, von denen drei noch ihre Fresken aus byzantinischer Zeit besitzen. Hier haben wir eine Gotenresidenz, die sich bis zum Jahr 962 gegen alle Feinde wehrte, in diesem Jahr dann den Chazaren erlag und damit der Stadt Mankup weichen mußte, die der Gotenfürst als neue Hauptstadt erbaute. Mankup bestand bis gegen Ende des achtzehnten Jahrhunderts, wurde dann jedoch von seinen Einwohnern verlassen.

Die Krimgoten, seit dem dritten nachchristlichen Jahrhundert auf der Halbinsel ansässig, überlebten nicht nur wegen der bekannten und oft bewiesenen kriegerischen Tüchtigkeit ihres Volkes, sondern wohl auch, weil die Halbinsel nicht in dem Maß den Völkerstürmen preisgegeben war wie die flache Steppe nördlich der Krim und wie die Stromtäler der Donau und des Dnjestr, die in der Hauptstoßrichtung aller Angreifer aus dem Osten lagen.

Überdies hat sich die Krim mit ihren der reinen Höhe nach nicht sonderlich bedeutenden Gebirgen doch als eine natürliche Festung erwiesen, die auch sehr überlegenen Angreifern wie im neunzehnten Jahrhundert den vereinten Großmächten und im zwanzigsten Jahrhundert den Deutschen beträchtliche Schwierigkeiten bereitete. Und was den modernen Armeen, den Schiffsgeschützen aus dem Krimkrieg und den schwersten Mörsern des Zweiten Weltkriegs so lange widerstanden hatte, das konnte im Mittelalter als eine gute Zuflucht gelten.

Justinian, der ja enge Beziehungen zu Ost- wie Westgoten unterhielt, hatte die Krimgoten als erster bedeutender Herrscher mit seiner Aufmerksamkeit ausgezeichnet, ihnen beim Festungsbau geholfen und dafür auch Krimgoten-Kontingente in seine Armeen eingliedern können. Es soll sich um zwei- bis dreitausend Mann gehandelt haben, deren Familien in dem fruchtbaren und hochgelegenen Küstenstreifen von Dory siedelten. (Ihre Hauptstadt Dory-Doros wurde später dann Eski Kermen genannt.)

Neben diesen militärischen Zeugnissen haben wir auch aus kirchlichen Dokumenten Kunde von den Krimgoten. Sie wa-

ren seit dem Ende des dritten Jahrhunderts Christen, wofür Wassiliew den Grabstein eines Mannes namens Eutropius aus dem Jahr 304 als Zeugnis anführt, einen Fund aus der Nähe von Kertsch. Allerdings nannten sie sich nicht Christen, sondern Audianer, nach Audius, einem Mesopotamier, der gelegentlich als Schüler des Arius bezeichnet wird. Dann wären die Krimgoten also Arianer gewesen wie Ost- und Westgoten, nur daß ihr Apostel und Missionar eben seine eigenen Ansichten und das alte Erbe Mesopotamiens in seine Predigten mit einbrachte. Fest steht, und das ist sehr interessant, daß nicht nur zwischen der Krim und Byzanz eine enge kirchliche Beziehung bestand, sondern auch zwischen den Krimgoten und dem Zweistromland. Lehrer kamen und gingen, auch Bischöfe wurden erbeten und gesandt, so daß man auf einen allgemein regen Verkehr auch auf wirtschaftlichem Gebiet schließen darf. Audius selbst kam erst als Greis auf die Krim, missionierte aber erfolgreich und so nachhaltig, daß seine Bewegung erst im sechsten Jahrhundert dem orthodoxen Christentum weichen mußte.
Dieser gotischen Sonder-Konfessionen wegen erlangte auch das ökumenische Konzil des Jahres 325 besondere Bedeutung. Man kennt die meisten Teilnehmer namentlich, und als Bischof der Krimgoten ist denn auch ein Theophilus angeführt, während von einem Bischof namens Domnus der bosporanischen Gebiete nicht sicher ist, ob er ebenfalls Gote war.

Als nach dem Tod Attilas das Hunnenreich zerfiel, fluteten einzelne Stämme des großen Volkes über die Krim zurück, unterwarfen die Krimgoten, erkannten aber bald deren Nützlichkeit und arrangierten sich mit ihnen in einer Art Bundesgenossenschaft, die zu friedlichem Zusammenleben führte. Tiefere Einschnitte brachten dann der Chazarensieg mit dem Aufgeben der alten Hauptstadt Dory und der Untergang des Byzantinischen Reiches, dem 1475 die Eroberung der Krim durch die Türken folgte. Mankup wurde weiter von Goten bewohnt, aber türkisch verwaltet, und nur die Spra-

che zeugte noch vom Eigenleben der Krimgoten, wenn auch nicht mehr allzulange.
Um die Mitte des darauffolgenden, also des sechzehnten Jahrhunderts, besuchte der Gesandte Kaiser Ferdinands I. beim Sultan auf einer seiner Reisen im türkischen Reich auch die Halbinsel Krim. Zu unserem Glück war jener Diplomat ein hochintelligenter, gebildeter und interessierter Herr, der vlämische Baron Ogier Ghislain de Busbecq, ein natürlicher Sohn des Herrn von Bousbecque im französischen Departement Nord und darum mit allen Gaben der Natur aufs beste ausgestattet. Kein Geringerer als Karl V. hat dem Rechnung getragen und Ogier legitimiert, wonach seiner diplomatischen Laufbahn nichts mehr im Wege stand.
Busbecq verhandelte 1555 erstmals mit Sultan Soliman II. und blieb danach von 1556 bis 1562 im Lande. In seinen *Legationis turcicae Epistolae IV*, also seinen Briefen von einer Gesandtschaftsreise durch die Türkei, berichtet er von seinem Zusammentreffen mit den letzten Goten auf der Krim, eine Entdeckung, die zwar nicht so wichtig genannt werden kann wie der Fund des Monumentum Ancyranum mit den Taten des Augustus (der ebenfalls Busbecq gelang), für die aber wir Deutschen dem Baron aus Comynes doch dankbar sein sollten.
Falls wir es dürften. Denn auch uns droht jene Gefahr, der die sowjetischen Archäologen erlagen, als sie nach beträchtlichem Jubel über die schönen Funde aus den Skythengräbern dieses kunstreiche Volk als Vorfahren der Slawen in Anspruch nahmen. Die jüngste Forschergeneration nämlich – zwischen 1930 und 1940 zur Welt gekommen, als noch wohlunterrichtete Barden wie etwa Hermann Eicke die Goten sehr absichtsvoll auf den nationalen Schild erhoben – diese inzwischen zu Lehrstühlen gelangten Großmeister eines skeptischen Europäertums sagen es unmißverständlich: »Man wird sich von den Felix Dahn und seinen Zeitgenossen geläufigen Vorstellungen endgültig zu trennen haben, daß die westgotische Geschichte ein Bestandteil der deutschen Geschichte sei. Da man von einem Deutschen Reich erst nach

dem Ende des universalen Frankenreiches sprechen kann, also etwa seit 900, entfällt schon zeitlich jede Verbindung mit dem längst vergangenen Westgotenreich« (Claude). »Anhaltspunkte für die kulturelle Einordnung der Goten beziehungsweise für ihre Zugehörigkeit zu einem germanischen Stammesverband oder einer Kultgemeinschaft fehlen fast ganz« (Hachmann). Ich erinnere mich an einen Leserbrief zu meinem Buch *Land im Osten*, in dem ein nordostdeutscher Lokalforscher mir versicherte, die Wenden seien Germanen gewesen, ich möge das demnächst berichtigen, und ich entsinne mich weiter einer Literaturangabe bei Wietersheim/Dahn, die da lautet: Backhaus: *Die Germanen, ein semitischer Volksstamm*. Berlin 1879. Bei soviel Durcheinander und Widersprüchen ist die Laterne der eigenen Gotenbegeisterung unentbehrlich, auch wenn ihr Licht sich ein wenig armselig ausnimmt angesichts der weiten, schwarzen Fläche einer Ostsee, von der niemand zu sagen weiß, ob die Goten auf ihr von Norden nach Süden, von Süden nach Norden oder aber überhaupt nicht dahinfuhren.

DIE WEITEREN SCHRITTE
(Bibliographischer Epilog)

Die weiteren Schritte sind mühsam. Die Goten, ja die Germanen überhaupt, sind heute kein Thema, das breitere Schichten der Leserschaft interessierte; ja es ist eine Frage, ob die Leser selbst noch als eine wirklich breite Schicht anzusprechen sind. Das, womit archäologische und ethnologische Forschung heute noch ein größeres Publikum gewinnen kann, läßt sich im Fernsehen ungleich zugänglicher darbieten, läßt sich zeigen, vor Augen führen, und die Phantasie der Jugend entzündet sich schneller an Abenteurern, die parahistorisch und mit handfester Komik auf sie zukommen wie Asterix, der Gallier.

Angesichts dieser Sachlage zaudere ich beinahe, den Leser mit einem kurzen bibliographischen Abgesang zu verabschieden, denn die Bücher, in die er sich vertiefen könnte, um über unsere Erzählung hinauszugelangen, sind zwar des Schweißes der Edlen wert, wer aber wird bereit sein, sich so abzumühen? Die grellen Fakten, die Sensationen und die großen Persönlichkeiten, das alles ist längst Schulstoff und bekannt; der Fortschritt darüber hinaus ist im wesentlichen ein Rückschritt in unsichere Verhältnisse, in nebelhafte Frühzeit, und die gesicherten Tatsachen stehen in keinem Verhältnis zu der Länge des Zeitraums, der zu überbrücken, zu klären ist, nein: zu klären wäre. Einigermaßen sicheren Grund haben wir nur unter den Füßen, wenn wir die historischen und literarischen Zeugnisse zu Existenz und Geschichte der gotischen Stämme studieren, wenn diese auch von unterschiedlicher Verläßlichkeit sind. Rolf Hachmann, der mit seinem Buch *Die Goten und Skandinavien* (Berlin 1970) das Nonplusultra moderner Gotenforschung gibt, gelangt daher nach beinahe sechshundert Seiten eingehender Bemühungen um zahllose Details zu der Einsicht, daß eine genaue Durchprüfung und wissenschaftliche Behandlung der Gotengeschichte des Jordanes die dringendste Aufgabe wäre. Das unentbehrliche Werk des aus verschiedenen Quellen kompilierenden und aus eigenem ergänzenden alten Geschichtsschreibers weist offensichtliche Irrtümer auf, enthält Partien, die wir mangels konkurrierender Quellen nicht überprüfen können, bleibt aber trotzdem die Basis, von der jede Beschäftigung mit den Goten ausgehen muß.

Alles, was die Bodenforschung, die Grabfunde, die Goten-Archäologie und auch die Germanistik als Gesamtwissenschaft von den Germanen, ihrer Sprache und Literatur zur Wissenserweiterung über die Goten beitragen können, wird zur *Getica* des Jordanes in Bezug gesetzt werden, ob es sie nun bestätigt oder in einzelnen Punkten widerlegt. Neben der *Getica* sind die kurzen Darstellungen des sogenannten Anonymus Valesianus wichtig und den deutschen Ausgaben von Jordanes daher oft beigegeben. Der großartige und in der neuen Artemis-Ausgabe gut erschlossene Ammianus Marcellinus endet mit seinen Berichten leider dort, wo die spezifische geschichtliche Rolle der Ost- und Westgoten erst anhebt, gibt jedoch die verläßlichsten Auskünfte über ihre Kämpfe auf dem Balkan, gegen die Hunnen, gegen Byzanz und gegen andere Germanenvölker.

Das italienische Ostgotenreich hat zahlreiche Darstellungen gefunden, die in erster Linie aus den amtlichen Unterlagen schöpfen, wie sie Cassiodor, der Geheimschreiber Theoderichs, für die Nachwelt bewahrt hat. Die ausführlichste, an vielen interessanten Einzelheiten über Verwaltung, Recht und Leben reiche Behandlung verdanken wir Felix Dahn. Von seinen zahlreichen Büchern über die Goten, andere Germanenvölker und über die Völkerwanderung im allgemeinen wird man mit dem größten Gewinn heute wohl seine *Könige der Germanen* lesen (Olms-Reprint Hildesheim 1973); aber auch Hermann Eickes *Geschichte der westgotischen Könige seit Alarichs Tod* dankt uns die Bemühung um 350 Seiten bewegter Historie durch eine sorgfältige Quellenauswertung, an der eigentlich nur die heroischen Tendenzen aus dem Jahr 1944 stören, in dem das Buch in Leipzig erschien. Dietrich Claudes *Geschichte der Westgoten* (Stuttgart 1970) ist davon wohl frei, beschränkt sich aber allzusehr auf die Rolle eines Studienführers und ist wohl nur als Behelf gedacht. Als rundum verläßliche Orientierung ist es allerdings außerordentlich nützlich.

Der lesbarste Quellenschriftsteller zur Westgotengeschichte ist nicht der spitzfindige und nur in Bibliotheken zugängliche Isidor von Sevilla, sondern der großartige Gregor von Tours in seinen *Zehn Bücher fränkischer Geschichten* (zweisprachige, gut kommentierte Ausgabe in der Wissenschaftlichen Buchgesellschaft, Darmstadt 1970). Es läßt sich keine kurzweiligere Einführung in das frühe Mittelalter denken: Handfest, stichhaltig und schlüssig, ist es noch heute wertvoller und angenehmer zu lesen als ganze Bibliotheken selbstgefälliger Essayistik *über* die von Gregor schlicht reportierten Fakten und Verhältnisse.

Hat man sich solchermaßen ein wenig vorbereitet und eingelesen, so wird das imposante Gesamtbild der Germanenvölker und ihrer Schicksale erreichbar, wie es Ludwig Schmidt in zwei gewichtigen Bänden vor uns ausbreitet (*Die Westgermanen. Die Ostgermanen.* München 1969). Es muß uns höchste Bewunderung abnötigen, wie hier trotz des großen Überblicks und des ungeheuren historischen Stoffes nicht nur erstaunlich viele Einzelheiten klug verarbeitet werden, sondern wie der erfahrene Verfasser auch, ohne den Fluß der Sachdarstellung zu gefährden, die verschiedenen Hypothesen und Möglichkeiten behandelt und souverän zwischen ihnen seine Wahl trifft. Die *Geschichte der Wandalen* desselben Verfassers ist ebenfalls lieferbar, muß aber, wenn man sich ein vollständiges Bild machen will, durch die Geiserich-Biographie von E. F. Gautier ergänzt werden.

Die Fülle der Einzelabhandlungen ist zwar überblickbar, weil die Bibliotheken heute meist klaglos arbeiten und die Beschaffung von Lichtkopien weder sehr zeitraubend noch sehr kostspielig ist. Dennoch wird der gebildete Normalleser, der in unseren Stoff tiefer einzudringen wünscht, diesen Weg wohl nur ausnahmsweise beschreiten. Er findet eine ausgezeichnete Sammlung von Aufsätzen in dem Werk *Germanentum und Spätantike* (Zürich 1965) von Karl Friedrich

Stroheker (mit einer Spezialstudie über den Westgotenkönig Leuwigild); andere Aufsatz-Sammlungen bringen die Bände der Reihe *Wege der Forschung* der Wissenschaftlichen Buchgesellschaft und schließlich, kurz, aber auf der Höhe der modernen Forschung, das derzeit noch im Erscheinen begriffene *Reallexikon der Germanischen Altertumskunde* (de Gruyter, Berlin) mit den wertvollen Artikeln so hervorragender Fachforscher wie Jankuhn, Wenskus u. a. Daneben verdienen die reich ausgestatteten kunstgeschichtlichen Werke Leonards von Matt (Ostgoten) und des Hirmer-Verlags (Spanisches Mittelalter) einen besonderen Hinweis nicht nur wegen der Bilder, sondern auch wegen der Texte und Skizzen.

Überraschender als die nicht versiegende Hinneigung zu den Goten ist der Umstand, daß auch der Arianismus in unseren Tagen noch Anhänger zu haben scheint, die zum Beispiel darauf hinweisen, daß Amalaberga, die an den Thüringerkönig verheiratete Nichte des großen Theoderich, schon Jahrhunderte vor Bonifatius in Deutschland missioniert habe – daß also der Arianismus in weiten Bereichen dem Christentum den Weg bereitet habe.

Damit sei nur angedeutet, daß auch der religiöse Aspekt des Gotenproblems weiterdiskutiert wird; jüngste Arbeiten hierzu stammen von E. A. Thompson (in engl. Sprache) und K. Schäferdiek (*Die Kirche in den Reichen der Westgoten und Suewen bis zur Errichtung der westgotischen katholischen Staatskirche,* Berlin 1967). Knut Schäferdiek, Professor an der ev.-theol. Fakultät der Universität Bonn, hat auch die einschlägigen Artikel im Reallexikon der German. Altertumskunde verfaßt.

ANHANG

ZEITTAFEL

1. Jh. v. Chr.	Einwanderung der Goten ins Weichselgebiet.
1. Jh. n. Chr.	Zug der Goten nach Südrußland. Bald darauf Raubzüge zur See bis ins Ostmittelmeer.
3. Jh. n. Chr.	Trennung des Stammes in Ost- und Westgoten.
2. Hälfte des 3. Jh.	Einfälle gotischer Stämme ins Römische Reich.
	Ansiedlung von Goten in Dacien (heute Rumänien).
um 340	Mission Bischof Ulfilas unter den Westgoten.
369–372	Verfolgung westgotischer Christen unter Athanarich.
um 375	Angriffe der Hunnen auf Ost- und Westgoten, Zerschlagung schwächerer Germanenvölker durch die Hunnen.
376	Die Westgoten bitten um Aufnahme ins Römische Reich.
378	Sieg der Westgoten bei Adrianopel über Kaiser Valens.
395–410	Alarich I. Heerkönig der Westgoten.
402	Schlacht bei Pollentia.
408	Stilicho, vandalischer Feldherr des Kaisers Honorius, wird hingerichtet.
408	Erste Belagerung Roms durch die Westgoten.
410	Eroberung Roms. Bald darauf Tod Alarichs in Süditalien.
410–415	Athaulf.
414	Hochzeit Athaulfs mit Galla Placidia.
415	Sigerich.
415–418	Walja.

417	Galla Placidia heiratet den röm. Feldherrn und späteren Mitregenten Konstantius.
418	Friedensschluß mit dem Römischen Reich. Die Westgoten werden in Aquitanien angesiedelt.
451	Schlacht auf den Katalaunischen Feldern.
453–466	Theoderich II.
456	Eroberung des Suebenreiches.
466–476	Eroberung weiter Teile Südgalliens. Antikatholische Kirchenpolitik.
466–484	Eurich. Erste Kodifikation des Westgotenrechts im sog. Codex Euricianus um 475.
484–507	Alarich II.
493	Ermordung des Odoaker durch Theoderich.
494–506	Eroberung großer Teile Spaniens durch die Westgoten.
506	Erlaß der Lex Romana Visigothorum. Konzil von Agde.
507	Niederlage der Westgoten bei Poitiers gegen die Franken.
507–511	Die Franken erobern alle westgotischen Gebiete in Gallien, ausgenommen Septimanien (Raum Narbonne).
526	Theoderich d. Gr. stirbt nach etwa 50jähriger Herrschaft über die Ostgoten.
526–531	Amalarich.
542–552	Letzte Gotenkämpfe auf italienischem Boden unter Totila und Teja.
565	Tod Kaiser Justinians (seit 527 Herrscher über Ostrom).
568/69–586	Leuwigild, König der Westgoten, unterwirft ganz Spanien.
579	Rebellion Hermenegilds.
584	Unterwerfung Hermenegilds.
586–601	Rekkared I.
589	3. Konzil von Toledo. Übertritt der Westgoten zum Katholizismus.

612–621	König Sisebut.
615	Vorteilhafter Friedensschluß mit Byzanz. Zwangstaufe der Juden.
621	König Rekkared II.
621–632	König Suinthila.
um 625	Eroberung der letzten oströmischen Brückenköpfe in Spanien durch die Goten. Entstehung des Geschichtswerks Isidors von Sevilla.
632–636	König Sisenand. Unruhen in verschiedenen Gebieten des Reiches.
642–652	König Chindasvinth. Unterdrückung der Adels-Opposition. Intensive gesetzgeberische Tätigkeit.
649–672	König Rekkeswind.
661	Bau der Kirche zu San Juan de Banos.
672–680	König Wamba.
680–687	König Erwig.
681	Letzte Kodifikation des westgotischen Rechtes. Antijüdische Gesetzgebung.
687–702	König Egika.
693/94	Große Pestepidemie.
694	Juden werden als Eigentum des Staates erklärt.
698–710	König Witiza.
710–711	König Roderich.
711	Arabisch-jüdische Invasion in Südspanien.
721/25	Sieg des Pelagius bei Covadonga über die Araber. Beginn der Reconquista, die 700 Jahre währen wird.

NAMEN- UND ORTSREGISTER

Das Königshaus der Amaler
(vereinfacht)

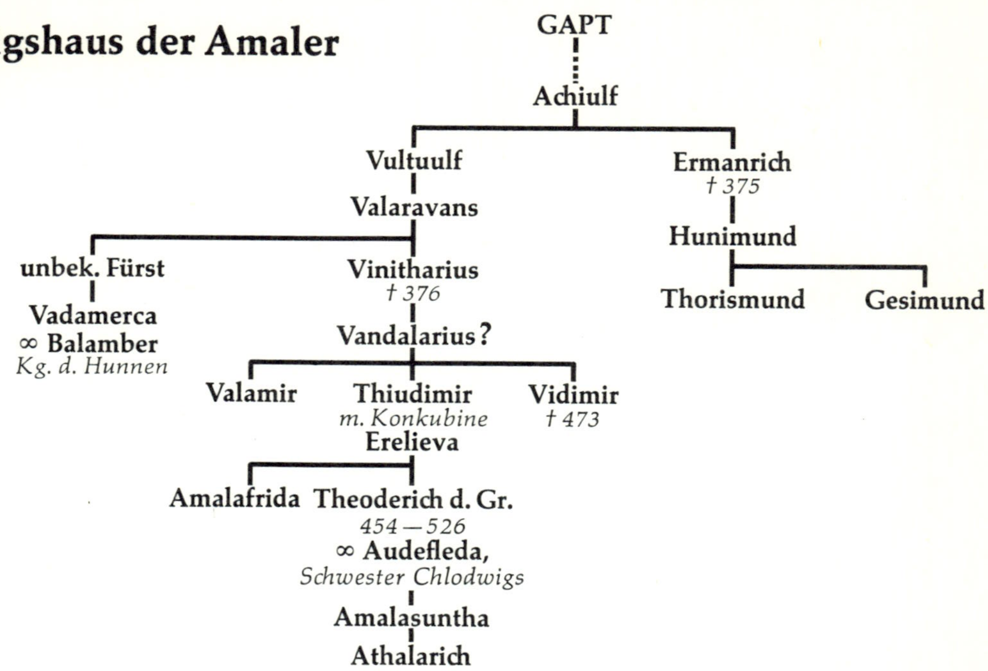

BILDQUELLENNACHWEIS

Aufnahmen des Autors: 37, 42, 43, 46, 47, 48, 50, 55, 56, 61, 63, 64

Archiv für Kunst und Geschichte, Berlin 5, 13

Bildarchiv Preußischer Kulturbesitz, Berlin 3, 4, 7

Bilderdienst Süddeutscher Verlag, München 1

Amtliches Französisches Verkehrsbüro, Frankfurt/M. 40, 41

Germanisches Nationalmuseum, Nürnberg 17, 18

Hirmer Fotoarchiv, München 25, 26, 27, 29, 32, 33, 44, 45, 49, 51, 52, 54, 57, 59, 60, 62, 65

Gerhard Klammet, Ohlstadt b. Garmisch 23

laenderpress, Düsseldorf 2

Foto Robert Löbl, Bad Tölz 39, 58

Leonard von Matt, Buochs/Schweiz 6, 8, 9, 10, 11, 14, 15, 16, 19, 21, 22, 24, 28, 30, 31, 34, 35, 36, 38

Foto Meyer, Wien 20

Universitätsbibliothek, Uppsala/Schweden 12

ATLANTISCHER OZEAN
BRITEN
ANGELSACHSEN
Tournai
Cambrai
Amiens
Rouen
Soissons
Reims
Maas
REICH DER FRANKEN
Paris
Seine
Le Mans
Orléans
Loire
Tours
Nantes
REICH DER BURGUNDER
Dijon
Bourges
Autun
Clermont
Genf
Lyon
Perigueux
Bordeaux
Garonne
Rhône
Orange
Nimes
Toulouse
KANTABRER
BASKEN
Pamplona
Narbonne
REICH DER SWEBEN
Braga
Palencia
Urgel
Duero
Zaragoza
Ebro
Barcelona
Tarragona
Tajo
Toledo
Lissabon
REICH DER WESTGOTEN
507–526 ostgot. Regentschaft
Valencia
BALEAREN
Cordoba
Sevilla
Cartagena
Malaga
Cadiz
M
I
REICH
Caesarea